經學研究叢書‧經學史研究叢刊

經世與安身：
中國近世思想史論衡

劉芝慶　著

郭序

　　應臺灣大學歷史所碩士、政治大學中文所博士，現為湖北經濟學院中文系副教授劉芝慶之邀，為他的第二本學術著作《經世與安身：中國近世思想史論衡》寫序。芝慶的第一本學術著作為其碩士論文出版。有感於芝慶之好學深思，用功博達，且台籍博士至大陸任教者，日漸眾多，頗有「名士共聚，八面來風」之勢，與大陸本地學者互相論學，相濡以沫。有鑑於此，便欣然同意。

　　本書為論文集結成書，連同附錄兩篇，一共收進十一篇論文。並未改寫成當下流行的「專書」形式，而是以論文集出版。此類型有優有弊，缺點是焦點難以集中，表面上未能有一個明確的主軸或主題，而且各篇章之間，也未必有明確地聯繫關係。優點是多元並立，論題紛呈，讓人如入百花叢中，各賞其姿態，遠近高低皆不同。

　　若細觀這十多篇論文，其實不難發現芝慶始終關懷的兩個面向。而諸多主題，或論唐代中葉思想發展，或述陸象山心學之經世，或析陳亮經學特徵，或講聶豹良知經世，或談康廖紛爭、廖平經學與道術等等，其實都扣緊了這兩個面向：一是古人如何安身立命的問題，二是「達則兼善天下」（孟子語）如何可能；前者為如何修身，後者為如何經世，兩者時而獨立，又時而交疊，這也構成了本書書名：《經世與安身》，經世與安身，確實是芝慶在這本書中，努力要處理的重要學術問題。

　　其實除了本書之外，就我所知，芝慶的碩士論文：《修身與治國－從先秦諸子到西漢前期身體政治論的嬗變》（臺灣大學歷史學研究

所碩士論文，2009，由黃俊傑先生指導，已在2014年由花木蘭出版社出版）；博士論文：《自適與修持－公安三袁的死生情切》（政治大學中國文學研究所博士論文，2013，由林啟屏先生指導。預計2017年出版。）處理的大方向，即是上述兩個概念，只是從先秦諸子的語境，換到了晚明士人才子的生死困惑，由此也可見芝慶涉獵廣泛，興趣廣博，是年輕一輩學人中，極為期待的才俊。

當然，兩者在理論與實踐上所呈現的諸多可能性與複雜性，也是歷來中國「志於道」的學者們，在著書講學或得君行道的過程中，最讓他們感到「江頭未是風波惡，別有人間行路難」的地方。正如芝慶在〈心學經世陸象山〉所說：

> 儒者懷抱理想，經世致用，出將入相，開物成務，為帝王師，代不乏其人。他們擁著憧憬，帶著自信與自傲，涉世事，走進社會與政治，撫世酬物，在理想與現實中折衝，最後或許功虧一簣，徒呼負負；又或是為世味牽引，依違從俗，忘卻了初衷本意。而功業成與不成，尚待天時地利等諸多因素，又非己力所獨能，於是理想的追尋永不止息，現實的遺憾也在所難免。儒者們前仆後繼，為國家、為社會、為生民、為自己，讀聖賢書，修己安人，弔詭的是，即便權力結構複雜萬端，儒者經世，常導致負謗賈怨，人事叢脞，卻也不能說經世不重要、不值一顧，甚至不能不鼓勵後來者對經世的嚮往與追求。

確實，如芝慶所說，現實之複雜、牽涉之廣，權力與勢力交織，「修身」的問題，要面對人事叢脞，往往又顯得蒼白與無力，以致於很多儒者從政，往往就像誤入叢林中的小白兔一樣。但是，古代思想家們，並非枯坐書齋的書呆子，他們應該早就意識到這個問題，即是

如此，依舊不改他們對於內聖外王、修齊治平的堅持，其因何在？相
當值得我們全力以赴，繼續探究。而芝慶已就許多個案與群體做了研
究，下足功夫，頗見功力，假以時日，持續累積，或可提煉出具有現
代性的重要政治概念，將傳統問題意識做出現代性轉換，足以為當前
世界政治做出一些參考。

郭齊勇

林序

　　我們周遭所處的客觀世界，由形形色色的物事，構成了一個多采多姿的存在網絡，其中更因為有著人們的參與其間，讓許多原本屬於靜態的存有現象，突出了活潑潑的生命力。因此，人的主體力量之於世界，實為重要關鍵。中國儒者對此有深刻體會，是以特別看重人在存有世界裡的作用。尤其是以價值思考的傾向，建構人間世界的用心，更是在諸多事物的客觀性之外，增添了價值意義的內涵，從而樹立了主客交融的生活世界。以此而言，如何深入分析此種文化思維？實為研究中國思想的學者，所應面對的重要任務。芝慶本書的出版，便是基於此一問題意識而展開的研究。

　　我與芝慶的認識在其就讀臺大歷史碩士階段，當時他的碩士論文以「修身與治國」為視角，探討先秦至漢的「身體政治論」，黃俊傑老師希望我擔任芝慶的口試委員。在審閱其論文的過程中，我發現芝慶雖然是以歷史為其專業，但論述事理的概念相當清晰，全書的思辯性格相當強，此時已然顯現其研治思想研究之趨向。其後，他來到政治大學就讀，跟著我作論文。每每在他與同學的討論中，都可以看到他敏銳的思辯，以及具有穿透的眼光，看著他與同學論辯，其實是一件相當快意的事。只不過到了論文定題時，芝慶卻選擇了晚明人物為研究對象，和他以往以先秦為研究方向，有所不同。事實上，他在當時所發表的數篇論文都已經處理近代中國思想人物的相關課題，寫得也相當深刻。因此，選擇晚明議題研究，或許也是他學思歷程的轉向吧！

　　芝慶所研究的對象雖然由先秦轉向近代，不過他關心的議題大致有其脈絡可尋。例如此次所完成的著作，以「經世與安身」為題，其實正賡續其過去的研究主題。不過，我注意到本書與其以往的寫法，有些不同。過去在進行先秦文獻的討論時，芝慶習慣以「概念」的分析為論述重心。可是在本書的處理上，他能將思想家置入其生命歷程中檢視，於是許多學說主張的提出，不再只有「概念」的內涵辯證，而有生命情境的映照。所以思想家所面對的諸般因素，都是構成其觀點不可或缺的一部份。這點使得本書的書寫達到一定的流暢度，也使閱讀成為一件愉悅的事。當然這或許和他過去研究公安三袁時，芝慶特別關注他們的「死生情切」，因此能讓抽象思想與具體活潑的思想家本身結合，有著密切關係。

　　事實上，芝慶對於中國思想的研究，確實掌握到了這些思想家的共同關懷。誠如前文所述，客觀世界的參與，向來是中國儒者用心所在。因此，在修身自持的工夫下，「如何改變世界？」更是儒者高標自許之目標。芝慶從近世中國的思想流變中，注意到多位思想家的成就，或以「內聖」工夫名世，或以「外王」事功著稱，但他們在「經世」的課題上，從來沒有退縮。例如本書對於陸象山的「經世」研究，就從「心學」視角切入，說明其「內外交融」的經世事業，補足了過去研究之不足。當然，聶雙江在「歸寂」觀點下的經世立場，其實是呼應其自身經歷的安頓，所以陽明學的學術分化，不能忽略個別思想家的生命經驗。此外，方東樹的桐城派古文家身分，在漢宋之學的爭議中，又呈現出了什麼樣的學術風貌？也都是芝慶的關懷重點。凡此種種，在芝慶的分析之下，一個個活潑潑思想家的情狀，躍然紙上，思想主張與生命交融，閱之更能切入內心。芝慶展現了一個優秀研究者的成果。當然，近世中國的歷史發展，有著相當激烈的變化。包括都市化的形成、資本市場的興起、政權更迭的轉變、差異文化的

輸入，在在挑戰著這個時期的士大夫心靈。因此，一個近世中國思想
文化的研究者，必須正視此一時代變遷的軌跡，以及其對思想主張所
可能產生的影響。芝慶既然關心知識分子面對世界之用心，則其於在
下一個階段的研究，就可能需要面對上述的這些課題，深入思索考
辨，以期能於動態的變化中，窺知思想學說的得失。

　　芝慶是個熱情的人！從他的治學到為人，都可以看到他散發著情
感的熱切。這個人格特質使得他處理知識分子面世的諸般表現時，
能夠更為深透與體貼。學術之路漫漫而修遠，在上下求索之際，熱情
是相當重要的動力。芝慶已經進入這條道路的旅程中，我期待他能一
本初衷，持續在面對學術研究時，保有著好奇與熱情，叩問真理的
奧秘！

林啟屏

2017年初春書於政治大學百年樓

目次

北宋理學「天人之道」溯源：以唐中葉「氣、天、易」為線索[*]

一　前言

關於理學的興起淵源，學者多有論述，或從儒學本身源流而觀，上溯韓愈、李翱。又或是以佛道作為淵源的切入點，例如熊琬便研究佛學對於理學的影響。另從道家或是道教的角度，論其對理學影響之學者，則有容肇祖、詹石窗、余敦康等人。[1]

不管如何，北宋理學家如周敦頤、張載、二程等人，思想雖各有特色，但就其同處觀之，他們都是企圖上溯先秦儒學，回歸本源，重新追尋儒家天道性命之學。此學理並不將天人分為兩隔，互不相涉，而是作為一個既內在（內向）又超越的天人整體之學。[2] 可是這種整

---

[*] 本文的寫作，受黃俊傑、林啟屏、劉又銘與陳伯适老師啟發與指點甚多，學友吳孟謙也多有指正，謹此致謝。

[1] 學界目前對理學起源的研究頗多，不論是源於佛道，又或追溯儒學道統，上述多位學者並未就當時思潮（例如氣論，又或是儒佛道）與經典（易）的關係，甚至佛道對內在工夫的注意如何影響北宋理學等等，作一個統整且具體的論述。本文的主軸，即是對這些「學術空隙」再作進一步的論述，並標舉氣、天、易為三大主軸，貫串儒釋道，企圖說明北宋理學的起源的多線性。

　　至於學界就儒、釋、道探索理學興起的文獻回顧，可參李長遠：《北宋理學「性與天道」思想的淵源初探》（臺北市：國立臺灣大學歷史學研究所碩士論文，2005年），頁1-6。

[2] 余英時早年使用「內在超越」，其後改成「內向超越」。他認為「內在」是西方神學上的觀念，「內向」則較為中性，並無西方語義。吳展良研究朱子與理學家的世界

體觀，並不自北宋起始，唐代同樣也有類似的看法，甚至早在先秦時代就已可見，只是其後又有變化，各有其具體內涵。唐代對於天人整體的見解，事實上又與當時普遍流行的氣化思維密切相關，相互影響。在此之間，唐人又看重《易》，視之為由內而外、由人到天的關鍵。順著這樣的觀察，本文認為唐代關於氣、天、易三種思潮，遍布當時思想界，其間的種種論述，互有牽涉，環環相扣，對北宋理學世界觀的形成影響甚大。

當然，唐代世界觀的內涵彼此也有差異（例如三教），但都不脫離將天地萬物視為一個整體的立場。這些差異與認同，對日後理學的理路建構，關係甚深。畢竟，歷史研究貴在知其常而審其變，唐代天人觀牽涉到的常與變，特別是與氣論、易論的互動，也正是唐代思潮的特殊之處，這些因素究竟如何影響理學世界的形成，是一個值得探索的問題。

另外要說明的，學者往往將理學淵源上溯唐代三教，三教思想固然是極為重要的部分，但三教畢竟只是唐代思潮的一部分，無法完全代表唐代思潮，其它無法歸屬領域的思想，實亦甚多。因此，本文在前人的基礎上，三教當然是重點所在，但也不排斥諸如正史筆記、或是傳奇詩賦等史料，並希望善用這些資料說明整個時代氛圍。

觀，也提出「世界一元觀」的說法，源頭又可上溯至先秦兩漢。吳展良認為這種世界觀所強調的道，只內化於一切事物之中，此外並無他處可尋一超越至高之道，此理無以名之，只好暫時稱為「內化的超越」。而且這種世界觀雖源自於先秦，但就其發展歷程來看，其間涉及的變化面向，值得進一步梳理。吳展良對「內化的超越」的解釋與理由，可與余英時所言相發明。參見余英時：《知識人與中國文化的價值》（臺北市：時報文化出版企業公司，2007年），頁75。吳展良：〈朱子的世界秩序觀之構成方式〉，收入吳展良編：《東亞近世世界觀的形成》（臺北市：臺大出版中心，2007年），頁277-299。

二　氣化而成的世界

　　在唐代中葉知識界裡，有場熟為人知的討論，主角是韓愈、柳宗元、劉禹錫。當時韓愈任史館修撰，因修史問題與劉秀才爭論，故有〈答劉秀才論史書〉，柳宗元不同意韓愈的說法，覆了一封〈與韓愈論史官書〉，批駁韓愈。問題於是從論史轉為論天，之後又引起劉禹錫的回應。三人天論觀點為何，將在第三節分析，此處暫不處理。但要指出的是，三人觀點雖有差異，卻都有一個基本的預設：世界是由氣化而成，人與物，同在這個氣化世界之中。根據柳宗元的轉述，韓愈的看法是：[3]

> 夫果飲食既壞，蟲生之；人之血氣敗逆壅底，為癰瘍、疣贅、瘻痔。……，物壞，蟲由生之；元氣陰陽之壞，人由生之。……。人之壞元氣陰陽也亦滋甚，墾原田，伐山林，鑿泉以井飲，……，吾意天聞其呼且怨，則有功者受賞必大矣，其禍焉者受罰亦大矣……。

韓愈認為人類損害天地自然，破壞元氣陰陽，「人之壞元氣陰陽也亦滋甚」。因為天地之間有（元）氣，人體之內也有氣（血氣），當氣損壞敗傷時，包括人在內的天地萬物便無法適得其所。韓愈基本上是將宇宙天地視為一種空間秩序，但人卻損毀了它的運行，是很糟糕的破壞分子，諸如墾原田、伐山林、鑿泉井飲等等，都是人對於天地元氣的擾亂，於是天與人形成對立，而且天對人也有賞罰的權力。

3　〔唐〕柳宗元：〈天說〉，收入〔唐〕柳宗元：《柳河東集》（上海市：上海古籍出版社，2008年），頁285-286。

　　柳宗元不認同這個看法，他認為韓愈的觀點或許是由於他個人遭遇所致：「子誠有激而為是耶？」柳宗元基本上認為災禍屬人事，與天無關，天亦不具賞罰功能。話雖如此，但他也認同韓愈關於氣的解釋，氣確實存在於天地之中，具有普遍性：[4]

　　　　彼上而玄者，世謂之天；下而黃者，世謂之地；渾然中處者，世謂之元氣……。

在天地之間，渾然中處者為元氣。更進一步來講，柳宗元〈天對〉認為元氣在宇宙成形之前便已存在，其後籲炎吹冷，交錯而功，萬物更是由氣化成：[5]

　　　　問曰：遂古之初，誰傳道之？上下未形，何由考之？冥昭瞢暗，誰能極之？馮翼惟像，何以識之？明明闇闇，惟時何為？
　　　　對曰：本始之茫，誕老者傳焉。鴻靈幽紛，曷可言焉！窅黑晰眇，往來屯屯，龐昧革化，惟元氣存，而何為焉！
　　　　問：陰陽三合，何本何化？
　　　　答：合焉者三，一以統同。籲炎吹冷，交錯而功。（子厚自注：「獨陰不生，獨陽不生，獨天不生，三合而後生。」）

在元氣遍存的世界中，經由天地陰陽的運轉，萬物造始。而萬物從生到死，亦是氣之聚散，〈掩役夫張進骸〉：「生死悠悠爾，一氣聚散之。」[6] 天地萬物既皆由氣化所成，但氣之質素既然有異，故萬物造

4　〔唐〕柳宗元：〈天說〉，收入〔唐〕柳宗元：《柳河東集》，頁286。
5　〔唐〕柳宗元：〈天對〉，收入〔唐〕柳宗元：《柳河東集》，頁227-228。
6　〔唐〕柳宗元：〈掩役夫張進骸〉，收入〔唐〕柳宗元：《柳河東集》，頁744。

化或運行亦各有不同，像是山澤通氣則雨致，〈雷塘禱雨文〉：「夷於草莽，騰波通氣。」柳宗元自注曰：「《易》：山澤通氣。」[7] 孔穎達《周易正義》：「山澤通氣而雲行雨施，故變化見矣。」[8] 柳宗元「騰波通氣」一句，即是據此。

天論的討論者，還有劉禹錫，他同樣也認可氣化的世界觀：[9]

> ……，兩位既儀，還相為庸，噓為雨露，噫為雷風，乘氣而生，羣分彙從。

在劉禹錫的其它說法裡，亦多可見：[10]

> 陽榮陰悴，生濡死薨，各乘氣化，不以意造。

> 五行秀氣，得之居多者為俊人。

俊人因得五行秀氣為多，故與凡人不同，而人所涵之氣，更與前述柳宗元「夷於草莽，騰波通氣」之類的變化有異，所以萬物各乘氣化，不必相同。只是若就宏觀處來講，其所同者，在於他們同樣身處氣化世界中。但此種氣論並非韓柳劉三人所獨有，而是遍布整個唐代，三人不過是順著這樣的思想背景討論天意而已。太宗時人李義府就說：

7　〔唐〕柳宗元：〈雷塘禱雨文〉，收入〔唐〕柳宗元：《柳河東集》，頁662。

8　〔魏〕王弼注，〔唐〕孔穎達疏：《周易正義》（北京市：北京大學出版社，1999年），頁258。

9　〔唐〕劉禹錫：〈辨易九六書〉，收入〔唐〕劉禹錫：《劉禹錫集》（北京市：中華書局，2000年），頁72。

10　〔唐〕劉禹錫：〈問大鈞賦〉，〈唐故衡州刺史呂君集紀〉，收入〔唐〕劉禹錫：《劉禹錫集》，頁2、234。

「邃初冥昧，元氣氤氳。二儀始闢，三才既分。」[11] 元氣早在天地未成之間便已充斥，其後陰陽兩儀天地人三才出現。這種氣化的現象，正是宇宙形成的基礎，所以陳子昂才說：「元氣，天地之始，萬物之祖。」[12] 元積〈競渡〉亦云：「一氣忽為二，蠢然畫乾坤。日月復照耀，春秋遞寒溫。八荒坦以曠，萬物羅以繁。」[13] 皆是此理。

（元）氣既是天地萬物始祖，擴而充之，廣袤無垠，或受氣為物，又或是稟氣為人，《舊唐書・太宗紀》：「生有七尺之形，壽以百齡為限，含靈稟氣，莫不同焉，皆得之於自然。」[14] 人之得氣，源於自然之氣，白居易〈念金鑾子〉：「形質本非實，氣聚偶成身」，[15] 氣聚成身，亦是此意。但如果就李翱的講法，人與物皆受氣而生，其間差異處，在於人有道德之性，〈復性書〉：[16]

> 天地之間，萬物生焉。人之於萬物，一物也。其所以異於禽獸蟲魚者，豈非道德之性全乎哉？受一氣而成形，一為物而一為人，得之甚難也。

「其所以異於禽獸蟲魚者，豈非道德之性全乎哉？」就李翱看來，人之異於禽獸蟲魚者，正在於斯。另外還有陰陽之氣，陰陽合和則雨，

---

11 《舊唐書》（臺北市：鼎文書局，2000年），頁2766。

12 《新唐書》（北京市：中華書局，2003年），頁4068。

13 〔唐〕元積：〈競渡〉，收入〔清〕彭定求等編：《全唐詩》（北京市：中華書局，1992年），卷三九八，頁4476。

14 《舊唐書》，頁46-47。

15 〔唐〕白居易：〈念金鑾子〉，收入〔清〕彭定求等編：《全唐詩》，卷四三三，頁4795。

16 〔唐〕李翱：〈復性書〉，收入〔清〕董誥等編：《全唐文》（北京市：中華書局，1987年），頁6437。

如封演所謂「陽之專氣為電，陰之專氣為霰，陰陽和則雨成。」[17] 此與前述柳宗元說法有異，但他們都認為雨皆由天地氣化而成，這是沒有問題的。不止如此，自然環境更是布滿了（元）氣，《舊唐書・代宗紀》：「授四時者，布和而順氣。」[18] 上引陳子昂更是以元氣為說，說明氣在政治上的轉化作用，所以他建議武后興建明堂、大學：「皆所以調元氣、治陰陽也」。[19]

　　氣既然存於天地，則由天氣或是雲氣得知某些現象，稱為望氣。懂此法者或以此道行世，以窺見世事，預測未來，《舊唐書・音樂志》便記玄宗未登基之時：「宅在隆慶坊，宅南坊人所居，變為池，望氣者亦異焉。」[20] 杜元紀也曾替李義府住宅望氣：「所居宅有獄氣，發積錢二千萬乃可厭勝。」[21] 望氣如此普遍，所以連許多傳奇小說也引用了，〈虯髯客傳〉：「望氣者言太原有奇氣。」[22] 〈崔書生〉裡胡僧對崔生說：「君豈不有異人奉贈乎？貧道望氣知之。」[23] 當然，望氣並非唐代才開始出現，先秦時期早已有之，而唐代是氣論盛行的時代，自然也繼承了此種說法。[24]

17　〔唐〕封演：《封氏聞見記校注》（北京市：中華書局，2005年），頁65。

18　《舊唐書》，頁266。

19　《新唐書》，頁4068-4070。

20　《舊唐書》，頁1062。

21　《舊唐書》，頁2769。

22　〔唐〕杜光庭：〈虯髯客傳〉，收入蔡守湘選注：《唐人小說選注》（臺北市：里仁書局，2002年），頁897。

23　〔唐〕牛僧孺、李復言編：《玄怪錄・續玄怪錄》（北京市：中華書局，2006年），頁36。

24　「望氣」在先秦的語境與背景，可參黃俊傑：《孟學思想史論》（臺北市：東大圖書公司，1991年），卷一，頁32-46。劉芝慶：《修身與治國——從先秦諸子到西漢前期身體政治論的嬗變》（臺北市：國立臺灣大學歷史學研究所碩士論文，2009年），頁136。

宋代以後氣論依然可見，趙湘〈薰猶論〉：「在人之所稟，莫非一氣」[25]，就是一例。張景為老師柳開（948-1001）編輯文集，他在〈河東先生集序〉就說：[26]

> 一氣為萬物母，至於陰陽開闔，噓乎消長，為晝夜、為寒暑、為變化、為死生，皆一氣之動也。

一氣為萬物母，其後陰陽開闔，乃至於晝夜寒暑等等，皆由氣動變化而來。劉牧（1011-1064）《易數鈎隱圖》也說：「天地未分之前，元氣混而為一，一氣所判是曰兩儀，……，交接乎天地之氣，成就乎五行之質，彌綸錯綜無所不周……」[27]，都是氣論盛行的例證。

因此，氣既是「其細無內」，是構成萬物的細微之處，又是「其大無外」，整個宇宙都充滿了氣。更有甚者，早在冥玄之處，在洪荒之時，氣便已存在，是為「元氣」。[28] 當然，各人所論自然會有不

---

25 曾棗莊、劉琳主編：《全宋文》第八冊（上海市：上海辭書出版社，2006年），頁357。
26 〔宋〕柳開：《河東先生集》（臺北市：臺灣商務印書館，1979年），頁1。
27 〔宋〕劉牧：《易數鈎隱圖》，收入《易學叢書續編：蘇氏易傳‧易數鈎隱圖》（臺北市：廣文書局，1974年），頁3。
28 這種氣論自然不會從唐代才開始。畢竟早在先秦時期，已經有了氣的觀念。而且氣不但是古代醫學的重要理論，人同時也藉由氣來解釋天地宇宙，因此人與自然的溝通往往也是由氣而通感，至於唐代不但繼承了這種思想，同時還更進一步連結天人關係、《易》的內外合一。關於氣的產生與影響，可見加納喜光：〈醫書中所見的氣論──中國傳統醫學中的疾病觀〉，收入小野澤精一等編：《氣的思想──中國自然觀和人的觀念的發展》（上海市：上海人民出版社，1992年），頁273-306。楊儒賓：〈導論〉，收入楊儒賓編：《中國古代思想史中的氣論及身體觀》（臺北市：巨流圖書公司，1993年），頁3-59。
至於在「氣」的基礎上，明確提出「元氣」者，則為漢儒。相對來講，「氣」是廣義，泛指任何氣，「元氣」則是狹義，是指原始之氣，但有時兩者亦多有混凝，皆指流動於天地自然間的氣。可參鄭吉雄：《戴東原經典詮釋的思想史探索》（臺北市：臺大出版中心，2008年），頁87-123。

同，如柳宗元與封演對「雨」看法便稍異。但就其同處觀之，氣論的內涵，其實預設了一個整體的觀念，就是人與天地萬物都是氣化，在這個世界裡，我們各乘氣化，卻又共生共存，並且有感通的可能。[29]

　　藉由氣化而交感，既是一股普遍思潮，唐代道教亦不能免於此。更進一步來講，道教往往也將氣論融為己用，這也與道教的神仙思想有關，畢竟早在先秦兩漢時期，便已有神仙之說，[30] 這遠在漢魏六朝道教各派成立之前。至於道教成仙之法，除了傳承神仙軼聞之外，同時也受氣論思潮的影響，像是葛洪就藉由「仙人稟異氣」來說明成仙的可能，而服食金丹，再加上行氣引導，都是為了達到成仙目的。[31] 只是在唐代氣化宇宙的思潮裡，道教對氣論的看法則略有變化，根據陳弱水的研究，在南北朝末期到唐初，道教氣化世界觀的內涵已有改變。在此之前，道教較少重視內心的心靈轉化，後來受到佛教「佛性」刺激，開始出現「道性」的概念，並且以道性來解釋世界緣起妄和，正與佛教緣起性空觀類同。道教經典諸如《太玄真一本際經》：「二念法身，猶如虛空，圓滿清淨，即是真道，亦名道身，亦名道性」等等，都可看出「道性」仿習「佛性」的蹤跡。[32] 不止如此，唐初道教徒成玄英與王玄覽亦多借用佛學，像是成玄英以空宗義理解齊物、王玄覽也說「諸法無自性，隨離合變為相為性」……，如此等

---

29 王維在〈為相國王公紫芝木瓜讚〉自序中便清楚說明此理：「人心本於元氣，元氣被於造物，心善者氣應，氣應者物美，故呈祥於魚鳥，或發揮於草木，示神明之陰騭，與天地之嘉會。」〔唐〕王維：《王右丞集箋注》（上海市：上海古籍出版社，1998年），頁378。

30 蕭登福：《先秦兩漢冥界及神仙思想探源》（臺北市：文津出版社，2001年），頁197-201、203-278。

31 湯一介：《魏晉南北朝時期的道教》（臺北市：東大圖書公司，1991年），頁182-187。

32 陳弱水：《唐代文士與中國思想轉型》（桂林市：廣西師範大學出版社，2009年），頁141-163。

等，都可見佛道交融痕跡。[33]

可是這種思潮在劉知古、司馬承禎與吳筠之後漸衰，此時大約已是唐代中葉，[34]道教又開始注重氣論，像是人稟氣而生的說法，劉知古就說：「人所稟軀，元精雲布，因氣託初，陰陽為度……」，[35] 至於司馬承禎與吳筠建構的天地宇宙，其實也就是氣化的世界，這也與道教傳統說法較為契合。司馬承禎說：「夫道本虛無，因恍惚而有物，氣元沖始，乘運化而分形」，[36] 吳筠也說：「元氣者……萬象之端，兆朕於此。」[37] 張果注《黃帝陰符》：「天地以陰陽之氣化為萬物」[38]、《嵩山太無先生氣經》：「夫形之所恃者，氣也；氣之所依者，形也。氣全即形全，氣竭即形斃」……。[39] 如此等等，可見道教認為（元）氣是萬物之端，乘運而分為萬物，成形世界，與上述氣化宇宙是一致的。

也因為道教又開始融用氣論，不再如南北朝末唐初這段時間一樣，把萬物視為空、虛，不再是「諸法無自性」或是「猶如虛空」的世界。因此在這個實有的世界裡，人對天的反思，才可能反映在內外丹修煉的熱潮中，其中原由詳見下節討論，暫不贅述。

---

33 龔鵬程就指出，成玄英在道教氣化自然的基礎上，一方面安放自己的信仰基礎，另一方面又嘗試新的開展，吸收佛學。龔鵬程：《唐代思潮（上）》（宜蘭縣：佛光人文社會學院，2001年），頁141-146、160。

34 劉知古、司馬承禎、吳筠、張果皆大抵生活在武后、玄宗、代宗時期，約是七世紀中葉到八世紀，正為唐代中期。

35 〔唐〕劉知古：〈日月玄樞論〉，收入〔清〕董誥等編：《全唐文》，頁3386。

36 〔唐〕司馬承禎：〈天宮地府圖〉，收入〔宋〕張君房編：《雲笈七籤》（北京市：中華書局，2003年），頁608。

37 〔唐〕吳筠：《宗玄先生玄綱論》，收入《正統道藏》第三十九冊（臺北市：新文豐出版公司，1985-1988年），頁700。

38 〔唐〕張果注：《黃帝陰符》，收入〔宋〕張君房編：《雲笈七籤》（北京市：中華書局，2003年），頁377。

39 〔唐〕張果：《嵩山太無先生氣經》，收入《正統道藏》第三十冊（臺北市：新文豐出版公司，1985-1988年），頁856。

　　但佛教與此頗有不同。在佛教經典中，使用「氣」的時候並不太多，福井文雅曾爬梳佛經，諸如火氣、地氣、風氣、出氣、入氣等等，用例不超過二十種，他認為理由有兩點：一、氣是中國獨有的觀念，其中vāsanā雖可勉強對應中國自創的詞語「習氣」，仍另有異譯「薰氣」、「殘氣」、「餘氣」，但顯然都不能完全同等於中國對「氣」的看法；二、因氣多被道教使用，故佛教刻意避免。[40] 福井文雅第二點說法可再商榷，佛教氣說不盛，恐怕並非道教緣故，畢竟氣論是中國傳統思想資源，儒道只是其中的使用者而已，此外有更多的用法是無法歸於某家某派的。況且佛道固然有對立的時期，但融用對方觀念的現象，亦所在多有，所以不能只從宗派對立的角度來看，因此佛教之所以無法遍用氣論，應該就其教理而觀。再者，值得再深思的是，唐代佛教是否真的氣論不盛？如果答案是肯定的，那麼他們對氣論又是怎樣的看法？在當時佛教思想中，又占有什麼樣的地位？

　　一般來說，中國佛教修悟的心，即是肯定自覺的自宰，因此包含成佛的「佛性」、「真如」、「法性」、「實相」。但此心未悟前，業力流轉、塵世名色，彼此互相依存，此有此生，都是緣起合和所致，所以佛教又講三法印、四諦、十二因緣，皆是要明此之「識」。[41] 反過來講，這個造成天地宇宙生滅的「藏識」（或稱阿賴耶識、阿梨耶識），

---

40 福井文雅：〈儒、道、佛三教中的氣〉，收入小野澤精一等編，李慶譯：《氣的思想——中國自然觀和人的觀念的發展》（上海市：上海人民出版社，1992年），頁320-321。

　　木村清孝也指出，印度佛教與「氣」完全類似的概念，幾乎是沒有，但就內容類似來看，印度佛教的冥想法、呼吸法、疾病治療法可與氣相結合。木村清孝：〈中國佛教中的「氣論」〉，收入楊儒賓編：《中國古代思想史中的氣論及身體觀》（臺北市：巨流圖書公司，1993年），頁541-544。

41 馬定波：《中國佛教心性說之研究》（臺北市：正中書局，1980），頁401-402。印順：《佛法概論》（新竹縣：正聞出版社，2003年），頁147-151。

佛經有時也以「心」涵括之。[42] 因此佛教是一種緣起的立場，認為萬般事物皆非實有，只是一種外相的存在。

　　就在這樣的架構中，澄觀（738-839）雖歸宗華嚴，不屬禪宗，但他據以分判三教差異的理論，釋禪皆同。[43] 澄觀指出儒道以氣化為本，萬物稟氣，聚氣而生，反之便死，其中氣又非因緣所成，而是由自然而生：[44]

　　　豈同儒道氣變為神，神由氣就，氣非緣就，出於自然，……。

　　　儒道以聚氣為生散氣為死。

儒道以氣之聚散為生死，此說當然不被澄觀認同，畢竟佛教主張的是

---

42 以唯識學的角度來講，蓋可略分為三種。地論宗認為阿賴耶識為真常淨識、為真心，具有覺悟之能；攝論宗則在八識之外，另立第九識阿摩羅識，以轉其它八識；《大乘起信論》則視阿賴耶識為染淨相依，未覺時為阿賴耶識，已覺則為清淨如來藏識，即所謂一心開二門，由心生滅門轉入心真如門。以上各家說法或有不同，但就體心明道，達理澈悟此點來講，各家並無差異。可參韓廷傑：《唯識學概論》（臺北市：文津出版社，1994年），頁87-88、116-117、223。印順：《大乘起信論講記》（新竹縣：正聞出版社，2004年），頁60-64。

43 中晚唐以後流行的禪宗，重在以心傳心、離言說相，諸家禪法接引固然或有差異，但就直指心源，破我法執、證我法雙空這點來講，釋禪並無二致。可參張國一：《唐代禪宗心性思想》（臺北市：法鼓文化，2004年），頁323-329。
其中澄觀雖被後人視為華嚴四祖，但他早年廣學禪教各家，又參訪過牛頭宗的慧忠、道欽，荷澤宗的無名，以及北宗神秀一系的慧雲，對禪法當不陌生。參見〔宋〕贊寧：《宋高僧傳》（北京市：中華書局，1997年），頁105-106。
關於天臺、華嚴、三論等與禪宗融合的情況，可參何國詮：《中國禪學思想研究──宗密禪教一致理論與判攝問題之探討》（臺北市：文津出版社，1987年），頁65-68、162-164、282-284。

44 〔唐〕澄觀：《大方廣佛華嚴經隨疏演義鈔》，收入《大正藏》第三十六冊（臺北市：新文豐出版公司，1983-1988年），頁105、106。

萬法唯識，萬物更是相依相生，而氣只是自然，並非緣起，「氣非緣就，出於自然」，即是此義。因此儒道的氣論，在澄觀看來是頗有問題的。澄觀又說：[45]

> 釋以心為法本，萬行憑緣。……，憑緣則必假修成。

佛教以心為本，萬物又憑因緣所生，若要探究其中真義，則端視心的體悟。更何況「立生滅因緣，無定初始」，根本不存在宇宙世界的開端本體問題，但儒道卻以太初太始為「物之先」，故其說為非：[46]

> 儒道有太初太始，為物之先，太初為萬物之先。

其後圭峰宗密（781-841）也提出質疑，他認為氣化萬物固然合理，卻尚有一間未達，原因在於儒道不明萬法唯心（識）之故，他首先檢查氣論之說：

> 儒道二教，說人畜等類，皆是虛無大道生成養育。謂道法自然，生於元氣，元氣生天地，天地生萬物。[47]

元氣生天地，天地又生萬物，萬物皆稟氣而生，這就是標準的宇宙氣化論。宗密不同意這樣的看法，他認為氣之前還有「心」，心識才是根本：

---

45 〔唐〕澄觀：《大方廣佛華嚴經隨疏演義鈔》，收入《大正藏》第三十六冊，頁106。
46 〔唐〕澄觀：《大方廣佛華嚴經隨疏演義鈔》，收入《大正藏》第三十六冊，頁106。
47 〔唐〕宗密：《原人論》，收入《大正藏》第四十五冊（臺北市：新文豐出版公司，1983-1988年），頁708。

> 然所稟之氣，展轉推本，即混一之元氣也。所起之心，展轉窮源，即真一之靈心也。究實言之心外的無別法，元氣亦從心之所變。[48]

> 識是正因，氣是助緣，心識能知一切境。[49]

混一元氣化成萬物，但究其根源，仍是心（識）變化，氣不過是助緣而已。因此氣由心變，展轉起伏，以成天地世界，都不過是妄計造業的境界之相，故曰：「心識能知一切境」。所以宗密又說：[50]

> 心既從細至麤，展轉妄計乃至造業，……，境亦從微至著，展轉變起乃至天地（……，彼云元氣如此一念初動，其實是境界之相）。

正如蔣義斌所言，宗密之所以不完全排斥氣論，自然是他企圖以一心開二門的方式，容納佛教諸宗，整合氣化宇宙觀，[51] 可是即便是整合，不代表就是宗密認肯氣論之說，又或是換個方式來講，正因為宗密不同意氣化的看法，所以他才要以佛門的觀點統合融會。因此他最後仍不忘說明世界緣起妄合之理，「心既從細至麤，展轉妄計乃至造業」，一切由心展轉變化，連元氣也是心之所變，故氣為助緣，並非正因。澄觀宗密此說，當非個人、或是華嚴一派的意見而已，畢竟他

---

48 〔唐〕宗密：《原人論》，收入《大正藏》第四十五冊，頁710。
49 〔唐〕宗密：《圓覺經略疏鈔》，收入《續藏經》第九冊（臺北市：中國佛教會影印卍續藏經委員會，1968年），頁245。
50 〔唐〕宗密：《原人論》，收入《大正藏》第四十五冊，頁710。
51 蔣義斌：《宋儒與佛教》（臺北市：東大圖書公司，1997年），頁267-268。

們對禪理亦多有深入。[52] 更進一步來看，他們指出氣化宇宙缺乏根本義，因為氣仍是由心所起，心是主，氣是輔，不可主次混淆。但從前述分析可知，基本上氣論預設了一個天人萬物相關的整體立場，澄觀等人與此是否有所不同？那又未必，畢竟佛教仍然是同意此一預設的，因為他們雖也承認氣的普遍存在，只是與前述氣論講法有異，所以在氣化世界之說以外，他們往往又追溯於心，畢竟佛教認為萬法萬物皆源於心（識），是含攝世界的唯一所在，並希望藉由體證靈明人心，則可直破塵世之虛妄，萬物（包括天）是空而非實。[53] 當然，「心」也是不可執著的，既是無住無念，就要經由不斷地否定以通向「空」，又或是主張當下的不捨不取，所以「心」其實也是方便說法而已。因此中晚唐以後的禪宗亦由「即心即佛」，走向「非心非佛」，但即心也好、非心也罷，不執的觀念是相通的，[54]《鎮州臨濟慧照禪師語錄》就說：「心法無形通貫十方，在眼曰見，在耳曰聞，在鼻嗅香，在口談論，在手執捉，在足運奔。本是一精明，分為六和合。一心既無，隨處解脫。」[55] 一心既無，隨處解脫，即是此義，反過來講，從心法而通貫十方，由一精明而分為六合，亦可見萬物幻化的形成。這與宗密所謂心從細到麤、境從微到著，展轉妄計乃至天地生起，都是同樣的觀點。

　　禪宗如此，又如五代宋初的贊寧（911-1001）便引《易》太極之說：「太極是生兩儀，兩儀生萬物，絪縕而出，鼓動而萌。由庶類以

---

52 宗密從學於禪宗道圓、華嚴澄觀，主張禪教合一，其《禪源諸詮集都序》更是將禪與教整合，然後各區分為三種，使其一一對應。〔唐〕宗密著，閻韜譯：《禪源諸詮集都序》（高雄市：佛光出版社，1996年），〈題解〉，頁5-6。

53 陳弱水：《唐代文士與中國思想轉型》，頁352-353。

54 葛兆光：《中國禪思想史——從六世紀到九世紀》（北京市：北京大學出版社，2006a），頁328。

55 〔唐〕慧然集：《鎮州臨濟慧照禪師語錄》，收入《大正藏》第四十七冊（臺北市：新文豐出版公司，1983-1988年），頁497。

蚩蚩，稟自然而歷歷。自然者道，道惟本心，心無不通，通物之理之謂道也」，[56] 贊寧雖非禪宗人物，但其說亦同。換言之，佛教（包括禪宗）指出由人的肉身乃至於諸法萬物，莫不是因緣相際，以致於牽連干涉，究其原由，正是出於彼此處在同個世界宇宙所致，因此人與天地萬物依然是整體的性質，天人仍在同個世界觀裡，緣起相生，互依互存。

從上述討論可知，氣論是唐代流行思潮之一，不管是儒家或是道教，甚至是無法歸納為某教某派的一般知識界，都在此思潮籠罩之內。天地之間既然充滿了氣，萬物與人類皆是氣化所生，人逝物死，氣亦為之離散，而氣的聚集散去，萬物皆氣，同生共感，顯然預設了一個天人萬物的整體觀。其中佛禪雖不完全認同氣論，但也無法排除此觀念，對於氣論背後的天人整體立場，更是接受並使用的。

於是唐人就在這種認同之中，仰觀於天，抒懷自身。在天人之間，他們體感世界宇宙，或嘆天地之悠，或慨天命靡存，都反映了他們對自身與宇宙的認識。

三 天人之間——自我的存在與認識

在這個一氣化成，萬物氣感的整體世界中，人天是什麼樣的關係？面對高高在上的天，人又何以自處？

事實上經由對天的省視，人們已開始探討自身的存在與自覺，思考與天的關係。這種天論，與唐代氣論是互為表裡的，同時也是唐代知識界普遍面臨的問題。第二節曾引韓柳劉三人天論，為方便表示，不妨以表格說明：

---

56 〔宋〕贊寧：《宋高僧傳》，頁756。

表一　韓、柳、劉之天論

	韓愈[57]	柳宗元[58]	劉禹錫[59]
	「吾意有能殘斯人，使日薄歲削，禍元氣陰陽者滋少，是則有功於天地者也；繁而息之者，天地之仇也。」 「吾意天聞其呼且怨，則有功者賞矣，其禍焉者受罰亦大矣。」	「（天地元氣陰陽）是雖大，無異果蓏癰痔草木也。假而有能去其攻穴者，是物也，其能有報乎？蕃而息之者，其能有怒乎？」 「天地，大果蓏也；元氣，大癰痔也；陰陽，大草木也，其烏能賞功而罰禍乎？功者自功，禍者自禍。」	「世之言天者有二道⋯⋯陰騭之說⋯⋯自然之說。」[60] 「天之能，人固不能也，人之能，天亦有所不能。故余曰：天與人交相勝耳。」 「人能勝乎天者，法也。法大行，則是為公是，非為公非，⋯⋯，法大弛，則是非易位，⋯⋯，人之能勝天之具盡喪矣。」
結論	人壞元氣 天是世界的主宰 天能賞罰，人有功於天則賞，反之則罰	天不能賞罰 萬物純任自然，福禍為自取	天道人道各有所能，互有勝出，天人交相勝人勝天與否，關鍵在於法

---

57 〔唐〕柳宗元：〈天說〉，收入〔唐〕柳宗元：《柳河東集》，頁286。

58 值得注意的是，柳宗元的觀點並非一成不變，柳宗元被貶至永州時，也曾感嘆天命的無可違逆，非人力所能動搖，〈與蕭翰林俛書〉就說：「今天子興教化，定邪正，海內皆欣欣怡愉，而僕與四五子者獨淪陷如此，豈非命歟，命乃天也，非云云者所制，又何恨。」這都是唐人站在自身立場，思考天（命）的例證。〔唐〕柳宗元：《柳河東集》，頁493。

59 〔唐〕劉禹錫：《劉禹錫集》，頁67-72。

60 陰騭之說即是認為天是主宰，可以禍福人世；自然之說則是天行有常的自然天。韋政通：《中國思想史（下）》（臺北市：水牛出版社，2001年），頁973。

　　三人關於天的討論，基本上都是站在「人」的立場來思考「天」，他們固然爭論天的性質，卻往往也是針對「天人關係」而發，這是三人都同意的立場。像是韓愈指出人破壞元氣，因而有害於天、柳宗元認為天地元氣與人一樣，都是宇宙世界的一部分，人的福禍乃自取、劉禹錫則以人是否能行法，來作勝天的依據……，三人所論雖有差異，各持己見，只是異中依然有同。當然，他們的爭論，可以說是唐代天論思潮裡顯著的標誌，但絕非唯一。相反地，類似天人思考，進而指出天的質性者，所在多有。例如李翱就以道德之性分判人物，不止如此，他更認為人是可以知天參天，其中關鍵在於誠，所以他在〈復性書〉就引《中庸》語：「惟天下至誠為能盡其性……，可以贊天地之化育，則可以與天地參矣」，[61] 因此主張要復性，得證天地澄明，同樣也是以人知天的路數。

　　由於天對於人實在太重要了，所以我們在唐人言論與傳奇裡屢見不鮮：[62]

一、王者受命於天，作主於人，必大一統。[63]

二、聖人受命於天，以人為主，苟功濟於天，天人同和。其功大矣。[64]

三、臣聞天者群物之祖，王者受命於天，故則天而布列職。[65]

61　〔唐〕李翱：〈復性書〉，收入〔清〕董誥等編：《全唐文》，頁6434。

62　李豐楙認為，唐人表現天（命）思想者，往往形象化表達於筆記小說中，藉以解說人間世諸般現象，代表民間社會的共同意識。李豐楙：《六朝隋唐仙道類小說研究》（臺北市：臺灣學生書局，1986年），頁344-345。

63　〔唐〕皇甫湜：〈東晉元魏正閏論〉，收入〔清〕董誥等編：《全唐文》，頁7031。

64　〔唐〕高郢：〈諫造章敬寺書〉，收入〔清〕董誥等編：《全唐文》，頁4595-4596。

65　〔唐〕張東之：〈對賢良方策〉，收入〔清〕董誥等編：《全唐文》，頁1785。

四、此天殺我，豈爾之能？然爾婦已孕，勿殺其子，將逢聖
　帝，必大其宗。[66]

五、錢塘君再拜而歌曰：上天配合兮，生死有途！[67]

六、娥私嘆曰：李君精悟玄鑒，皆符夢言，此乃天啟其心，志
　將就矣！[68]

七、爾淪下士，賤卑萬品。臻於如此，實由冥合。[69]

八、乃知陰騭之定，不可變也。宋城宰聞之，題其店曰：「定
　婚店」。[70]

九、天既職性命，道德人自強……，天能天人命，人使道無
　窮。若此神聖事，誰道人道短……。[71]

十、忘榮知足委天和，亦應得盡生生理。[72]

上述引文都代表了當時人對於天的看法：[73] 聖人受命於天，但亦必須
知天之意，不可妄行，才能天人同功（如第一、二、三則）；或是人
的生死、命運，乃是天意，但人依然要盡其所能，或是修養自身，以

66　〔唐〕佚名：〈補江總白猿傳〉，收入蔡守湘選注：《唐人小說選注》，頁28。

67　〔唐〕李朝威：〈柳毅傳〉，收入蔡守湘選注：《唐人小說選注》，頁211。

68　〔唐〕李公佐：〈謝小娥傳〉，收入蔡守湘選注：《唐人小說選注》，頁308。

69　〔唐〕佚名：〈張佐〉，收入蔡守湘選注：《唐人小說選注》，頁454。

70　佚名：〈定婚店〉，收入〔唐〕牛僧孺、李復言編：《玄怪錄‧續玄怪錄》，頁188。

71　〔唐〕元稹：〈人道短〉，收入〔清〕彭定求等編：《全唐詩》卷四一八，頁4620。

72　〔唐〕白居易：〈吟四難〉，收入〔清〕彭定求等編：《全唐詩》卷四五二，頁
　5138。所謂的四難，即是年老、家貧、眼病、命薄。

73　從引文中，常可見到天與命並提。其間關聯，牟宗三所論最善，他說：「故曰：『生
　死有命，富貴在天』，生死是必然的，這不是命，但在必然的生死中卻有命存焉。
　人生中或富或貴，或貴或賤，這也有命存焉。『在天』即在『你個體如何樣地存
　在』中即函蘊你有如何樣的遭遇。為何有這樣的遭際是無理由可說的，這是一個虛
　意，即此便被名曰命、因此便說為在天。」牟宗三：《圓善論》（臺北市：臺灣學生
　書局，1985年），頁142-143。

獲得所能擁有的幸福（第四、六、九、十則）；再不然則是認為天意已定，天命不能更改，人只能被動地受天所制（第五、七、八則）。

這些說法，如果再加上韓柳劉李四人的意見，可知唐人對天的觀察並非完全一致，而是眾聲喧嘩、各持己見的。但在看似各有說法的外表下，卻也透露的同樣的訊息，就是他們都是以人的角度，來解析上天。可是反過來看，天的旨意若真是如此絕對、預定了所有可能，則人什麼都不必做，只要枯等天命到來便是，在這條路子，人是很難積極地面對自己，進而開創可能的未來。[74] 因此，藉由對天的理解，思索人生處境，在有限生命中，有所澈悟而同歸天命，揣想天人同和的可能性，如李翱說誠、如上述第一、二、三、四、六、九所言等等，在這個模式中，人們才能開展出對於自身的關懷與價值，也才能對內在心靈世界作出更多更深的探索。

因此，唐代中葉以後道教《周易參同契》的流行，還有所牽涉到的內外丹思想，正可由此理解。

基本上，在唐代《周易參同契》是外丹煉丹的重要經典，如劉知古〈進日月元樞論表〉：「臣自幼年，與道合虛，情性守一，頗歷歲月。至於留心藥物，向此二紀，意謂無出《周易參同契》。但能尋究此書，即自見其道。」[75] 非此而已，裡頭許多篇章也是晚唐內丹大盛以後，其修煉所本，像是五代彭曉注本的第二十、二十一、二十七、六十二、六十六等章，就將《周易參同契》與內丹結合。當然此處並

---

74 樂蘅軍：《意志與命運——中國古典小說世界觀綜論》（臺北市：大安出版社，2003 年），頁267-273。樂蘅軍以唐傳奇代表意志，宋明話本象徵命運，是否如此，尚可再論。但她指出命運（天命）「將『悲劇知識』給了人類，使人明白他的毀滅，與他的絕望，也極少給人救贖機會，在毀滅與絕望中，他才明白了他自身，也明白了命運。」本文所謂「無法積極開創」云云，即是此意。

75 劉知古：〈進日月元樞論表〉，收入〔清〕董誥等編：《全唐文》，頁3383。

非要考證內外丹源起，[76] 而是要說明在唐代時期，丹道修煉之術，同樣代表了人與天的溝通。這種連結，也是立基對人類本身的關懷、並且肯定自身價值，然後以人思天，塑造了理想的天人關係。

我們先以外丹來看，張玄德《丹論訣旨心照五篇》：[77]

> 凡修大丹，不在藥味，事在五行精究，易象分明，辨節序之運移，知日月之度數，陰陽相使，神仙之藥，合道之中。

《大還心鑑》也說：[78]

> 論大丹唯一陰一陽之道，即合天地之機也。

從上述說法可知，既是陰陽相使，又要合天地之機，因此外丹就不止是鉛銅水銀調煉的藥學成果。煉製原理，更必須取象於天，再由天地造化中歸究於丹道。《周易參同契》無名氏注：[79]

> 金汞稟陰陽二氣，象色精微，是天地之靈。

---

76 關於內丹的起源，學界多以《羅浮山志》為據，由此追溯至隋代蘇元朗。但龔鵬程認為《羅浮山志》成於清代，記載亦多混淆唐末以後的觀念，實不足為據。究竟內丹起源為何，因與本文無關，故不處理，但內丹盛於唐末五代，並延續後世，這是沒有問題的。可參龔鵬程：《道教新論》（北京市：北京大學出版社，2009年），頁182-183。張廣保：《唐宋內外丹道教》（上海市：上海文化出版社，2001年），頁6-9。

77 〔唐〕張玄德：《丹論訣旨心照五篇》，〔宋〕張君房編：《雲笈七籤》，頁1453。

78 收入《正統道藏》第三十二冊，頁368。

79 《周易參同契》，收入《正統道藏》第三十四冊，頁304。《通幽訣》亦言：「故之赤水中自生者流為陽汞，名曰天鉛之精，黃芽之祖，是日月之華氣，化為天然還丹。」收入《正統道藏》第三十二冊，頁67。

劉知古也說：「人所稟軀，元精雲布，因氣託初，陰陽為度，夫作丹者，亦以法象人也」，[80] 人既然稟氣而生，其間又以陰陽為度，於是在氣化世界裡，外丹也應該「以法象人」，自然也要吸收日月華氣，又或是融用陰陽二氣，取得天地之機，因此外丹的煉丹理路，同時也必須符合氣化宇宙的原理。不止如此，煉丹者使用的鼎爐等器具，也像一個小宇宙一樣，必須呼應外在天地的大宇宙，大小相生相即，「鼎爐」與「天地」是相輔相應的，張果《玉洞大神丹砂真要訣》就說：[81]

> 大丹鑪鼎亦須合其天地人三才五神而造之，……，火候之訣象乎陰陽二十四氣、七十二候，……，火數足而成大丹也。

唐代丹家顯然認為在這個小宇宙的鼎爐中，只要火候掌控得宜，應節度、重時氣，則丹藥自然可成，而關鍵便在於「大丹鑪鼎亦須合其天地人三才五神而造之」。

當然唐代丹道甚多，丹法亦不甚相同。[82] 但若就同處觀之，煉丹家普遍認定天地萬物由氣化所成，而且陰陽運行造化，從不間斷，因此人若要像天地宇宙持續運化，生生不息，就必須服用丹藥，丹藥煉製之法，則必須參考天地之機，畢竟生命的恆久，正存在宇宙的奧秘之中。至此，人與天產生了密切聯繫，人藉由服丹成仙不死，終與天地造化同流，天不再是可望不可及的高高在上，而人也可以依憑本身努力，由丹道窺知天道機妙。

---

80 〔唐〕劉知古：〈日月玄樞論〉，收入〔清〕董誥等編：《全唐文》，頁3386。
81 〔唐〕張果：《玉洞大神丹砂真要訣》，收入《正統道藏》第三十四冊，頁748。
82 丹法之異，可參廖芮茵：《唐代服食養生研究》（臺北市：臺灣學生書局，2004年），頁320-336。

外丹如此，內丹又是如何？唐末陶埴《陶真人內丹賦》：[83]

> 自然者，元氣也。元氣者是天地虛無之氣，天地虛無之氣即化
> 生萬物，玄元之始也。學丹之流鍊此得虛無之氣，名真一自然
> 之道，為萬物化元也。

內丹既以煉氣為主，則人身自然就是一個小宇宙。若以丹道講法來
看，人體就是一座鼎爐，外丹以鼎爐煉丹，內丹則是以體內為鼎，鼎
中陰陽乾坤氣化運轉，因此燒煉之藥就非金石鉛汞，而是氣，所以又
出現真水、真火、真鉛、真汞、真虎、真龍的說法。例如鍾（權離）
呂（洞賓）一派的道士，就認為腎主氣，氣中又含真一之水，此即真
虎；心則主液，藏正陽之氣，故為真龍。如此種種，皆是順著內丹推
展而出，內丹也與外丹共用許多術語，諸如水火既濟、龍虎交媾之
類。[84]

　　這種講法，基本上都說明了內丹與外丹一樣，都講究內外相合，
大小宇宙彼此呼應。北宋張伯端《金丹四百字》就說：[85]

> 身中有一點真陽之氣，心中有一點真陰之精，故曰二物，心屬
> 乾，身屬坤，故曰乾坤鼎器。

張伯端雖然批判道教丹法混亂，[86] 但對於煉氣以成丹的基礎，還是認

83　〔唐〕陶埴：《陶真人內丹賦》，收入《正統道藏》第三十四冊，頁337。

84　張廣保：《唐宋內外丹道教》，頁173-176。戈國龍：《道教內丹學溯源》（臺北市：中
　　華大道文化事業公司，2004年），頁206-214。

85　〔宋〕張伯端：《金丹四百字》，收入《正統道藏》第七冊，頁403。

86　張伯端說：「惟金丹一法，……，終不言真鉛真汞是何物也？不說火候法度溫養指
　　歸，加以後世迷徒恣其臆說，將先聖典教妄行箋註，乖訛萬狀，不唯紊亂仙經，抑
　　亦惑誤後學。」參見《正統道藏》第四冊，頁371。

同的，他又以乾坤鼎器來講內丹，更是將身心視為煉丹之所，。《龍
虎還丹訣》亦云：[87]

> 萬物之中，唯人得天地至靈之氣，而內有靈氣之根，即為還丹
> 之根本也，在人謂丹基，在人身故也。

人得天地至靈之氣，其內又有靈氣之根，則以人為鼎，在鼎中煉丹，
是再合理不過的。而既得天地之氣，自然要效法天地之道，天，在此
是煉丹的法則與學習的對象，人因丹道以知天明天，瞭解天地宇宙，
彭曉就說：[88]

> 故鼎室之中，乃自是一天地也，……，則知一鼎中造化，一一
> 明象天地運動，發生萬類也。

若要煉丹，則人必須取法於天，在宇宙大化中觀察萬物運行、陰陽升
降，以察天地之機，以證循環復始，然後反諸己身，最後則是同流大
化。人與天，不但是密切相關，更是相生相成的。

　　因此，外丹也好、內丹也罷，表面上看來，丹藥似乎只是丹家企
圖成仙得道的工具而已。但究其實，道教煉丹，展現的正是對自身生
命的關懷，希望藉此擺脫生命的限制，所以他們肯定人與天地自然的
相應互依，故天人和諧共知共生的整體境界，正是道教丹法的理想，
這也就是唐代道教所建構的天人觀。

87　〔宋〕張伯端：《龍虎還丹訣》，收入《正統道藏》第四十冊，頁676。
88　〔五代〕彭曉：《周易參同契真義》，《中國子學名著集成》六十五（臺北市：中國
　　子學名著集成編印基金會，1978年），頁26-27。

　　既已說明道教丹法的天人關係，那麼佛教禪宗認為世界如夢幻泡影，對天又如何看待？

　　前已言之，佛教主張緣起相續，宇宙萬物既然是妄，天自然也不真實，因此人對天應該是秉持不住不染的態度。天既是虛妄緣起，就不該執著於天，不但澄觀、宗密皆持此說，[89] 中唐靈澈也有〈大藏治病藥〉一文，列出好色輕口驕人等百病，又列出清心寡欲、語言謙遜等百藥，其中「樂天知天」亦是一藥，[90] 但此說並非是要安於天命，畢竟順著上節所言的佛理來看，意謂人的醒悟（用靈澈的話來講，則為治病藥方），即視天為空為假，因此所謂的知天樂天，是既不惑於天，也不要勝天伐天，與天保持一種或即或離的關係。以此而觀吉藏（549-623）〈二諦義〉，他引竺道生之語：「果報是變謝之場，生死是大夢之境，從生死至金剛心，皆是夢。」[91] 對吉藏而言，二諦也不過是為了把唯一之境表出的方便言說罷了，故曰：「二諦者，乃是表中道之妙教……，道非有、無，寄有、無以顯道」，[92] 業報歷程、生死變謝，皆如夢幻，都只是權說，樂天知命云云，亦如是觀。

　　這樣的看法，不止上述諸人而已，在禪宗的公案機鋒中亦時時得見，只是前文說的是天為藉緣空假，不可忽視，但也不可執著。現在卻是反過來，則是說道在天地萬物之中，都可能是悟道的機緣。雪峰義存（822-908）就曾藉此喻說：[93]

---

89 蔣義斌：《宋儒與佛教》，頁144。冉雲華：《宗密》（臺北市：東大圖書公司，1998年），頁80-82。

90 轉引自南懷瑾：《藥師經的濟世觀》（上海市：復旦大學出版社，2002年），頁252。

91 〔唐〕吉藏：〈二諦義〉，收入《大正藏》第四十五冊，頁107。

92 〔唐〕吉藏：〈二諦義〉，收入《大正藏》第四十五冊，頁85。吉藏的二諦說，可參楊惠南：《吉藏》（臺北市：東大圖書公司，1989年），頁145-147。

93 〔明〕瞿汝稷編：《指月錄》（成都市：巴蜀書社，2006年），頁593-594。

師在雪峰，僧問峰：「如何是觸目不會道？運足焉知路？」峰
云：「蒼天！蒼天！」僧會，遂問師：「蒼天意旨如何？」師云：
「三斤麻一疋布。」僧云：「不會。」師云：「更奉三尺竹。」

此處所言，道即是自性。在如來藏緣起理論之中，五大六識，乃至於
萬事萬物，都是如來藏心的顯露，禪宗認為道就在其中，因此遍處是
道，觸目皆菩提，所以天是道，三斤麻、一疋布、三尺竹，亦皆可
見道。

宋初白雲守端詩云：

六不收兮調最新，能歌何待繞梁塵，和風滿檻花千樹，不換乾
坤別是春。

「六不收」出自唐末五代雲門文偃，「六」固然可實指，如佛教六根六
識六塵，但也能是泛稱，意謂萬般法身。[94] 白雲守端此詩，是講滿檻
和風、千樹花朵、乾坤天地等物，皆容納萬法，都是自性的真實顯現。
　　但是這些禪機也只是方便言說，都是「禪筏」，由天見道云云，
目的在於接引，進而轉識成智，了然醒覺。以指見月，切莫執指為
月，所以禪宗連佛祖都要呵罵、都要超越，[95] 因此所謂的機鋒，重在
不執，重在空相，直湊單微而少落言詮，更不可死在句下。在這樣的
情形中，人與天、甚至與天地萬物的關係，只是緣起的因緣際會，不
必拘泥也不可執著。但正如第二、三節所分析的，佛教禪宗同樣是以

---

94 楊惠南：《禪思與禪詩——吟詠在禪詩的密林裡》（臺北市：東大圖書公司，1999
　　年），頁37。
95 禪宗往往以「乾屎橛」或是「棒喝」「殺佛」之類的方式表達，當然也是一種權
　　說。楊惠南：《禪思與禪詩——吟詠在禪詩的密林裡》，頁24-28。

人觀天，其法雖無定，只是金針度與，仍有若干跡象可說，故總有以
禪機佛理悟道之舉，於是此處所謂「人、天、道」的關係，就變成一
種方便法，不可明說卻又不能不說，只好權宜說之，示之以法，以度
有緣人。但不管如何，人也藉此省思知天，因此天人關係依然是一個
整體觀念，在這樣的整體觀裡，佛教才可以談因緣、隨處見道，畢
竟天人若本是斷裂，甚至兩不相涉，則佛禪亦無緣起、「觸目會道」
可說。

　　在結束這節之前，有一點必須要澄清。前已言之，南北朝末期到
唐初，道教採用佛教的世界觀，以道性為本，認為世界乃虛妄和合。
但唐代佛教禪宗以心證心，以此破天之執相，道教卻不能如此，這是
什麼原因呢？原因在於唐代道教反思人天關係，往往歸諸於內外丹，
內外丹往往是講究自身與外在宇宙的確實聯繫，不管是服食還是修
煉，都必須具體地正視天地萬物。在這樣的基礎上，內丹外丹的修煉
之道，必定以天地宇宙為實，以氣化為依據，因此就不能再採用佛家
的佛性、或是緣起說。

　　最後，天既廣大又深微，天雖然不能盡知，因此人或是順應大
化，或是修養內心，以知天命；又或是乾脆不去說明天道崇高，而是
由心悟道，得證世界幻影。但在各種論述中，人究竟該如何做？其接
引工夫之法或是禪理又是為何？藉由這樣的探問，特別是在唐中葉以
後的思潮中，我們發現《易》扮演了重要角色，《易》所牽涉到的啟
示與論述，更為後來理學家所本。

四　易理、哲理與教理

　　在這一節中，我們將重心放到《易》之上。用意是要說明，在
唐代，特別是唐中葉以後的道教與禪宗，當他們企圖同證天道時，

往往使用《易》作為思考資源，或講求易理、或以卦為說，都是以《易》為資源，作為具體的身心修煉之道。[96] 而這樣的做法，往往也是在氣化世界的整體觀上，呼應了他們的天人關係。

在唐代，很多人常用《易》來說天道人事，張說：「誦詩聞國政，講《易》見天心。」[97] 武后時孔玄義也以周易及祭法之文，建議武后配祭人選。[98] 王涯（？-835）也說「《易》有四象之氣」，且從元、筮法、立例、吉兇、立中來談，發揮《易》的世界觀，所以又說：「元之贊辭，推本五行，辯明氣類，考陰陽之數，定晝夜之占，是故觀其施辭，而吉凶善否之理見矣」[99]，這些固然說明《易》頗受重視，也可以說是因為《易》有豐富的宇宙理論，故諸人引經據典以陳己意。但上述所言或是未切實就《易》發揮，或也言及天人，卻是忽忽幾筆，不見特殊，更未就人的內在工夫立意。

因此還是要從道教來看。司馬承禎〈天隱子〉曾把《易》說成是神仙之道。[100] 吳筠也以《易》的乾坤來說明天地為實有，以破除虛妄之說。[101] 玄宗時人李筌注解《黃帝陰符經》就曾以《易》六十四

---

96 除了《易》之外，《中庸》在當時也漸受重視，學界對此已有許多研究，可參楊儒賓：〈中庸、大學變成經典的歷程〉，《臺灣大學歷史學報》24期（1999年），頁29-66。余英時：《宋明理學與政治文化》（臺北市：允晨文化實業公司，2004年），頁118-137。

97 〔唐〕張說：〈恩制賜食於麗正殿書院宴賦得林字〉，收入〔清〕彭定求等編：《全唐詩》卷八十七，頁941。

98 《舊唐書》，頁828。

99 〔唐〕王涯：〈說元五篇〉，收入〔清〕董誥等編：《全唐文》，頁4587。

100 司馬承禎〈天隱子〉：「《易》曰：『天地之道，易簡者，何也？』天隱子曰：『天地在我首之上足之下，開目盡見，無假繁巧而言，故曰易簡，易簡者，神仙之德也』。」《全唐文》，頁736。

101 吳筠〈神仙可學論〉：「當世之士不能窺妙門、洞幽賾，雷同以泯滅為真實，生成為假幻，但所取者性，所遺者形，甘之死地，乃謂常理，殊不知乾坤為《易》之韞。乾坤毀則無以見《易》。」《全唐文》，頁9650。

卦，或是六十甲子歸納天地變化，[102] 同時期的張果也說：「用八卦而
體天」。[103] 上述道教人物，都是把《易》視為窺探天道的經典，結合
《易》與氣論，並希望藉此得知天地運行之法。在此之前，固然有成
玄英的《周易竊寂圖》、袁天綱《易鏡玄要》、李淳風《周易玄義》
《周易新冥》等書，但並未將《易》結合丹法、氣論。[104] 換句話
說，道教將《易》與氣論的結合，在唐初並未得見，而是由唐中葉以
後才開始。

　　這樣的背景下，《周易參同契》蔚為流行，成為丹道經典，也就
可以理解了。《周易參同契》主要是以陰、晴、晦、圓、缺、進、
退、上、下來講煉丹燒鼎之法，根據賴錫三的研究，他認為《周易參
同契》除了繼承《易傳》關於天地陰陽的宇宙生成論，並且又以坎離
二卦發展陰陽相即的動態結構，更重要的是還將易學卦爻象數運用到
煉製丹藥之中。[105] 除此之外，正如第三節所言：唐代道教往往利用
《周易參同契》來解釋氣化宇宙的變化。不止如此，丹家也運用
《易》卦、數術等原理煉丹，經由氣論以溝通天人，例如劉師古〈日
月玄樞論〉提及的「子午以成三，戊己以為五，此吾之八石之名
也」，[106] 即是出自《周易參同契》：「子午數合三，戊己號稱五，三五
既諧和，八石正綱紀。」[107] 前引張玄德《丹論訣旨心照五篇》就有

---

102 程來遠：《黃帝陰符經疏解》（臺北市：氣功文化出版社，1993年），頁47。

103 〔宋〕張君房編：《雲笈七籤》，頁382。

104 關於道教丹法結合《易》論、氣論的過程，龔鵬程論之甚詳，可參龔鵬程：《道教
　　新論》，頁204。另外，在第二節時就已說到，唐代道教氣論的再次流行，已是武
　　后玄宗以後，是由司馬承禎、吳筠等帶起，而《周易參同契》的流行、《易》與氣
　　論的結合，亦在此時。

105 賴錫三：《丹道與易道》（臺北市：新文豐出版公司，2010年），頁139-194。

106 〔唐〕劉知古：〈日月玄樞論〉，收入《正統道藏》第三十五冊，頁385。

107 〔五代〕彭曉：《周易參同契真義》，《中國子學名著集成》六十五，頁41。

「易象分明，辨節序之運移，知日月之度數，陰陽相使，神仙之藥，合道之中」之語。《通幽訣》也以丹火喻爻象，一年十二月通十二消息之卦，因為一卦六爻，所以又把一個月分成六候，各五天，一月又有三百六十時，一年就有四千三百二十時，鼎爐即據此控制火候，「依卦節氣候運動以成金丹」。[108]

外丹如此，內丹也不例外，陶埴《陶真人內丹賦》：[109]

> 精求《易》義，火候進退，生殺合宜，表裡清通，內外相應。

「內外相應」云云，即是第三節講的人以天為法、即是人身小宇宙與天地大宇宙相輔相成之理，其中關鍵在於是否精求《易》義。像是《金丹真一論》也屢引《易》說，以證明金丹與《易》的密切關係：以治易之治丹，「還丹得不生焉？」[110] 《全唐詩補編》也有元陽子〈金液還丹歌〉：[111]

> 調氣運火逐離宮，丹砂入腹身自冲。
> 五行深妙義難知，龍虎隱藏在坎離。
> 還丹之術數過百，最妙須得金華池。

調氣運火，丹砂入腹，當指內丹，內丹煉氣一法，已如上節所言，不再贅述。而坎離為說，「龍虎隱藏在坎離」，特地標出坎離，正

108　《通幽訣》，收入《正統道藏》第三十四冊，頁67。
109　收入《正統道藏》第七冊，頁337。
110　「《易》曰：『天地變化聖人效之，天垂象聖人則之。』凡治丹言運符節者，此之謂也，還丹得不生焉？」參見《正統道藏》第四十冊，頁643。
111　陳尚君輯校：《全唐詩補編》（北京市：中華書局，1992年），頁596。

是道教煉丹重點之一，內外丹皆同。彭曉就說：[112]

> 然神母在鼎中，被陰陽之氣相蒸，如雲行雨施；而水火運用，
> 各歸於土，則藥在胎內，顏色形狀，隨時變易，而無定貌……
> 故聖人探天地之根基，為還丹之父母，運五行而化生靈藥，殆
> 非五金八石、諸物雜類而為之也。……將乾坤鼎而同大治，運
> 坎離氣而比化權……，是故神無方，而《易》無體，得不協其
> 動靜，循彼陰陽，而成變化於有无之中乎？神哉！

乾坤坎離皆是《易》卦。乾坤代表鼎器。坎為陽卦（震、坎、
艮）但卻多陰爻（ ☵ 陽爻在中而陰爻在外）；離卦為陰（離、兌、
巽）卻多陽爻（ ☲ 陰爻在中而陽爻在外），這是一種「顛倒」。道教
丹道取坎離為說，心屬火為離，腎屬水為坎，心火下降，腎水上升，
稱作水火既濟，這種一上一下的交會，用《易》來講，就是把坎卦的
陽爻放到離卦中間的陰爻，離卦就變成純陽的乾卦，這叫「取坎填
離」「會乾坤」。[113] 彭曉認為聖人煉丹，乃探求天地根基，煉丹又因
氣而行，故曰：「然神母在鼎中，被陰陽之氣相蒸」，其間又以《易》
為法，協其動靜，循彼陰陽，然後成變化於有無之中，是以《易》之
用於煉丹：「神哉！」

由此可知，唐中葉以後道教丹道與《易》、氣的結合，來達成他
們天人之道的理想境界，一環接著一環，關係是非常密切的。

另一方面，佛教禪宗對《易》的重視亦不容忽略，以《易》表詮
禪理，可見：

---

112 〔五代〕彭曉：《周易參同契真義》，《中國子學名著集成》六十五，頁137-138。
113 鄭吉雄：《易圖象與易詮釋》（臺北市：臺大出版中心，2004年），頁265-266。戈國
龍：《道教內丹學溯源》，頁206-214。

師（芝慶按：即慧寂）問一僧：「汝會甚麼？」云：「會卜。」
師提起拂子云：「這箇六十四卦中，阿那卦收？」僧無對。師
自代云：「適來是雷天大壯，如今變為地火明夷。」[114]

弟子問崇慧（約為肅、代宗時人）：「問達磨未來此土時，還有
佛法也無？」……，良久又曰：「闍黎會麼？自己分上作麼
生。干他達磨來與未來作麼？他家來大似賣卜漢相似，見汝不
會，為汝錐破卦文，纔生吉凶，在汝分上一切自看』。僧問：
「如何是解卜底人……。」[115]

第二則是論易卜，但未說明是哪種卜法。第一則值得再解釋，慧寂問
僧人會什麼，僧答曰會卜，可是接下來論易卜的卻是慧寂，慧寂說：
「適來是雷天大壯，如今變為地火明夷」，雷天大壯，大壯卦是 ䷡，
乾下震上。地火明夷，明夷卦 ䷣，離下坤上。大壯如何變成明夷？
不管是以京房的八宮或是虞翻以後的卦變等等，皆無法釋例，[116] 因
此若以卦變為解，這則資料甚難通釋，但慧寂也有可能只是取象喻
說，就眼前情境生卦作解，重在戳破。畢竟就該僧的前後表現而言，
起先明言「會卜」，所以是「大壯」（雷在天上，正位，高空響雷，自

---

114 《袁州仰山慧寂禪師語錄》（仰山慧寂，814-890），收入《大正藏》第五十一冊，
頁587。
115 《景德傳燈錄》卷四，收入《大正藏》第五十一冊，頁299。
116 即便從卜筮系統觀點而言，大壯卦得到的卦數當為七九七九八八，才有可能變為
明夷卦，但卦數得到的動爻之數為七，落在大壯卦的上六爻位上，而上六之數為
八，是不變之數，如此一來就不可能變成明夷卦；除非不考慮動爻之數，直接將
本卦的變爻全變，把兩個九數陽爻變陰爻，就能變為明夷卦，但這是不入流的卜
筮方式。況且原文短短數語，很難推測所卜為何，是卜現況？還是未來變化？此
皆難知。此處承陳伯适老師解說，特此致謝，而文責當由作者自負。

信滿滿）；接著無以為對，因此是「明夷」（知有所蔽，火住地裡，無言以對失位）。[117]

　　除上述兩則資料之外，尚有他例可說，石頭希遷曾著《參同契》：[118]

　　　師因看《肇論》至「會萬物為己者，其唯聖人乎」，師乃拊几曰：「聖人無己，靡所不己，法身無象，誰云自他，圓鑑靈照於其間，萬象體玄而自現，……。」……，遂著《參同契》曰：……

　　　門門一切境，回互不回互，回而更相涉，不爾依位住。
　　　色本殊質象，聲元異樂苦，暗合上中言，明明清濁句。
　　　四大性自復，如子得其母，火熱風動搖，水濕地堅固。
　　　眼色耳音聲，鼻香舌鹹醋，然依一一法，依根葉分布。
　　　本末須歸宗，尊卑用其語，當明中有暗，勿以暗相遇。
　　　當暗中有明，勿以明相覩，明暗各相對，比如前後步。

石頭希遷言四大，又說眼色耳音鼻舌等，乃至於一一法、萬物自有功云云，都代表了他建構的世界觀，是一個緣起的世界。石頭希遷說：「門門一切之境，回互不回互」，「回互」，即是互相涉入又不妨礙之意，既是兩者交合，又有自身存在，故曰：「回而更相涉，不爾依位住」，因此他以才明暗為例，或言暗中有明，或說明中有暗，又或指

---

117 此解承劉又銘老師指點，特此致謝，文責亦由作者自負。
118 《參同契》即是《周易參同契》，兩者同義。可參南懷瑾：《我說參同契》上冊（臺北市：老古文化事業公司，2009年），頁46。
　　引文出自《五燈會元》，收入《大正藏》第八十冊，頁108。

出明暗各相對。[119] 至於希遷作《參同契》的原因之一，是讀僧肇的
《肇論》所致。僧肇作不真空論，不真即空，不真故空，現象事物為
假有，假有為不真，便無自性可說，既不真又無自性，故謂空，聖人
最能解此說，故曰：「夫聖人之於物也，即萬物之自虛」，[120] 希遷說
「聖人無己……法身無象……萬象體玄而自現……」，即是此意。

　　回互的講法，與《易》實太相近了，《易》論陰陽，先是分陰分
陽，例如天地、尊卑、男女、剛柔等等，此非二元對立，而是交替互
用，是一個動態的相輔相成、生生不息。所以京房就說：「陰陽之
體，不可執一為定象，於八卦，陽盪陰，陰盪陽，二氣相感而成體，
或隱或顯。」[121] 與回互概念甚是相類，差別在於一視萬物為實，一視
萬物為緣起性空。以此觀之，就因為概念極為接近，再加上唐代
《易》的流行，或許也是希遷同樣使用《參同契》為名的原因。

　　但是回互並非只是概念遊戲而已，而是確實的工夫法門，重在人
生實際處。畢竟眾生悟法，根器不同、遲疾亦異，禪師自然要隨機接
引，有時為破除執障，不免以言行曲折或直指道破，但又恐後人執著
於此，故又再須以其它言行破之，展轉相破，遂由百丈懷海（740-
814）歸納為三關：初關、重關、牢關，即空、有、中三種格局，
「中」往往又為兩種示說：一、雙照明中，為空有相即之意；二、雙
遮得中，為空有兩泯之理，因此三關又可演為四句。[122] 但不管是三
關之中也好、雙照雙遮之中也罷，都是以類似回互的概念為基礎，意

---

119 此說類似華嚴宗所謂理事無礙及事事無礙，理事固然各立，但又可互相交涉，因
　　此是相即又相入的，但事物由緣起而成，所以又是空無自性。吳汝鈞：《佛教的概
　　念與方法》（臺北市：臺灣商務印書館，2000年），頁434-439。
120 《大正藏》第四十五冊，頁105。
121 亦可參錢穆：《現代中國學術論衡》（臺北市：東大圖書公司，2008年），頁111。
122 巴壺天：《藝海微瀾》（臺北市：廣文書局，1987年），頁45-96。

謂既相即卻又自存，不離不雜，亦合亦分。此外，各家運用方法又自有名目，故有百丈三關、曹洞五位正偏、雲門三句、臨濟四料簡……等說，其中都可見到回互的思維模式，並且實際運用到禪理之中。

不止如此，曹洞宗《寶鏡三昧》更把回互與《易》結合。據曹洞宗開創者洞山良价（807-869）所言：「吾在雲巖先師處親印寶鏡三昧」，[123] 《寶鏡三昧》就說：[124]

> 重離六爻，偏正回互，疊而為三，變盡成五。

重離，即是指六十四卦的離卦▤▤，內外皆為離卦，故稱重離。藉由偏正回互，於是六爻分為三疊，又變成五位，雖如此說，但三疊五變究竟如何得來？宋代覺範洪慧、明代永覺元賢、清代釋行策都有解釋，也各有異同。[125] 但三人同樣運用到諸如內外卦、卦象、卦義、變卦、錯綜、互體……，這些關於《易》的概念，基本上都點出了唐中葉以後《易》與回互相結合的現象。

事實上早在曹山本寂（840-901）時，就已經採用大過、中孚、巽、兌、重離等五卦來解釋洞山良价的偏正五位說：[126]

> 正中來者，太（大）過也，……偏中至者，中孚也，……。
> 正中偏者，巽也，……偏中正者，兌也，……兼中到者。重離
> 也，……。

---

123 《瑞州洞山良价禪師語錄》，收入《大正藏》第四十七冊，頁525。
124 《人天眼目》，收入《大正藏》第四十八冊，頁321。
125 三人解釋的異同，可參林義正，〈周易重離卦與曹洞禪〉，收入巴壺天、林義正校補：《校補人天眼目》（臺北市：明文書局，1982年），頁299-312。
126 《撫州曹山本寂禪師語錄》，收入《大正藏》第四十七冊，頁533。

本寂之意，即是以修行者階位區分偏正五位，他說：[127]

> 正位即空界，本來無物。偏位即色界，有萬象形。
>
> 正中偏者，背理就事。偏中正者，舍事入理。兼帶者，冥應眾
> 緣，不墮諸有，非染非淨，非正非偏，故曰虛玄大道，……，
> 君為正位，臣為偏位，臣向君，是偏中正。君視臣，是正中
> 偏。君臣道合，是兼帶語。

正位是空，偏位則是色界、是「有」，君臣即是正偏，君是正，臣是
偏，「偏中正」即是「臣向君」，以此類推，「君視臣」就是「正中
偏」，其中「兼中至」與「兼中道」是正偏皆具，所以是「君臣道
合」的「兼帶」，非正非偏，則以離卦表之。曹山本寂並未言及「正
中來」，楊惠南推測可能是因為「正中來」明顯是指由「正」而來的
解脫者。[128] 而正中偏中，又或是正偏互涉互兼，同樣也是一種「回
互不回互」的思維。[129]

---

127 《撫州曹山本寂禪師語錄》，收入《大正藏》第四十七冊，頁527。

128 楊惠南：《禪史與禪思》（臺北市：東大圖書公司，1995年），頁148。

129 土屋太佑：《北宋禪宗思想及其淵源》（成都市：巴蜀書社，2008年），頁61-63。
宗密同樣也使用回互的概念來解釋一心開二門的原則，他在《禪源諸詮集都序》
卷下之二的附圖中，把「正偏回互圖說」稱為「阿黎耶識」，阿黎耶識即是阿賴耶
識，宗密稱此為「即真妄和合，非一非異，名為阿賴耶識，此識在凡本來常有覺
與不覺二義。」阿賴耶識乃真妄而合，兩者既非一非異，亦不離不雜，於是他又
分為兩種：◐ ◉。在圖示中，宗密以白圈中的一點黑點來表示（宗密最初其是以
紅黑兩色製圖，宋時刻版印書紅圈則變成白圈），這種覺即是真如本覺，有淨德妙
用。反之，黑圈中的一點白點，即是說妄迷中有真如本體。因此若由白圈之中的
黑點，依此覺心而修行，經過十重之後則黑漸去則見純白，此即「覺」。反過來
講，若全黑則進入生死輪迴的業報循環之中。因此不管是黑圈有白，還是白圈有
黑，都代表了覺與不覺的可能，都含有真與妄的因子。所以宗密才又以真如與生
滅作比喻：「真有不變隨緣二義，妄有體空成事二義。謂由真不變故妄體空為真如

　　從上述分析可知，唐中葉以後佛道對於《易》的使用，或以《易》言丹道，體象天行；或以《易》為開示，以表階位。而佛道以天為空為實，認知或有不同，但與《易》的結合，都是企圖圓滿自身的一種方法，是一種具體的行為實踐。這種工夫，最終是要回證天人關係，以人知天而體認天地的。

　　相較之下，此時儒學運用《易》與天（世界觀）的解釋，就沉寂多了。《周易正義》雖有「聖人用易，能彌綸天地之道，彌謂彌縫補合，綸謂經綸牽引，能彌合牽引天地之道」的話，[130] 但畢竟是唐代前期之作，未見儒士繼續發揮。至於其餘諸生，或是謹守官書而無刻意偏立異議，[131] 又或是爭論易爻取義等等，[132] 再加上本節開頭所引詩文，也可見到一些儒生的說法，都未若如佛道一般，善用《易》並融入自身理說而深入內在工夫。值得一提的是李翱，他在〈復性書〉裡雖多引《易》文句，諸如「與天地合其德」「貞夫一者」之類，[133] 以證人之性與天之道雙合的可能，但《易》只是他說明「復性」的經典之一而已，他同時也引用《中庸》〈樂記〉等書。況且李翱雖主要是以《易》、《中庸》言性，[134] 並未就《易》大加發揮，也未說明《易》在當時世界觀中是否具關鍵地位。

門，由真隨緣故妄成事為生滅門。」見宗密：《禪源諸詮集都序》，《大正藏》第四十八冊，頁409。

130 〔魏〕王弼注，〔唐〕孔穎達疏：《周易正義》，頁266。

131 陳伯适：《漢易之風華再現——惠棟易學研究》（臺北市：文史哲出版社，2006年），頁24。

132 例如柳宗元就曾與劉禹錫討論《易》義。〔唐〕柳宗元：〈與劉禹錫論周易九六書〉，《柳河東集》，頁501-502。〔唐〕劉禹錫：〈辨易九六書〉，《劉禹錫集》，頁86-92。

133 〔唐〕李翱：〈復性書〉，《全唐文》，頁6434-6437。

134 洪淑芬：《論佛儒交涉與宋代儒學復興——以智圓、契嵩、宗杲為例》（臺北市：國立臺灣大學中國文學研究所博士論文，2006年），頁232-233。

五　北宋理學「天人之道」

在前幾節中，我們分別以天人、氣、易為焦點，勾勒了唐代中葉以後的思潮框架。這種思潮其實到了宋初仍多可見，除了前三節已略有引述之外，尚有許多可證。例如李清臣就有〈易論〉三篇，他認為天道固然存在，但難說且亦未知，因此不如專注人道。[135] 這與歐陽脩的觀點類似，歐陽脩是以「不可知」來講，他引《易》：「天道虧盈而益謙……」一句，說明「其於鬼神也，以不可知為言，其可知者，人而已」，[136] 在〈易或問〉也一再申言：「止於人事而已矣」，[137] 此皆說明天道晦澀難知，應多注意人事，但他們絕非要廢天而行，棄天不講，只是主張要少談天而多談人而已。[138]

另外，王安石也以氣化宇宙為說：[139]

> 道有體有用，體者，元氣之不動；用者，沖氣運行於天地之間。其沖氣至虛而一。在天，則為天五；在地，則為地六；蓋沖氣為元氣之所生，既至虛而一，則或如不盈。

道之體為元氣，道之用是沖氣運行，以此生養萬物。王安石又說：「道有本有末。本者，萬物之所以生也；末者，萬物之所以成也。本

---

135 李長遠：《北宋理學「性與天道」思想的淵源初探》，頁56-57。

136 〔宋〕歐陽脩：《新五代史》（北京市：中華書局，2002年），頁1109。

137 〔宋〕歐陽脩：《歐陽脩詩文集校箋》（上海市：上海古籍出版社，2009年），頁1593-1594。

138 胡瑗也是如此，他雖然皆言天道人道，並未真正探究宇宙論的內涵，只是一再地說明天道可供人法，還是以人為主的。可參李長遠：《北宋理學「性與天道」思想的淵源初探》，頁60-61。

139 嚴靈峰輯校：〈輯王安石老子注〉，收入嚴靈峰編：《無求備齋老子集成》（臺北市：藝文印書館，1964年），第五函，頁2。

者出乎之自然，故不假乎人力，⋯⋯，末者涉乎形器，故待人力而後萬物以成也」，[140] 萬物之生，為本、為自然，但萬物之所以成，則須由末、也就是人力促使。因此，道生萬物，其後又成於形名度數之間。本末固然是先後之分，但本末同為一體，不可偏廢，故曰：「王者人道之極也，人道極則至於天道矣。」[141]

因此在王安石看來，天人雖是整體，只是「生」是自然，是人無法掌控的，人所能做、也應該做的，是促使「萬物之所以成」。

上述所引，雖皆可見宋初士人以《易》、氣化來思考天人關係。可是這些人畢竟不是理學家，真正入室操戈、密切呼應佛道，又企圖回歸傳統儒學，並以《易》為天道性命之說，再融會儒家術語的，還是要等到周張二程的出現。

我們先從周敦頤談起。周敦頤同樣也延續了氣化宇宙的說法，不管是〈太極圖說〉的「二氣交感，化生萬物」，[142] 還是《通書》：「二氣五行，化生萬物」，[143] 陰陽二氣交感相成，化生萬物，此與唐代以來的氣論天論類合。但周敦頤尤其深入宇宙實質面，注重整個宇宙世界的化成內涵，而人類在世界中是「得其秀而最靈」，[144] 是故人應守中正以義，並且主靜，如此就能與天地合其德。就周敦頤看來，天人關係，顯然也具有整體性、彼此互相呼應的可能。

---

140 嚴靈峰輯校：〈輯王安石老子注〉，《無求備齋老子集成》，第五函，頁6。

141 嚴靈峰輯校：〈輯王安石老子注〉，《無求備齋老子集成》，第五函，頁2。

142 〔宋〕周敦頤：《周敦頤集》（北京市：中華書局，2009年），頁5。

143 〔宋〕周敦頤：《周敦頤集》，頁32。

144 〔宋〕周敦頤：《周敦頤集》，頁6。

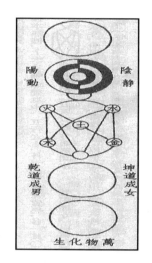

圖一　周敦頤‧太極圖說

　　圖一為周敦頤〈太極圖說〉。[145] 其中第二個圖，即毛奇齡所謂的「水火匡廓圖」，毛奇齡認為此圖取自《周易參同契》，實則《周易參同契》並無此圖。[146]

　　依圖所示，左為離卦，右為坎卦，彼此互相交合，周敦頤說這是「一動一靜，互為其根，分陰分陽，兩儀立焉」，顯然地，此處動靜與陰陽，是一個二項相對，卻又相輔相成的形態。[147] 如果用第四節所引禪宗的講法，亦可用「回互」稱之，原因詳下。正因為陰陽是彼此涉入而又互為其根，所以二氣交感而五行四時生，乃至於萬物生成，從陰陽到氣化交感，再到五行四時天地萬物，彼此聯繫而息息相通，由此可見宇宙世界的形成與建立。

　　當然其中還牽涉到一個問題，周敦頤說：「無極而太極」，[148] 究

145　《宋元學案》（臺北市：華世出版社，1987年），頁497。

146　鄭吉雄：《易圖象與易詮釋》，頁234。

147　陳來：《宋明理學》（上海市：華東師範大學出版社，2003年），頁40。

148　〔宋〕周敦頤：《周敦頤集》，頁3。

竟何解？這句話約有兩種解釋，朱子認為只是一物，並無先後；陸九淵則反之，認為無極當在太極之前，非指一物。朱子之說固然有許多後繼學者遵從，但也有諸如侯外盧等人認為這是從無到有的過程，是宇宙論的兩階段。[149]

　　在解釋這句話之前，我們還是先回到周敦頤的天人觀點：天人既然同在整體，彼此有相知相通的可能。那麼，人究竟該如何做？這就呼應我們在第三節的提問了。周敦頤〈讀英真君丹訣〉說：[150]

　　　　始觀丹訣信希夷，蓋得陰陽造化機。子自母生能致主，精神合　　　　後更知微。

英真君是陰長生，希夷是陳搏，周敦頤為什麼由丹訣而信呢？原來「丹訣」乃「陰陽造化之機」，而丹（子）正是由天地（母）而生，但也能致主，自成一小宇宙。[151] 故既得天地之機，又是人之修煉，內外交相，自然是「精神合後更知微」。

　　周敦頤憑藉丹道的思維模式，企圖建立其內在之學，值得追問的是，那麼又該怎麼入手，才能充實己身？這時他採用的是儒家學說，回歸心性主體，「人而至難得者，道德有於身而已矣！」[152] 例如他說

149　張祥龍：〈周敦頤《太極圖說》《易》象數及西方有關學說〉，收入吳展良編：《東亞近世世界觀的形成》，頁120-121。

150　〔宋〕周敦頤：《周敦頤集》，頁69。

151　《道藏》洞真部中收有署名陳搏注的〈陰真君還丹歌注〉，主要是以內丹的角度立論。注中指出，天地有陰陽，人身也有陰陽，而天地萬物都是互相共感的。人（或是內丹）屬萬物，是子，萬物又由宇宙陰陽交感而生，故是由「母」而生「子」，此處周敦頤顯然是借用了內丹的講法。李長遠：《北宋理學「性與天道」思想的淵源初探》，頁164-166。

152　〔宋〕周敦頤：《周敦頤集》，頁33。

「誠」既是聖人之本、也是五常百行之根源，[153] 既然如此，人自然要乾乾不息，發明思誠之方。[154] 這種修養原則，亦有賴「中」方可成，中既是無過不及，也是不偏不倚，周敦頤說：「性者，剛柔善惡，中而已矣」、「中也者，和也，中節也，天下之達道也」，中既是交和的和諧（互涉），也是中節的節度（不偏）。有意思的是朱子認為此說與《中庸》不合，朱子認為性是未發，善惡等是情是已發，這是《中庸》旨意，但周敦頤卻將性視為已發。[155] 朱子所言是否合理，與本文宗旨無關，但他指出周敦頤之說與《中庸》不合，是頗為正確的觀察，不過問題不在《中庸》，而是周敦頤採類似回互之法，只不過他使用的是儒家術語「中」、「和」而已。我們在第四節已說明，回互是彼此互相涉入，但又有本身的存在，周敦頤所謂的剛、柔，正可由此理解切入。畢竟就性而觀，剛柔善惡當然是一個整體，但就剛柔觀之，剛有善有惡，柔也是如此，[156] 這是善惡的回互。擴大來看，剛善柔善也彼此回互，他說：[157]

> ……匪靈弗瑩，剛善剛惡，柔亦如此，中焉止矣。……二氣五行……化生萬物，是萬為一，一實萬分，萬一各正，大小有定。

剛惡柔惡固不必言，而剛柔當然是互相交涉、又各自存在的。但即便是剛善柔善，都不是人最好境界。畢竟人之靈瑩，就在於剛善柔善回

---

153 〔宋〕周敦頤：《周敦頤集》，頁13。

154 〔宋〕周敦頤：《周敦頤集》，頁38。

155 〔宋〕朱熹：《四書章句集注》（北京市：中華書局，2003年），頁18。

156 「剛善：為義為直為斷為嚴毅為幹固；（剛）惡為猛為隘為彊梁。柔善：為慈為順為巽；（柔）惡：為懦弱為無斷無邪佞」。〔宋〕周敦頤：《周敦頤集》，頁20。柔善交織，影響剛柔。剛善剛柔，是一種回互；柔善柔惡，也是一種回互。

157 〔宋〕周敦頤：《周敦頤集》，頁32。

互之「中」，人得其中，歸溯其天道之源，周敦頤則又稱為「一」。值得注意的是，如前所言，回互既為禪宗具體行為法門，同樣地，周敦頤說的剛柔善惡云云，也不是符號概念而已，而是實指人生的。[158]

　　既明此理，回頭來看「無極而太極」。就「一」而觀，無極太極當然是一體，可是周敦頤刻意使用不同的語言表述之，太極無極因此又有各自存在的理由，太極本無極，太極又生陰陽，動而生陽，靜而生陰，是「一動一靜，互為其根，分陰分陽，兩儀立焉」。[159] 但兩者卻是「回互」的，回互的目的在於得其「中」，用《通書》的話來講，就是「自至其中而止矣」。[160] 因此不但太極無極屬於一，乃至於乾坤萬物都是由一漸次分化，五行是一陰陽，陰陽又是一太極，如此云云，故曰「是萬為一，一實萬分，萬一各正，大小有定」。以此而觀，太極圖的五個圖示，意謂由一到殊的天地生成過程，在這個過程中，也唯有回互交替，生生不息以運大化，才有中的境界。[161] 是故，「無極而太極」就是藉由這種結構來獲得自身存在，而就在動靜之間，陰陽之中，剛柔互濟裡，互為其根而交感化生，時時得其「中」以呼應「一」，天人合德云云，即在此焉。[162]

---

158 錢穆就指出周敦頤的思想特徵，在於具體實踐與修養，他說：「敦頤的理論，並不重在純思辨的說明上，而更重在如何見之行為與實踐，所以他才極細密地指示出一套修養方法來。」錢穆：《宋明理學概述》（臺北市：東大圖書公司，2001年），頁33。

159 〔宋〕周敦頤：《周敦頤集》，頁4。

160 〔宋〕周敦頤：《周敦頤集》，頁20。

161 在《通書》中也有相同的說法：「動而無動，靜而無靜，非不動不靜也」，動卻又無動，靜卻無靜，但又非無動無靜，而是相涉彼此，是動中有靜、靜中有動的，因此下一句周敦頤就以陰陽水火來講：「水陰根陽，火陽根陰」，同樣也是互相回互，其後變化無窮，五行生、四時運行而萬物終始。〔宋〕周敦頤：《周敦頤集》，頁28-29。

162 這也是周敦頤與禪宗最大的不同，錢穆說得好：「禪宗推論宇宙，必歸之於寂滅空虛，而理學家論宇宙，則不忽其悠久性與複雜性。」錢穆：《中國學術思想史論叢》（合肥市：安徽教育出版社，2004年），卷四，頁62。

上述論及周敦頤的內在修養與天人關係，值得要說明的是，第四節說到佛教禪宗既以《易》結合回互，周敦頤論述模式似乎也是如此。另外，他也從丹道中援取資源，而道教丹道與《易》又是極為密切的。由此反觀，周敦頤雖多使用儒家術語，論述也往往牽連著《易》，[163] 甚至說：「大哉易也！性命之源乎！」從這個角度來看，在中晚唐以來佛禪大量使用《易》來建構身心之學的時候，理學家深刻標出《易》的原因，固然是《易》本身就具有對於宇宙陰陽的詮釋理路，但也很可能是因為理學家在中晚唐以來的思想背景中，有佛道等實際的對話對象所致。

接下來談張載。張載反對佛教以萬物為虛空之說，他的弟子范育在〈正蒙序〉就說：[164]

> 佛徒以心為法，以空為真，又曰：「知虛空即氣，則有無隱顯神化性命通一無二……。」

佛教反對氣化，在第二節時便已明言。張載此時是入室操戈，企欲推翻其說，所以他以氣為論，氣聚為萬物，萬物散而為太虛，而太虛無形，又是氣之本體……，[165] 如此等等，都是針對氣化世界所發。不止如此，他更要重新解釋《易》，並建立一套貫通宇宙天人的體系，絪縕天人，這也是他《正蒙》的旨意。[166]

---

163 杜保瑞：《北宋儒學》（臺北市：臺灣商務印書館，2005年），頁10-13。

164 〔宋〕張載：《張載集》（北京市：中華書局，2006年），頁5。

165 「太虛無形，氣之本體」、「萬物不能不散而為太虛」。〔宋〕張載：《張載集》，頁7。

166 吳展良：〈朱子的世界秩序觀之構成方式〉，收入吳展良編：《東亞近世世界觀的形成》，頁284-292。
   〔宋〕張載：《張載集》，反對佛徒或是文人以《易》摻入佛理，張載在《經學理窟》也說：「釋氏鑷銖天地……，至於言四句偈等……，後有文人學之，曾飾其間，或引入《易》中之意，或更引他書文之……，實無所依取。」頁248-249。

〈乾稱篇〉說：[167]

> 天性，乾坤陰陽也，二端故有感，本一故能合……，所謂性即天道也。

又說：

> 乾稱父，坤稱母，予茲藐焉，乃混然中處。故天地之塞，吾其體。天地之帥，吾其性。

根據吳展良的研究，此即發揮《易・說卦》，是企圖藉由修養身心而與天地合一。[168] 此理在《正蒙》反覆致詳：[169]

> （釋氏）……，其語到實際，乃以人生為幻化，世界為蔭濁……，儒者則因明致誠，因誠致明，故天人合一，致學而可以成聖，得天而未始遺人，《易》所謂不遺不流不過者也。彼語雖似是，觀其發本要歸，與吾儒二本殊歸矣。……，彼（芝慶按：指佛教）欲直語太虛，不以晝夜陰陽累其心，則是未使見《易》，未始見《易》，……，《易》且不見，又烏能更語實際？

張載以《易》為據，說明儒家得天亦得人之理。「未使見《易》」，非指佛家沒見過《易》，而是說佛家根本不能深入理解《易》，未得其

167　〔宋〕張載：《張載集》，頁62-63。
168　吳展良：〈朱子的世界秩序觀之構成方式〉，收入吳展良編：《東亞近世世界觀的形成》，頁285-286。
169　〔宋〕張載：《張載集》，頁65。

理，以致於徒言實際，不能心解、以致於「妄意天性而不知範圍天
用，反以六根之微因緣天地。」[170] 因此，佛儒雖有相似，但佛教的
天人關係不為張載所承認，故曰：「觀其發本要歸，與吾儒二本殊
歸」，畢竟儒者以天人為實，佛家卻以世界人生為蔭濁幻化，雖同以
天人為整體視野，但與儒家相比則截然不同。反過來講，儒家以人知
天，挺立道德實體，致學以成聖，得天而未始遺人，正是張載立意
處。[171]

但就人的修養來看，氣既散於萬物，成於生命，但形質的不同、
陰陽氣稟之異，「氣質之性」就會有偏失。[172] 所以張載主張要變化氣
質以返回天地之性，[173] 但是這樣的說法卻非張載所創，北宋張伯端
在講內丹之道時，就說：[174]

> 元神者，先天之性也，形而後有氣質之性，善返之，則天地之
> 性存焉……，善返之，則本元之性受勝氣質之性。以氣質之性
> 而用之，則氣亦後天之氣也，以本元之性而用之，則氣乃先天
> 之氣也。

這裡講的，是以氣煉丹的問題，也是一個人身小宇宙與外在大宇宙呼
應的問題。就張伯端看來，元神是先天，但為後天氣質之性所染，因
此要回到天地之性，由後天返先天，以與外在宇宙呼應，所以才要修

---

170 〔宋〕張載：《張載集》，頁26。

171 朱子此說甚切：「若〈西銘〉則推人以之天，即近以明遠，於學者日用最為親
　　切。」〔宋〕周敦頤：《周敦頤集》，頁12。

172 〔宋〕張載：《張載集》，頁23、281。

173 〔宋〕張載：《張載集》，頁265、23。

174 〔宋〕張伯端：《玉清金笥清華秘文金室內鍊丹訣》，收入《正統道藏》第七冊，
　　頁4-5。

煉內丹。反過來講，若修煉者雜染後天之氣太過嚴重，煉成的丹則是「幻丹」，雖可延命，卻不能長生。[175] 這則記載讓人驚訝之處，在於張載所謂由「氣質之性」返回「天地之性」云云，使用的思維模式與道教丹法極為類似，而張伯端內丹的天人思維又源於唐中葉以後的道教，由此可見，理學藉用的思考資源與唐中期之後發展，是如何密切了。更進一步來看，《宋史》所記張載「又訪諸釋、老，累年究極其說，知無所得，反而求之六經。」[176] 所謂的知無所得，並非對佛老義理毫無心得，只是明白自己的精神生命對此不契中，無所可獲，因此轉求六經。即是如此，佛道仍在張載的思想中，留下不可抹滅的痕跡，他的氣化論是這樣、氣質天地之性亦如是。[177]

最後則是二程，二程思想異同，學界對此仍頗有爭論，但兩人異同並非本文重點。畢竟本文要說明的是，程顥出入釋老幾十年，[178] 程頤也曾與弟子討論諸如《華嚴經》、白日飛升等問題，[179] 他們對於佛道的思潮當不陌生。而在唐中葉以後佛道大量運用《易》、氣論的情況下，二程同樣也藉此發展其天人之道的世界觀，因此程顥論《易傳》的「窮理、盡性、至命」，就以此體天地之化，參贊宇宙。[180] 只

---

175 蕭進銘：《反身體道——內丹密契主義研究》（臺北市：新文豐出版公司，2009年），頁279。

176 《宋史》（臺北市：鼎文書局，1998年），頁12723。

177 三浦國雄也指出，張載的氣論設定了以成聖為目標，修煉氣質以成聖人，與天地同化，這與道教的煉化之說有關，三浦國雄認為是因為兩者出於共同的時代背景與思潮所致。三浦國雄：〈氣質變化考〉，《日本中國學會報》（東京都：日本中國學會，1993年），第四十五集，頁95-110。若再細分，張載的氣論，與後世王廷相等人，大有差異。可見楊儒賓：《異議的意義：近世東亞的反理學思潮》（臺北市：臺灣大學出版中心，2012年），頁141-149。

178 〔宋〕程頤：〈明道先生行狀〉，收入〔宋〕程顥、程頤：《二程集》（北京市：中華書局，2004年），頁638。

179 〔宋〕程顥、程頤：《二程集》，頁194-196。

180 杜保瑞：《北宋儒學》，頁197、204-209。

是程頤不光是講氣而已，同時也就理（道）來說，至於理氣問題，更是理學家的問題意識之一。[181]

二程說：[182]

> 所以謂萬物一體者，皆有此理，只為從那裏來。「生生之謂易」，生則一時生，皆完此理。人則能推，物則氣昏，推不得。

既然萬物一體，自然皆有此理，而萬物化成，生生不息，本身也擁有一個具足完備的理。理又不離氣，因此理氣是一個世界化成的關鍵因素，人若要得證天道，就必須妥善處理自身的理氣。天地有理氣，人也有理氣，因此程頤就以《易》來說明「體用一源，顯微無間」之意，因為就程頤看來，《易》是「廣大悉備，將以順性命之理，通幽明之故，盡事物之情，而示開物成務之道也。」[183] 《易》不但說明了宇宙世界的形成，也溝通了人天，而且《易》也不是為了預測命運的卜筮用途，自然就不該以象數為說，所以天人關係應該從義理來看才是正途。但程頤並非王弼式的路數，而是以理氣為建構中心，體現理學家的世界觀，呼應先秦儒學。[184] 因此，人藉由《易》以順性命之理，通幽明之故，同樣也是由人走向天的面向，只是前提在於人必須先修養自身。在這樣的角度上，二程當然會注重內心修養，這種由內而外的推移擴展，並藉助《易》以說明之，正是唐中葉以來常見的論證方法。

---

181 韋政通：《中國思想史（下）》，頁1133-1135。陳來：《宋明理學》，頁72-73。

182 〔宋〕程顥、程頤：《二程集》，頁33。

183 〔宋〕程顥、程頤：《二程集》，頁582。

184 陳伯适：《漢易之風華再現──惠棟易學研究》，頁28。杜保瑞：《北宋儒學》，頁304。

六　結論

　　在氣化宇宙的整體思維裡，唐人思索天與人的關係，人或修己以知天；或是人定勝天；又或是認為人專心修身便是，天固然存在，但天卻不能賞罰，也不該掌控人之意志……等等，眾聲喧嘩，說法紛紜，事實上這些思考，都不能擺脫天人為一整體的預設立場。

　　另外道教以氣、《易》為關鍵，由外丹而內丹，將身體視為一小宇宙，可與外在宇宙作呼應，這也正是從人邁向天道，與天道合流的最佳例子。禪宗雖直指本心，視外物為「相」為「空」，是緣起妄合，但返回源本，藉由內在體悟，認知宇宙之虛妄幻影，同樣亦不脫離天人整體的觀點。而佛教禪宗關於《易》、回互的使用，亦為開悟的方便法門之一。

　　就北宋理學內涵來看，一方面上溯先秦儒學，以回歸儒門為己任；一方面也在唐代、特別是唐中葉以後的思想背景中成長，取用其思考模式與資源。以後者而觀，理學同樣也不分割天人之道、同樣也源引氣論、同樣也思考人天關係，而其成聖成賢之途，既內向（化）又超越，不將天人兩隔。所以理學家是以人為本，由內而外，以內心修養呼應天地宇宙，人道固然為其所重，但天道亦不能忽略，於是天人一體，同契宇宙大化，就成為理學家的境界理想。[185]

　　因此在天人之道裡，氣論是他們世界觀的基礎、心性是他們的修

---

185 林啟屏曾指出，所謂儒家思想的「一體化」，並不是一種形式主義的論述策略，而是具有人性的真實感，企圖在天人聯繫中，彰顯出價值的超越性與普遍性，同時更要進一步化成世界。林啟屏此處所言的一體化，與本文所謂的整體說法，互可相參。林啟屏：《儒家思想中的具體性思維》（臺北市：臺灣學生書局，2004年），頁282-295。

養依據，[186]《易》、太極圖則是示諸後學的入道法門。如此種種，固然可上溯先秦儒學，但先秦儒學並非鐵板一塊，所論甚廣，理學家究竟該如何擇取？又以何種立場回歸原典？更進一步來講，其它時代或許也看重氣、天、《易》，但為何理學不在其它時代發展，而偏偏出現在宋代？原因或仍在於時代的特殊性，不同的歷史背景，往往也使得思想語境發生變化。以此觀之，理學家面臨了時代的問題，像是排佛排道、又或是學術思想、哲學精神、政治立場、社會風氣等等，[187]這些問題是理學產生的特殊情境，不與其它其時代等同。也因為理學家誕生於此思想土壤之中、面對思潮環境而有所反應，其所見所聞、所思所想，很難完全脫離時代背景的積澱蘊育，於是使用了唐代——尤其是唐中葉以後的思考模式、思想資源，企圖解決他們面對的疑惑，然後遙契先秦儒學，建構己說，調適而上遂，終於開出中國學術思想史的理學時代。

---

186 山井湧就將理學的基礎視為一種「修養之學」，可參山井湧：〈宋學の本質とその思想史的意義〉，收入氏著：《明清思想史の研究》（東京都：東京大學出版會，1980年），頁3-21。唐代心性說的發展，及其對理學的影響，當然也是極關鍵處，本文限於角度，並未處理這個問題。但基本上學界對此也已有許多研究，一般說來，佛道的心性說，都可能是理學家參考的資源，只是影響輕重又有不同。可參陳弱水：〈《復性書》思想淵源再探——漢唐心性觀念史之一章〉、〈柳宗元與中唐儒家復興〉，收入氏著：《唐代文士與中國思想轉型》。李長遠：《北宋理學「性與天道」思想的淵源初探》，頁75-160。張國一：《唐代禪宗心性思想》，第2-5章。

187 葛兆光：〈拆了門檻就無內外——讀余英時先生《朱熹的歷史世界》及其評論〉，收入氏著：《古代中國的歷史、思想與宗教》（北京市：北京師範大學出版社，2006b），頁152-174。

心學經世陸象山

一 前言

　　儒者修身經世，一向為先秦儒家通義，自孔子強調君子「脩己以敬」、「脩己以安人」、「脩己以安百姓」[1]以來，修己自然為儒者成德的必要條件，卻不止於此而已，因為許多人同時也重視「修身」的目的與效用，正如上引《論語》，文中孔子接著指出修身的更深一層意義：原來「修己」始能「安人」、「安百姓」。「人」是與「己」相對，而「百姓」則是「人」的聚集稱謂，從己到人再到百姓，可見修身非僅於自身而已，更必須建立在社會政治之中，以重建秩序為己任，這就指出了修身與經世的關係。當然修身的對象非止是儒者而已，由於為政者處於政治中心，因此更有修身必要，所以孔子才特別舉堯、舜為證。[2]

　　儒者懷抱理想，經世致用，出將入相，開物成務，為帝王師，代不乏其人。他們擁著憧憬，帶著自信與自傲，涉世事，走進社會與政

1　全文為：「子路問君子。子曰：『脩己以敬。』曰：『如斯而已乎？』曰：『脩己以安人。』曰：『如斯而已乎？』曰：『脩己以安百姓。脩己以安百姓，堯舜其猶病諸！』」〔宋〕朱熹：《四書章句集注》（北京市：中華書局，2003年），頁159。不止《論語》而已，「身國共治」的思想，其實也為先秦諸子共有的觀念，詳可見劉芝慶：《修身與治國──從先秦諸子到西漢前期身體政治論的嬗變》（臺北市：國立臺灣大學歷史學研究所碩士論文，2009年）第二、三、四章。

2　余英時：《史學與傳統》（臺北市：聯經出版事業公司，1988年），頁84-85。亦可參張灝：《時代的探索》（臺北市：中央研究院／聯經出版事業公司，2004年），頁165-166。

治，撫世酬物，在理想與現實中折衝，最後或許功虧一簣，徒呼負負；又或是為世味牽引，依違從俗，忘卻了初衷本意。而功業成與不成，尚待天時地利等諸多因素，又非己力所獨能，於是理想的追尋永不止息，現實的遺憾也在所難免。儒者們前仆後繼，為國家、為社會、為生民、為自己，讀聖賢書，修己安人，弔詭的是，即便權力結構複雜萬端，儒者經世，常導致負謗賈怨，人事叢脞，卻也不能說經世不重要、不值一顧，甚至不能不鼓勵後來者對經世的嚮往與追求。本文的主角，南宋大儒陸九淵（號象山，字子靜，以下簡稱象山），就其生平行事觀之，顯然他也有著經世濟民的理想，百姓的安樂，政治的清明，始終是他關懷的重心。他的學生詹阜民曾問他：「先生之學亦有所受乎？」象山答曰：「因讀《孟子》而自得之」，[3] 象山所學，固然有許多《孟子》以外的思想，不過大體而言，象山受《孟子》啟發甚多，自也是事實。而他與王陽明的思想，當然有異有同，可是基本型態類同，是以後世往往陸王心學稱之。[4] 象山心學上承《孟子》，看重內心修養，強調踐形，但《孟子》同樣也重經世，亦不廢外在事功，[5] 況且如前所言，修己以安人、以安百姓，一向是儒家通義，象山自不能免於其外。只是，象山當然看重事功，強調經

3 〔宋〕陸九淵：《陸九淵集》（北京市：中華書局，2008年），頁471。

4 王陽明就說聖人之學為心學，象山之學，其純粹和平雖不逮北宋之周、程，但簡易直接，真可接孟氏之傳，更斷定陸氏之學實可為孟氏之學。〔明〕王守仁：《王陽明全集》（上海市：上海古籍出版社，2006年），頁245-246。
關於王陽明對陸象山學術的心學淵源，有繼承的一面，也有批判的一面，可見楊祖漢：〈陸象山「心學」的義理與王陽明對象山之學的了解〉，《鵝湖學誌》第八期（臺北市：鵝湖月刊社，1992年6月），頁79-131。陳來：《有無之境：王陽明哲學的精神》（北京市：北京大學出版社，2006年），第二章。

5 關於孟子的社會政治立場，黃俊傑便曾以「羣己關係」、「王道政治論」為題，深入孟子思想與行事。黃俊傑：《孟學思想史論（卷一）》（臺北市：東大圖書公司，1991年），第四章、第六章。

世，也多就具體事務（如吏治、救治水旱災之法）陳說，這些經世對策，究竟該如何與他的心學思想結合，頗值得討論。若不流於通論與泛談，內外通貫地講，修齊治平，內聖而外王，乃是許多儒者的基本心態，可是如何講得通貫，修養工夫到底要怎麼通於外在世務，學理思想怎麼呈現在具體事情，個人的內心意念與經世關懷又該如何連接得當？在這種追問之下，上述儒者基本心態與學說通義，自然也就有了分殊的可能，儒者同談經世，也就有了不同的談法，不致於千篇一律，過於膚淺與常識化。

綜觀當前學術成果，關於陸象山的哲學研究，累積已多，相當豐碩，只是本文不重在探討象山哲學的問題，畢竟這些年來細部討論其心學者實在不少，所以希望詳人所略，略人所詳，就象山思想與經世方面的關係，作出梳理。除了哲學研究之外，對象山政治立場、具體事功的分析，雖已有學者注意於此，只是相較於哲學思想的研究，仍屬少量，[6]況且究竟該如何象山心學相結合、內外相融，或仍語焉未詳，值得再述，而未盡之處，待發之覆，仍有許多探討的空間。有鑒於此，本文即是以象山心學與經世之關係為出發點，妥善運用學界已有資源成果，冀能對象山思想內涵，作出一些理解與新意。

6　相關研究，就閱覽所及，專書或專章討論者，有徐復觀：〈象山學述〉，收於氏著：《中國思想史論集》（臺北市：臺灣學生書局，1959年）；曾春海：〈陸象山的治政思想與實踐〉，《哲學論集》21期（1987年）；張立文：《心學之路：陸九淵思想研究》（北京市：人民出版社，2008年），第三章。祁潤興：《陸九淵評傳》（南京市：南京大學出版社，2007年），第二章；龔鵬程：〈研究象山學之三弊〉、吳漢：〈一篇聲討貪官污吏的檄文──讀陸九淵「與辛幼安」書〉、平飛：〈經世宏道，救弊圖存──陸九淵程文述評〉，三文俱收於吳牧山主編：《陸象山與現代社會》（北京市：社會科學文獻出版社，2010年）。邢舒緒：《陸九淵研究》（北京市：人民出版社，2008年），第五章。

二 象山的經世志業

後世學者多將陸象山視為心學的代言人，陸象山講「心即理」，立其本心，故先立其大，宗「尊德性」，與朱熹講心統性情，中和新舊說，看重「道問學」，明顯不同。鵝湖之會後，朱陸之爭，「千古不可合之同異，亦千古不可無之同異也」，[7]影響極為深遠。其中牟宗三以判教的立場，指出儒家思想的主軸是「天道性命相貫通」，以此觀之，朱熹格物致知的工夫固然細密，卻與道德之關聯難以深入，即便可合，又過於曲折複雜，於是真實的道德踐履便不能充沛，在心地萌蘖致察而操存的部分，朱熹對此種逆覺體證工夫就顯得不真切；相較之下，象山的本心之所在，預設了心即理的可能，學者以心體認，盡心知天，十字打開，調適而上遂，自可通貫天道性命，上溯孔孟，優入聖域。[8]牟先生的看法，極具創見，說理力度強，論述亦深刻，他的價值判斷，當然也引起許多人的反對，正反意見皆有。[9]可是這樣的朱陸異同，往往是就兩者的哲學觀點來看，學者的關注點也多聚焦於此，除此之外，其實兩人經世立場也有差別，象山曾任荊門軍，歷事經驗豐富，對朱熹在浙東地區的施政，既有認同，也有批判，反過來講，朱熹也就「皇極」的角度，評論象山在荊門以講義代薦的方法，這樣的言論，毋寧也可視為是另種形式的「朱陸異同」。

象山的經世立場，並非憑空無依，而是循著他心學立場的發展，從修己而安人，修身而治國，環環相扣，缺一不可，他在作文科舉考

7　此為章學誠語。〔清〕章學誠：《文史通義》（北京市：中華書局，2004年），頁262。

8　牟宗三：〈第二章　象山與朱熹之爭辯〉，《從陸象山到劉蕺山》（臺北市：臺灣學生書局，1993年）。

9　反對的意見，可見楊儒賓：〈戰後臺灣的朱子學〉，《漢學研究通訊》19卷4期（2000年11月），頁572-580。

試範例的諸多程文中，就以君王或管理者為對象，不斷強調為政者之心與為施政的關係，他說：[10]

> 君之心，政之本，不可以有二。……。人君之所以進於先王之政者，蓋始於仁心之一興爾，然而事物之至，利害之交，此心常危而易蔽。

> 漢倪寬以租不辦居殿，當去官。百姓思之，大家牛車，小家負擔，乃更居最。夫寬於科斂之方略亦疏矣，而能旦暮之間以殿為最，則愛民之心孚於其下故也。誠使今之縣令，有倪寬愛民之心，感動乎其下，則富民之粟出，而邇臣散給之策可得而施矣。

就象山看來，君之心是政治的根本，如果能愛民如子，苦民所苦，唯有深刻地瞭解人民需要，才可能有仁心發現，仁心即在體察百姓哀苦上。可是光有仁心是不夠的，還必須具體展現在政策上才行，引文說倪寬的愛民之心，便是明證。象山所說尚嫌簡略，《漢書》說倪寬：「既治民，勸農業，緩刑罰，理獄訟，卑體下士，務在於得人心；擇用仁厚士，推情與下，不求名聲，吏民大信愛之。寬表奏開六輔渠，定水令以廣溉田。收租稅，時裁闊狹，與民相假貸，以故租多不入。後有軍發，左內史以負租課殿，當免。民聞當免，皆恐失之，大家牛車，小家擔負，輸租繈屬不絕，課更以最」，[11]最後一段，即象山所

---

10 〔宋〕陸九淵：〈政之寬猛孰先論〉〈問賑濟〉，《陸九淵集》，頁356、359、367。
11 漢代儒者循吏，立身修業，澤加於民，為吏之道，以教化自任，確實展現了本文所謂儒者經世的典型。可參余英時：〈漢代循吏與文化傳播〉，收於氏著：《中國思想傳統的現代詮釋》（臺北市：聯經出版事業公司，1987年），頁167-258。倪寬一例，也為余英時引用，見頁202。

本。愛民之心，即仁心，確切地展現在種種施政的原則與成果之中。
仁心與仁政必定是合一的，正如孟子所謂：「徒善不足以為政，徒法
不能以自行」，[12]只有心與法都是片面的，唯有發於仁心，現於仁政，
結合為善法，才是王道。象山接著便說：「仁心之興，固未足以言
政。孟子之興其仁心者，固將告之以先王之政也。」故陸象山屢屢強
調為政者的為民之心，有此心，才能同理於百姓，設身處地為百姓著
想，訂定好的制度，而制度的良善，除去不好的制度，淘汰不好的官
吏，瞭解民生，深入民情，便是以為民本的施政。

　　象山為何如此重視經世？從思想淵源來說，我們當然可以說這是
儒家傳統、儒者的共識，不過象山自幼即有大略，意欲澄清天下，自
是事實，也跟他的個性與成長經歷頗有關係。十六歲時，讀三國六朝
史，見五胡亂華，又聞靖康間事，於是剪去指爪，學攻騎馬，[13]又說：
「世儒恥及薄書，獨不思伯禹作貢成賦，周公制國用，孔子會計當，
洪範八政首食貨，孟子言王政亦先制民產、正經界，果皆可恥乎？」[14]
直至晚年，編朱熹奏立社倉事，上殿輪對五劄，而讀究武略，恢復之
志仍在，並訪求智勇之士，與之商確，對武事利病、天下形勢、地形
要害等，更有一番自己的見解，[15]五十三歲就任荊門軍，在職期間，
修城牆，興郡學，改革吏風，革稅務之弊，與民吏講學，[16]以講義代
蘸，其所作所為，正符合了他自己在程文中所說的愛民之心、仁心仁
政。是以後人幫他編《年譜》，也標明「而先生之道德事功，則表年

12　〔宋〕朱熹：《四書章句集注》，頁275。

13　〔宋〕陸九淵：《年譜》，《陸九淵集》，頁484。

14　〔宋〕陸九淵：〈與趙子直〉，《陸九淵集》，頁70。

15　〔宋〕陸九淵：《年譜》，《陸九淵集》，頁496。

16　這些政績，徐復觀皆有簡述，可見徐復觀：〈象山學述〉，收於氏著：《中國思想史
　　論集》，頁70-71。

以繫之於後云」，[17]象山之道德與事功，同樣受人看重，而且當時人對象山的經世事業，也是極為稱讚的：「周益公（即周必大）判湖南帥府，復傅子淵書，末云：『曾通象山否？荊門之政，如古循吏，躬行之效至矣』。」[18]如余英時所言，宋代理學家內聖外王兼顧，為己而成務，以得君行道為己任，可是就像荀子所說：「儒者在本朝則美政，在下位則美俗」，[19]研究時務，輔君與道，自是上佳，若無機會，則專注於地方利弊與民間疾苦，美政與美俗，都是他們經世思想的重要環節。[20]而荊門之政，如古循吏，前引倪寬儒者為循吏一事，正仿若象山自己的寫照。

可是，即便理學家在朝、在鄉、在下位，皆有經世之志，美政或美俗，又都有不同的看法，於是經世之道便有分歧，前面提到象山在荊門以講義代醮，為民講《洪範・皇極》的作法，就曾引起朱熹的批評，原因在於雙方對「皇極」的不同理解。《年譜》記象山：[21]

> 郡有故事，上元設醮黃堂，其說曰：「為民祈福。」先生於是會吏民，講《洪範》斂福錫民一章，以代醮事。發明人心之善。所以自求多福者，莫不曉然有感於中，或為之泣。有講義，仍書河圖八卦之象、洛書九疇之數於後，以曉後學。

象山此舉極具效果，流淚感動者甚多，也獲得時人好評，年代稍晚的

---

17 〔宋〕陸九淵：《年譜》，《陸九淵集》，頁480。

18 〔宋〕陸九淵：《年譜》，《陸九淵集》，頁512。

19 〔清〕王先謙：《荀子集解》（北京市：中華書局，2007年），頁120。

20 余英時：《宋明理學與政治文化》（臺北市：允晨文化實業公司，2004年），頁233-234。

21 〔宋〕陸九淵：《年譜》，《陸九淵集》，頁510。

羅大經在《鶴林玉露》裡便說：[22]

> 陸象山在荊門，上元不設醮，但合士民於公廳前，聽講洪範
> 「皇極斂時五福」一段，謂此即為民祈福也。今世聖節，令僧
> 陞座說法祝聖壽，而郡守以下，環坐而聽之，殊無義理。程大
> 昌、鄭丙在建寧，並不許僧陞堂說法。朱文公在臨漳，且令隨
> 例祝香，不許人問話。余謂若祖象山之法，但請教官陞郡庠講
> 席，講詩天保一篇，以見歸美報上之意，亦自雅馴。

道教上元節舉辦齋、醮儀式，或解厄求運，或為民祈福，象山以宣講
《洪範》代替醮事，羅大經極為讚賞，認為應該照象山的方法，依其
故事，登堂講席，可見雅馴。象山集中收有〈荊門軍上元設廳皇極講
義〉一文，即是宣講講義。「皇極」是《尚書·洪範》中的一個觀
點，據說周武王問政於箕子，箕子的回答有九點，亦稱「九疇」，九
疇中的第五點為皇極，位居《洪範》的核心價值。文中象山以通過對
《洪範》「五皇極，皇建其有福，斂時五福，用敷錫厥庶民，于汝
極，錫汝保極」的解釋，仍以發明本心的立場，又多加福禍感應之
說，強調其心正，則事善，雖不曾識字，亦自有讀書之功；反之，惡
人讀書·適以濟惡·其心不正，其事不善，雖多讀書，亦增罪惡。他
又說心不正，富貴無用；心正，患難之人亦有福德，何況心正則會多
行善事，積善之家必有餘慶：「此心若正，無不是福；此心若邪，無
不是禍。世俗不曉，只將目前富貴為福，目前患難為禍。不知富貴之
人，若其心邪，其事惡，是逆天地，逆鬼神，悖聖賢之訓，畔君師之
教，天地鬼神所不宥，聖賢君師所不與，忝辱父祖，自害其身。靜時

---

22 〔宋〕羅大經：《鶴林玉露》（北京市：中華書局，2005年），頁164。

回思，亦有不可自欺自瞞者，若於此時，更復自欺自瞞，是直欲自絕滅其本心也。縱是目前富貴，正人觀之，無異在囹圄糞穢之中也。」「正人達者觀之，即是福德，作善降之百祥，作不善降之百殃，積善之家，必有餘慶。但自考其心，則知福祥殃咎之至，如影隨形，如響應聲，必然之理也。」[23]富貴為福，患難為禍，只是世俗的表面罷了，真正要看的是富貴之人，心邪或正，而宦禍之人，能秉持正心，堅守善道，自可逢凶化吉，故福祥殃咎，皆在於本心。

以民眾為對象，以聖天子皇極之天命，「郡守縣令，承流宣化，即是承宣此福，為聖天子以錫爾庶民也。」[24]而象山將「皇極」之「極」解釋為「中」，故天子建用皇極以臨天下，他又認為洪範九疇，五居其中，故謂之極，天地以此為位，萬物以此而育，象山這個解釋並非突起，早在他與朱熹辨太極無極時，已提出「極」為「中」的看法。[25]至於在象山荊民宣講前，朱熹已作有〈皇極辨〉一文，[26]明確反對以「極」為「中」的觀點，朱熹認為「皇」是指君主，極不是中，而是標準的意思，皇極是君主修身正身之後，方能為天下的標準，故皇極不是指皇權的偉大聖明，而是對皇權所作的限制，[27]朱熹說：「但先儒未嘗深求其意，而不察乎人君所以脩身立道之本，是以誤訓『皇極』為『大中』，又見其詞多為含洪寬大之言，因復誤認『中』為含胡苟且、不分善惡之意。殊不知極雖居中，而非有取乎中

---

23 〔宋〕陸九淵：〈荊門軍上元設廳皇極講義〉，《陸九淵集》，頁284-285。

24 〔宋〕陸九淵：〈荊門軍上元設廳皇極講義〉，《陸九淵集》，頁284。

25 〔宋〕陸九淵：〈與朱元晦〉，《陸九淵集》，頁23。

26 傳本朱熹文集的〈皇極辨〉，並非淳熙十六年的初本，而是後來朱熹刪改的改本，不過兩者只有文句的不同，基本思路並無二致，可參陳來：〈「一破千古之惑」——朱子對《洪範》皇極說的解釋〉，《北京大學學報》（哲學社會科學版）2013年第2期，頁11。

27 陳來：〈「一破千古之惑」——朱子對《洪範》皇極說的解釋〉，《北京大學學報》（哲學社會科學版），頁7。

之義，且『中』之為義，又以其無過不及，至精至當，而無有毫釐之差，亦非如其所指之云也。乃以誤認之『中』，為誤訓之『極』，不謹乎至嚴至密之體，而務為至寬至廣之量，其弊將使人君不知脩身以立政，而墮於漢元帝之優游，唐代宗之姑息，卒至於是非顛倒、賢否貿亂，而禍敗隨之，尚何斂福錫民之可望哉？」[28]「中」容易被誤為含糊苟且、不分善惡之意，將使君王不知修身以立政。而人君修身為政，以自身之德為標準，教化萬民，流風遠揚，自然就容易讓人民依守遵循，追隨吾君以歸化此極，朱熹指出「皇建其有極」便是人君以身為至極標準：「若箕子之言，有曰『皇建其有極』云者，則以言夫人君以其一身而立至極之標準於天下也。其曰『斂時五福，用敷錫厥庶民』云者，則以言夫人君能建其極，則為五福之所聚，而又有以使民觀感而化焉，則是又能布此福而與其民也。其曰『惟時厥庶民于汝極，錫汝保極』云者，則以言夫民視君以為至極之標準而從其化，則是復以此福還錫其君，而使之長為至極之標準也。其曰『凡厥庶民，無有淫朋，人無有比德，惟皇作極』云者，則以言夫民之所以能有是德者，皆君之德有以為至極之標準也。其曰『凡厥庶民，有猷有為有守，汝則念之。不協于極，不罹于咎，皇則受之』云者，則以言夫君既立極於上，而下之從化，或有淺深遲速之不同，其有謀者、有才者、有德者，人君固當念之而不忘；其或未能盡合，而未抵乎大戾者，亦當受之而不拒也。」[29]若真能「皇建其有極」，則人君不但為五福所聚，更能感化人民，披澤蒼生，民從其極，民從其化，而民有此德者，皆以君之德為至極的標準君立極於上，民隨之於下，上之化下，下之從化，方可謂皇極之大效。

28 〔宋〕朱熹：〈皇極辨〉，〔宋〕朱熹著、陳俊民校訂：《朱子文集》（臺北市：德富文教基金會，2000年），頁3590。

29 〔宋〕朱熹：〈皇極辨〉，〔宋〕朱熹著、陳俊民校訂：《朱子文集》，頁3588。

　　象山以「承流宣化」，講解「皇極」，代天子教化百姓；朱熹則反對當時人以大中解皇極，特別是「極」解為「中」。包括朱陸在內的許多學者，對「皇極」作出的解釋，除了學術字義上的探究之外，也有政治上考量，畢竟「皇極」牽涉到的，還有當時政治秩序與方向的問題。[30]但朱熹對象山荊門宣講「皇極」，頗為留意，並有所批評，原因不止是如余英時所言，是關注當時政治綱領的大宗旨、大綱領而已，也全非如陳來所言：「朱子這個批評不恰當，蓋陸氏是對民眾施行教化，不是解經論學，應不必在此處進行學術辨析。」[31]其實朱熹的指責，是就儒者經世的角度，反對陸象山的作法，這方面學者較少留意，殊為可惜，這裡牽涉到了朱陸經世立場的不同。

　　朱熹在聽聞象山講義皇極之後，頗感不安，曾有信給象山友人胡大時（季隨）：[32]

　　　　日月逝矣，歲不我與，願深省察。且將《大學》、《論語》、《孟子》、《中庸》、《近思》等書子細玩味，逐句逐字，不可放過，久之須見頭緒，不可為人所誑，虛度光陰也。荊門《皇極說》

---

30 據余英時的分析，當時講「皇極」者甚多，如王淮講皇極，便連接到「國是」，強調安靜、不妄動，以「大中」來解釋「皇極」，旨在追求均衡與安全，這也是王淮等人的執政綱領，基本上符合宋高宗「主於安靜」的要求。這類的時政綱領，正是朱熹所反對的。陳來又另外指出，包括朱熹在內，當時人解釋「皇極」自然有政治上的考量，另一方面，朱熹同時也將「皇極」視為學術思想上待解的問題，就學術探討的角度，予以釐清。余英時：《朱熹的歷史世界：宋代士代夫政治文化的研究（下冊）》（北京：三聯書店，2004），頁808-845。陳來：〈「一破千古之惑」——朱子對《洪範》皇極說的解釋〉，《北京大學學報》（哲學社會科學版），頁5-17。

31 陳來：〈「一破千古之惑」——朱子對《洪範》皇極說的解釋〉，《北京大學學報》（哲學社會科學版），頁16。

32 〔宋〕朱熹：〈答胡季隨十二〉，〔宋〕朱熹著、陳俊民校訂，《朱子文集》，頁2521-2522。

曾見之否？試更熟讀《洪範》此一條，詳解釋其文義，看是如
此否？

胡大時為胡五峰幼子，《宋元學案》說他與朱陸多有往來，後師象
山，於象山最為相得。[33]朱熹要他熟讀《洪範》，並驗證象山的講法，
是否正確。顯然朱熹並不贊同象山的講法，《語類》裡朱熹更是明
言：[34]

> 符敘舜功云：「象山在荊門，上元須作醮，象山罷之。勸諭邦
> 人以福不在外，但當求之內心。於是日入道觀，設講座，說
> 『皇極』，令邦人聚聽之。次日，又畫為一圖以示之。」先生
> 曰：「人君建極，如箇標準。如東方望也如此，西方望也如
> 此，南方望也如此，北方望也如此。莫不取則於此，如周禮
> 『以為民極』，詩『維民之極』、『四方之極』，都是此意。中固
> 在其間，而極不可以訓中。漢儒注說『中』字，只說『五事之
> 中』，猶未為害，最是近世說『中』字不是。近日之說，只要
> 含胡苟且，不分是非，不辨黑白，遇當做底事，只略略做些，
> 不要做盡。此豈聖人之意！」

朱熹認為近日說「中」，都只是含糊苟且，不分是非，不辨黑白，對

---

33 「胡大時，字季隨，崇安人，五峯季子。南軒從學于五峯，先生從學于南軒，南軒
以女妻之。湖湘學者以先生與吳畏齋為第一。南軒卒，其弟子盡歸止齋，先生亦受
業焉。又往來于朱子，問難不遺餘力。或說季隨才敏，朱子曰：「須確實有志，而
才敏方可，若小小聰悟，亦徒然。」最後師象山。象山作荊公祠記，朱子譏之，先
生獨以為荊公復生，亦無以自解。先生于象山最稱相得云。」〔明〕黃宗羲等：《宋
元學案》（臺北市：華世出版社，1987），頁3368。

34 〔宋〕黎靖德編：《朱子語類》（北京市：中華書局，2007），頁2047-2048。

於該做的事，都只是略略作些，不要也不能做盡，這已有暗指象山以
講義代蘸一事，未能做盡。朱熹又繼續說：

又云：「《洪範》一篇，首尾都是歸從『皇極』上去。蓋人君以
一身為至極之標準，最是不易。又須『斂是五福』，所以斂聚
五福，以為建極之本。又須是敬五事，順五行，厚八政，協五
紀，以結裹箇『皇極』。又須乂三德，使事物之接，剛柔之
辨，須區處教合宜。稽疑便是考之於神，庶徵是驗之於天，五
福是體之於人。這下許多，是維持這『皇極』。『正人』，猶言
中人，是平平底人，是有常產方有常心底人。」又云：「今人
讀書麤心大膽，如何看得古人意思。如說『八庶徵』，這若不
細心體識，如何會見得。『肅，時雨若。』肅是恭肅，便自有
滋潤底意思，所以便說時雨順應之。『乂，時暘若。』乂是整
治，便自有開明底意思，所以便說時暘順應之。『哲，時燠
若。』哲是普照，便自有和暖底意思。『謀，時寒若。』謀是
藏密，便自有寒結底意思。『聖，時風若。』聖則通明，便自
有爽快底意思。」符云：「謀自有顯然著見之謀，聖是不可知
之妙，不知於寒於風，果相關否？」曰：「凡看文字，且就地
頭看，不可將大底便來壓了。箕子所指『謀』字，只是且說密
謀意思；『聖』，只是說通明意思；如何將大底來壓了便休！如
說喫棗，固是有大如瓜者；且就眼下說，只是常常底棗。如煎
藥合用棗子幾箇，自家須要說棗如瓜大，如何用得許多！人若
心下不細，如何讀古人書。〈洪範〉庶徵固不是定如漢儒之
說，必以為有是應必有是事。多雨之徵，必推說道是某時做某
事不肅，所以致此。為此必然之說，所以教人難盡信。但古人
意精密，只於五事上體察是有此理。如荊公，又卻要一齊都不

消說感應，但把『若』字做『如似』字義說，做譬喻說了也不得。荊公固是也說道此事不足驗，然而人主自當謹戒。如漢儒必然之說固不可，如荊公全不相關之說，亦不可。古人意思精密，恐後世見未到耳。」

前已言之，象山〈荊門軍上元設廳皇極講義〉，是以教化為目的，取其心學所重者，再加上善惡福禍等感應之說，宣揚正心善行，可以說是化民成俗的經世手段。可是朱熹顯然不認同象山的做法，他認為人君以一身為至極標準，郡守縣令承流宣化，就應該按照這個標準依循來做，所以「斂聚五福，以為建極之本。」又須是敬五事、順五行、厚八政、協五紀，來結裹維護「皇極」，不使其傾斜失正。除了五福之外，另外還要講求稽疑與庶徵，稽疑是考之於神，庶徵是驗之於天，五福是體之於人，因此包括「建用皇極」在內的《洪範》九疇，都是為了要維持「皇極」。可是要明瞭皇極，就要細心體識，不能粗心大膽，抓住一些意思，通盤附會解釋，「不可將大底便來壓了」。例如《洪範》庶徵，雖非如漢儒所講的天人感應，有事必有應，例如淫雨，是某時某事不夠謹肅，上天降殃，所以致此，但也不能如王安石一般，完全否認感應的可能，畢竟古人意思精密，在體察之後發現此理，自有其可能的合理性，不能因為我們當下不懂，就完全否認古人的說法，更不能因為我們不明白，就任意詮解古人，以己意度古人。以此觀之，象山在〈荊門軍上元設廳皇極講義〉裡，大講善心善行故有善報之說，太過講求感應，不免過於輕信古人，稽疑、徵庶、五福等事，都被他講得太過簡單。而象山又說只要心正事善，雖不識字亦自有讀書之功，更不是朱熹所能同意，畢竟古人意思精密，需要細細體察深究才好，又怎能不讀書？若依朱熹的講法，心正事善固佳，就更應該識字讀書，來細察古人義理。就朱熹看來，象山這些講法，是

否對百姓可能有誤導之嫌？宣揚不理性、不合理的學說，對百姓來講，恐怕是有害無益的。[35]

象山的經世手段，就荊門宣講《洪範》這點來說，以講義代醮，固然不錯，前引《鶴林玉露》也提到「朱文公在臨漳，且令隨例祝香，不許人問話」，這與象山做法雖有異，不過出發點雷同，可是問題就在於教化的內容，顯然不為朱熹所認同，這就是兩人對經世的做法與立場之差異。這裡朱熹談皇極時，是針對象山任罷上元節作醮，要求民眾日入道觀、設講座宣講等事，他認為不妥，於是才就皇極的涵義、字詞意思等方面來說，基本上是不同意象山經世化民所採取的方法與手段。

那麼，反過來說，就象山看來，又該如何評價包括朱熹等人的經世方法？象山在勅局任職時，朱熹適由南康知軍改任兩浙東路提舉，到任後，嚴刑懲治權貴貪官，由於手段過嚴，受到不少毀謗與冤枉，[36]象山雖為朱熹陳情，認為朱熹之政，不能泛然以嚴病之，畢竟受罰者本有其罪，則當罰則罰，就不能叫嚴，若是不問理之是非，事之當否，只單純以寬嚴來看施政，才是大謬。況且「朱元晦在南康，已得太嚴之聲。……使罰當其罪，刑故無小，遽可以嚴而非之乎！……元晦浙東救旱之政，比者屢得浙中親舊書及道途所傳，頗知梗概，浙人殊賴。自劾一節，尤為適宜」，頗有讚賞之意。可是象山也承認「元晦之政，亦誠有病」，[37]對朱熹任浙東提舉，諸如雇船至他州購買糴米穀，招誘商船到浙東，又或是半強迫半鼓勵富戶出米賑

---

35 在宋代思想史，特別是南宋，「皇極」極受各家學者重視，言人人殊，各有見解。可見劉芝慶：〈朱陸論皇極〉，《朱子文化與宋明理學學術研討會》，福建省社科院／宋明理學研究中心，2015年10月。

36 束景南對朱熹當時的情況，述之甚明。可見束景南：《朱子大傳（上冊）》（北京市：商務印書館，2003年），頁503-504。

37 〔宋〕陸九淵：《陸九淵集》，頁494。

災，煮粥救濟災民，甚至以先斬後奏，令臺州各縣將納絹三尺五寸改為納錢七十一文，事後才申報朝廷等事，[38]頗不以為然，認為不合道理，這些不合事理處，正是其病。[39]

此外，象山對前人如王安石之政，也多有意見。在〈荊國王文公祠堂記〉裡，他肯定宋神宗與王安石君臣，以堯舜自期，而王安石之質，英特邁往，不屑於流俗聲色利達，潔白之操，寒於冰霜。又能掃俗學之凡陋，振弊法之因循，以孔孟為道術，以伊周為功勳目標，王安石志向之遠大，由此可見。可是新法之議，舉朝譁譁，行之未久，天下恟恟，諸君子固然力爭，或去或離，而小人投機取巧，環繞王安石身邊，王安石對此竟不能覺察，可見其心已蔽，心蔽則事便難成，可是王安石卻蔽於末而不能究其本，另方面，熙寧諸人同樣心蔽，其學不足以勸王安石，因循苟且，其害亦無異於新法，兩造爭吵不端，更阻事行，「及諸賢排公，已甚之辭，亦復稱是。兩下相激，事愈戾而理益不明」。[40]再者，新法反對者眾，有時不免流於意氣之爭，附和者亦多取巧之輩，所以王安石上不足取信於神宗，下又無法解群士之疑，而施政關鍵，成功與否，正在於此：[41]

> 為政在人，取人以身，修身以道，修道以仁。仁，人心也。人者，政之本也；身者，人之本也；心者，身之本也。不造其本而從事其末，末不可得而治矣。

既然為政在人，則人心如正，修身以道，修道以仁，這就是本。

---

38 束景南：《朱子大傳（上冊）》，頁503。

39 此為朱熹告象山之語，朱熹希望象山就此缺失直言不諱，以便他改正。〔宋〕陸九淵：《陸九淵集》，頁495。

40 〔宋〕陸九淵：〈荊國王文公祠堂記〉，《陸九淵集》，頁234。

41 〔宋〕陸九淵：〈荊國王文公祠堂記〉，《陸九淵集》，頁233。

「本」固則邦寧,「本」固則政成,可惜王安石無見於此,對於「格君之學,克知灼見之道,不知自勉,而戛戛於事為之末,以分異人為快,使人小得間,順投逆逞⋯⋯。」[42]不免為王安石感到遺憾與惋歎。

儒者施政,分歧已然如此,對其他人,自然也就更多意見,諸如秋苗稅收、胥吏之弊、水旱災救治、社倉設置等,便多有議論。究其原因,就象山看來,因為他們都不能掌握到心的重要性,自為蒙蔽,自為艱難,不止如此,既不能令又不受命,更去蒙蔽他人、艱難他人。也因為心的修養還不夠,正心不足,無法發為仁心仁政,無法先立其大,則施政不免偏差,人材不得通達,百姓不但未得其利,反而過得更苦:「今同官皆盡心力相助,人莫不有才,至其良心固有,更不待言。但人之見理不明,自為蒙蔽,自為艱難,亦蒙蔽他人,艱難他人,善端不得通暢,人心不亨,人才不得自達,阻礙隔塞處多,但增尤怨,非所以致和消異」。[43]至於如王安石與熙寧諸公等人,心受到遮蔽,則往往有害於政,也為象山所不取,都不能做到如象山理想中的修身經世模式。

三　心學如何經世?

陳弱水曾為文指出,治國必須牽涉到的種種權力規範、行政實行等原則,未必與修身有著等價性的關係,而且一個人的私己倫理行為不一定就等同於其政治行為,[44]陳弱水雖以先秦儒家為主,未並論及宋代理學家,可是認同為政在於身,為政在人,取人以身,一向也為象山朱熹等人的看法,況且宋代理學家自覺上承先秦儒學,遙契先

---

42 〔宋〕陸九淵:〈荊國王文公祠堂記〉,《陸九淵集》,頁234。
43 〔宋〕陸九淵:〈與致政兄〉,《陸九淵集》,頁219。
44 陳弱水:〈「內聖外王」觀念的原始糾結與儒家政治思想的根本疑難〉,收於氏著:《公共意識與中國文化》(北京市:新星出版社,2006年),頁267-302。

秦，對此當亦不陌生。事實上他們的理路也早已預設了「政／身」
「治國／修身」的必然性，兩者或可分體用、本末、先後，但是作為
一種連續性的整體關係，在他們的理論中是可以成立的。此處所言之
「必然性」，意謂在他們的理想中，若能按照自己對修身的理解，用
之於身，擴而大之，就能用之於政、施之於民，修己就能安人、安民
姓。反之，若自以為身修，國卻未能治，則問題往往出在不明修身之
法，導致政策的失敗。這樣的修身工夫，可能未為理學家們所認可，
就不能稱為真正的身修。當然理學家對修身工夫的理解，也各有不
同，只是身不能修，修既未明，則國未可治，民難以安，就算是治了
也難以完善，自也是題中之義了，前引象山批評王安石等人，說他受
蔽、「不造其本而從事其末，末不可得而治矣」，就是這個原因。

象山曾說：[45]

> 人精神在外，至死也勞攘，須收拾作主宰。收得精神在內時，
> 當惻隱即惻隱，當羞惡即羞惡。誰欺得你？誰瞞得你？見得端
> 的後，常涵養，是甚次第。

收拾主宰，收得精神在內，其實也就是象山講的「先立乎其大」，象
山曾自道：「近有議吾者云：『除了先立乎其大者一句，全無伎倆。』
吾聞之曰：『誠然』。」類似「先立乎其大」的說法，或可上承孟子
「先立乎其大者，則其小者弗能奪也」。看似出於孟子，倒是陸象山
推而廣之，不斷強化這個命題，所謂「先立乎其大」的大者，其實就
是要人發明本心。就象山看來，君子的成德工夫，乃至於身心活潑，
挺立道德主體的基礎，或鳶飛魚躍而物各付物，或宇宙即吾心，吾心

---

45 〔宋〕陸九淵：《語錄》，《陸九淵集》，頁454。

極宇宙，又或是如牟宗三所說的逆覺體證，即人處於擾動喧躁中，人之主體若能在「不安之感」中，感受及此，當下發覺這種不安之感，不再順著物欲滾動翻騰、伊於胡底，象山所謂「人心有病」，[46]即是指此。若能停止不安之感的縱肆，以漸存漸養的生命態度，漸至充大，這種不安之感往往會自而突顯，不再順著物欲流雜而滾動，成為干擾人生的狀態。故自持其自己而突顯，吾人因突顯逆覺工夫而體知踐履，認為吾人純淨之本心為真正道德行為的可能基礎，如象山所說「收得精神在內時，當惻隱即惻隱，當羞惡即羞惡」，便可謂「逆覺的體證」，亦曰「內在的逆覺體證」。[47]這些人性的內在發微與道德的展現，皆有賴於心的覺醒。如黃信二所言，象山所言之心，主要有「道德主體性之心」（「學問固無窮已，然端緒得失，則當早辨；是非向背，可以立決。……浮文異端，轉相縈惑。往聖話語，徒為藩飾。而為機變之巧者，又復魑魅魍魎其間。恥非其恥，而恥「心」亡矣。」）、「知性的理解之心」（如象山所言之「心通」）、「固有義與本體義之心」（「正理在人心，所謂固有」「此心此理昭然於宇宙之間誠能得此端緒……」）之分，當然三種又非截然獨立，有時亦多有重疊，只是相較之下的三種判別而已。[48]而象山所欲覺醒之心，即是此三種心的總合歸趨──「發明本心」。象山說這就是打疊田地淨潔，修身者奮發自立，才能從俗世欲望的價值中超拔出來，擺脫人欲與物

---

46 「人心有病，須是剝落，剝落得一番，即一番清明；後隨起來，又剝落，又清明，須是剝落得淨盡方是。」〔宋〕陸九淵：《語錄》，《陸九淵集》，頁458。

47 牟宗三將逆覺分為兩種，一為「內在的體證」，即本文所說，象山亦屬此類；另為「超越的體證」。可見牟宗三：《心體與性體（中冊）》（上海市：上海古籍出版社，2007年），頁394-395。

48 黃信二：〈「明體達用」：評陸象山心性論對其讀書方法之影響〉，《哲學與文化》第39卷第10期（2012年10月），頁44-46。

欲的糾纏牽葛，[49]非能如此，就是多讀書亦無用。

可是，打疊田地淨潔並不是在深山裡修行，不與外人接觸，剛好相反，「聖人教人，只是就人日用處開端」，[50]人倫日用，事情物理，才是學者修行之處，故修心必須反映在立身處世上。修身者（學者）若然涉世，都要能維持初衷，莫忘本心，走江湖，歷人事，要努力保持此心的淨潔狀態，在人情世變上做工夫，就要不斷剝落心之蔽障。故象山談義利之辨，教人辨志，不要汩沒於聲色富貴間，並以此區分儒佛，便是出於這曾考量：[51]

> 傅子淵自此歸其家，陳正己問之曰：「陸先生教人何先？」對曰：「辨志。」正己復問曰：「何辨？」對曰：「義利之辨。」若子淵之對，可謂切要。

> 阜民初見先生，不能盡記所言。大指云：「凡欲學者，當先識得義利公私之辨。今所學果為何事？人生天地間，為人自當盡人道。學者所以為學，為學人而已，非有為也。」

更進一步來講，儒者經世，盡人倫之道，是公是義；佛教則反之，本欲脫離生死，為了個人利益，只是私而已。象山在給王順伯的書信中，便暢明此理：「釋氏以人生天地間，有生死，有輪迴，有煩惱，以為甚苦，而求所以免之。其有得道明悟者，則知本無生死，本無輪

---

49 「學者須是打疊田地淨潔，然後令他發奮植立。若田地不淨潔，則奮發植立不得。⋯⋯，然田地不淨潔，亦讀書不得。若讀書，則是假寇兵，資盜糧。」〔宋〕陸九淵：《語錄》，《陸九淵集》，頁463。

50 〔宋〕陸九淵：《語錄》，《陸九淵集》，頁432。

51 〔宋〕陸九淵：《語錄》《年譜》，《陸九淵集》，頁398、495。

迴，本無煩惱。故其言：『生死事大。』如兄所謂菩薩發心者，亦只
為此一大事。其教之所從立者如此，故曰利、曰私。惟義惟公，故經
世，惟利惟私，故出世。儒者雖至於無聲、無臭、無方、無體，皆主
於經世；釋氏雖盡未來際普度之，皆主於出世。」[52]儒與佛是否如此
截然二分，牽涉到歷來儒者對佛教的批判，裡頭當然也含有許多象山
的個人價值判斷。不過他主張經世致用，認為儒者不但應該要理解世
界，更應該要貢獻世界，改變世界，所以他的心學就不會只是單純地
個人修身養心而已，更是要能實際運用在社會上的。

但是，切莫以為「先立乎其大」的養心工夫是很輕鬆容易的。象
山指出：[53]

> 人之資質不同，有沉滯者，有輕揚者，古人有韋、弦之義，固
> 當自覺，不待人言。但有恣縱而不能自克者，有能自克而用功
> 不深者。

資質不同，才性亦異，即便有此自覺，可是工夫深淺也有差別，恣縱
而不能自克、能自克卻又用功不深，都是修養工夫時，常見的毛病。
顯而易見的問題，尚且如此，更有許多細微難以察覺隱微處：[54]

> 顏子之賢，夫子之所屢歎，氣質之美，固絕人甚遠。子貢非能
> 知顏子者，然亦自知非儔偶。《論語》所載顏淵喟然之嘆，當
> 在「問仁」之前；「為邦」之問，當在「問仁」之後；「請事斯
> 語」之時，乃其知之始至，善之始明時也。以顏子之賢，雖其

---

52 〔宋〕陸九淵：〈與王順伯〉，《陸九淵集》，頁17。
53 〔宋〕陸九淵：《語錄》，《陸九淵集》，頁451。
54 〔宋〕陸九淵：〈與胡季隨〉，《陸九淵集》，頁8。

知之未至，善之未明，亦必不至有聲色貨利之累，忿狠縱肆之失，夫子答其問仁，乃有「克己復禮」之說。所謂己私者，非必如常人所見之過惡而後為己私也。己之未克，雖自命以仁義道德，自期以可至聖賢之地者，皆其私也。顏子之所以異乎眾人者，為其不安乎此，極鑽仰之力，而不能自己，故卒能踐克己復禮之言，而知遂以至，善遂以明也。

若子貢之明達，固居游、夏之右，見禮知政、聞樂知德之識，絕凡民遠矣。從夫子游如彼其久，尊信夫子之道如彼其至。夫子既沒，其傳乃不在子貢，顧在曾子，私見之錮人，難於自知如此。曾子得之以魯，子貢失之以達。天德己見消長之驗，莫著於此矣。

以顏淵之聰穎賢明，仍有未達，所以孔子才有「克己復禮」之說。顏淵雖已無大過，如常人所見之過惡，不易再生。可是在細微隱約處，卻仍然有過，因為包括自命為仁義道德，自期可至聖賢等欲求，都仍算是私、是過的一種，所以顏淵內心仍未純粹，人心未能無蔽、未能無私欲，其不安在此，當然危機即是轉機，就因為顏淵深知這種不安，最後才能實踐克己復禮的工夫。相較之下，子貢之明達幹練，雖已不俗，與顏淵相比則仍甚遠，也不能真正反求諸己以自克其私，所以最後其傳不在子貢，而在日三省吾身的曾子。[55]

當然，打疊田地潔淨，光在人情事變上做是不夠的，還要多讀聖賢書。象山雖說以尊德性為宗旨，其實亦不廢道問學，只是他強調與

---

55 顏淵克己復禮之相關討論，可見楊祖漢：〈陸象山「心學」的義理與王陽明對象山之學的了解〉，《鵝湖學誌》第八期，頁99-100。

其泛觀博覽，不如精讀，「觀古人之書，泛然而不得其實，則如弗觀而已矣。」[56]這樣的學、這種的讀書方式，得其實，才可能盡此心，〈贈二趙〉：[57]

> 書契既造，文字日多；六經既作，傳註日繁，其勢然也。苟得其實，本末始終，較然甚明；知所先後，則是非邪正知所擇矣。雖多且繁，非以為病，祇以為益。不得其實而蔽於其末，則非以為益，祇以為病。

六經既作，為了解釋經文，甚至是為了解釋注解經文的解釋，於是傳註日繁，也是不得已的事。可是若能得其實，則傳註雖多且繁，也會得益，所以象山才主張先理會經文，然後精讀古注：[58]

> 或問讀六經當先看何人解註？先生云：「須先精看古註，如讀《左傳》，則杜預註不可不精看。大概先須理會文義分明，則讀之，其理自明白。然古註惟趙岐解《孟子》，文義多略。

讀六經，須得其實，要先理會文義，再精讀古注，則古注與經文相互映證，才有可能進入古文的義理語境。象山此處所言之「實」，其實就是指面對經典的態度，當然經典並非只是文字排列組合而已，而是承載了先王制度與先王立政之心，所以面對經典，既是面對古往今來之人事典章，也是面對曾經的生命。而古人的文脈血脈，與個人生活生命同感而共享，這才是讀經典的正確心態。這樣子讀書，才可能讀

---

56 〔宋〕陸九淵：〈策問〉，《陸九淵集》，頁292。
57 〔宋〕陸九淵：〈贈二趙〉，《陸九淵集》，頁245。
58 〔宋〕陸九淵：《語錄》，《陸九淵集》，頁408-409。

進自己的脈動，讀出自身的境界，所以他才批評舉世之弊是：「今之
學者讀書，只是解字，更不求血脈。且如情、性、心、才，都只是一
般物事，言偶不同耳」，[59]今世學者讀書，只是解字，只是為了某種目
的（如科舉），這種讀書態度，與身心無關，所得自然只能是枝葉。

　　象山的讀書法，認為讀書是充實個人生命的涵養，讀書也是為了
知古人之心，古人之心與自己之心，相融相知。他又說：「學者須是
有志讀書，只理會文義，便是無志」，[60]就因為先立其大，發揚本心，
定好學問志向與規模，而是不以功利的心態讀書，則道問學皆可為尊
得性，聞見之知亦能為德性之知。藉由這種方法與模式，讀書才不會
刻舟求劍，死在句下，才不會如程頤所說：「今人不會讀書，如讀
《論語》，未讀時是此等人，讀了後又只是此等人，便是不曾讀。」[61]
象山指出：[62]

　　　　大抵讀書，訓詁既通之後，但平心讀之，不必強加揣量，則無
　　　　非浸灌、培益、鞭策、磨礪之功。或有未通曉處，姑缺之無
　　　　害。且以其明白昭晰者日夕涵泳，則自然日充日明，後日本源
　　　　深厚，則向來未曉者將亦有渙然冰釋者矣。

訓詁是為了通書中句字，可是書中有許多尚待通曉的細極道理，也有
許多文本間的縫隙缺漏，不易覺察，此時我們反而要慢放腳步，平心
讀之，不要急著立下解釋，而是有疑則闕，持續進德修業，待日後本
源深厚，再重新閱讀與理解。由此得見，象山講六經注我，並非是不

59　〔宋〕陸九淵：《語錄》，《陸九淵集》，頁444。

60　〔宋〕陸九淵：《語錄》，《陸九淵集》，頁432。

61　〔宋〕朱熹：《四書章句集注》，頁43。

62　〔宋〕陸九淵：〈與邵中孚〉，《陸九淵集》，頁92。

顧經典本身的意涵，也不是只以尊德性而忽視道問學，剛好相反的，就是因為象山非常注重經典本身，所以才要人細細讀書，精讀古注，為了就是不想落入隨意解經，曲解古人的地步，因此在象山的修養工夫中，道問學仍然占有很重要的地位。關於六經注我，他的原意是說：[63]

> 《論語》中多有無頭柄的說話。如「知及之，仁不能守之」之類，不知所及、所守者何事；如「學而時習之」，不知時習者何事。非學有本領，未易讀也。苟學有本領，則知之所及者，及「此」也，仁之所守者，守「此」也，「時習之」，習「此」也，說者說「此」，樂者樂「此」。如高屋之上見瓴水矣。學苟知本，六經皆我註腳。

此即《宋史・陸象山傳》「或勸九淵著書，曰：『六經註我，我註六經。』又曰：『學苟知道，六經皆我註腳』。」所本。就象山看來，包括《論語》在內的許多經典，文意未必有頭有尾，許多當時特定的語境與針對的對象，未必明確形諸文字，後人不易明白，像是「知及之，仁不能守之」、「學而時習之」之類，所及、所守、所時習者，是指何事？非學有本領，學不知本，實未易讀。若不能平心靜氣，日夕涵泳，則不免胡亂解人，強加揣量，對己對人都無益。而惟有讀得通透，學有本領，慢慢來，比較快，才有可能明白古人的真義、與古人對話。對明白昭晰者日夕涵泳；對未通曉處，姑且缺之，惟有當生活歷練愈接近經典的可能高度與境界，讀書也才能真的豐富我們的心靈。讀書畢竟不是一朝一夕之事，而是日夕精讀，持續浸灌、培益、

---

63 〔宋〕陸九淵：《語錄》，《陸九淵集》，頁395。

鞭策、磨礪之功，不必也不能躐等。相較之下，許多人作學問作官，學而優則仕，卻不能為民著想，從政失利，都是因為他們讀書並未真的讀進生命裡，「只是解字，更不求血脈」。

再者，上引陸象山之語，「學苟知本」與「學有本領」所對應的「此」，就是指本心。故不論是讀書涵養，還是在人情世態上作工夫，都必須知本，求血脈，時時刻刻繫著「本心」，須臾不離，然後彼此激發激盪，互倚互立，才有可能到達「收拾精神，自作主宰，萬物皆備於我，有何欠闕，當惻隱時自然惻隱，當羞惡時自然羞惡，當寬裕溫柔時自然寬裕溫柔，當發強剛毅時自然發強剛毅」[64]的境界。萬物皆備於我，即是我與萬物的關係，是同構而共享的，就像他曾說的「宇宙內事乃己分內事，己分內事乃宇宙內事」。[65]「萬物皆備於我」出自《孟子》，據彭國翔的看法，「備」的真實涵義是同構，萬物備於我，並非單方面地進入，而是彼此分享融入，彼此交流互涉，而人之所以失去自我本真，就在於人們總是將目光過度投向外在世界，世俗的價值、世俗的偏執，遮蔽了自我，於是在各種比較、謀畫、計算之下，「我」常常將萬物客體化，此時我與萬物就不是同構的狀況，反而常常成為一種獵殺的競爭關係。彭國翔又以馬丁布伯（Martin Buber）的《我與你》為例，來說明「萬物皆備於我」的理想境況，馬丁布伯提出兩種倫理的模式，分別是「我與他」「我與你」，「我與他」意指萬物對於我而言，是一種客觀、有效性、利益式的存在，如眼前的樹木，對於我而言，可以是桌椅家具等原料；但就「我與你」來說，樹木與我皆是天地自然的一份子，彼此處在同個世界觀裡，彼此是共生共享的，例如我們有賴樹木提供氧氣、綠意，樹

---

64 〔宋〕陸九淵：《語錄》，《陸九淵集》，頁455-456。

65 〔宋〕陸九淵：《年譜》，《陸九淵集》，頁483。

木也有賴於我們提供良好的生存環境；類似的例子，也可以為官者與百姓的關係來看，百姓與我皆是天地自然的一份子，生生相息，彼此幫助，例如政府官員有賴百姓提供稅收與勞役，反過來講，百姓也有賴於為政者提供良好的制度與規範。[66]就「我與你」的模式中，我們可以更進一步理解象山「宇宙內事乃已分內事，已分內事乃宇宙內事」「宇宙便是吾心，吾心便是宇宙」的意思：我與人、我與物、我與萬類萬種，彼此是和諧信賴，是一種「相遇」、一種互相的理解、是「彼出於是，是亦因彼」的，並不應該存在著誰利用誰，誰勝於誰的絕對性優勢，更非以「我」主宰著某方某物，而此模式往往有賴於人們真誠地自覺與反省——即象山所謂人之心。

　　陸象山雖尊德性，亦不廢事功，其學固然強調先立其本心，但此心此理，須在涉事求學中磨練成長，培元本心，立其大者，得其位謀其政，明於世務，察於人倫，自然會有事業事功，前者為體，後者為用，雖有體用之分，兩者必定是一致，不可分離的。換句話說，學者發明本心，對世間諸多複雜狀況，不容易受惑，不會被私欲等因素控制、搖擺不定，運用在政治上，也就更能體會百姓萬物之心。懂得人情世態，明白古人為政之道，苦民所苦，知民所需，因此當官就不是為了某些既得利益者，也不是為了某個權貴與集團，而是一種「我與你」在政治上的責任歸屬。在施政中注入為民之心，體現為民之精

---

66 彭國翔：〈儒家的萬物一體觀——孟子「萬物皆備於我」章釋譯〉、〈儒家宗教性人文者義的特質——以《西銘》為中心的考察〉，收於氏著：《儒家傳統的詮釋與思辨——從先秦儒學、宋明理學到現代新儒學》（武漢市：武漢大學出版社，2012年），頁26-39、65-85。值得要留意的，「我與你」與「萬物皆備於我」「物吾與也」當然也不會完全等同，馬丁布伯基本上是以神學來區分「我與他」「我與你」，意即在天主的慈愛下，「我與你」的一體無分是可以成立的，但孟子與象山等人的講法，就不可能會有這樣的立場。（德）馬丁布伯（Martin Buber）著，陳維剛譯：《我與你》（苗栗縣：桂冠圖書公司，1991年），卷3。

神，對人民有責任，才不愧本心，方可使人民豐衣足食，如孟子所謂
制民之產：「仰足以事父母，俯足以畜妻子，樂歲終身飽，凶年免於死
亡。」[67]所以出仕為官，就不能鄉愿，不能尸位素餐，要勇於任事，
因為就象山所見所聞，往往相反，諸如地方官吏把持錢穀米糧等事，
貪贓枉法，盤根錯節而又官官相護，利益勾結，為官為縣者，又不敢
檢舉：「古之人自其身達之家國天下而無愧焉者，不失其本心而已。
凡今為縣者豈顧其心有不若是乎哉？然或者遏於勢而扭於習，則是心
殆不可考。吏縱弗肅，則曰事倚以辦；民困弗蘇，則曰公取以足；貴
勢富疆，雖姦弗治；貧羸孤弱，雖直弗信；習為故常。天子有勤恤之
詔，迎宣拜伏，不為動心，曰奚獨我責。吏縱弗肅，民困弗蘇，姦弗
治而直弗信，天子勤恤之意不宣于民，是豈其本心也哉？」[68]象山批
判這種情況，所以他在〈與辛幼安〉的信中，便一再言明此理：「自
古張官置吏，所以為民」，至於那些逞私濟欲，置民於囹圄、械繫、
鞭箠，殘其支體，竭民膏血的貪官污吏，本著為民之心，一定要嚴
辦。故遏惡揚善，舉直錯枉，正是寬德之行，這才是以民為本、感
受眾生而發出的政治原則。[69]就因為象山主張發明本心，本心基本上
又是與天地萬物同構共享，宇宙即吾心，吾心即宇宙，人同此心，
心同此理，故在人情事變上用功、涵泳古人義理，當政治作為一種
志業，其實也就是深入世間實際，重建整個社會秩序的重要步驟。
許多後代儒者在談經世思想時，就非常認同陸象山的觀點，王棟就
說：「故孟子以後，能切實用功，而不涉於虛想虛見，虛坐虛談者，
無如象山」，[70]蔡汝楠也引用象山的話來說明公私之辨、出世入世之

---

67 〔宋〕朱熹：《四書章句集注》，頁211。
68 〔宋〕陸九淵：〈敬齋記〉，《陸九淵集》，頁227。
69 〔宋〕陸九淵：〈與辛幼安〉，《陸九淵集》，頁71-73。
70 〔明〕黃宗羲：《明儒學案》（北京市：中華書局，2008年），頁735。

分：「象山先生曰：『儒者經世，釋者出世』，公私之辨也。」[71]

四　結論

　　正如賴錫三所言，在理想層面上，一個士、君子應該將自身的存在意義，透過公共化、公開化的實踐，把內在道德的情懷落實到公共的氛圍與境地，以促進道德理想的實現，這種以自身意義公共化的理想性格，修身為己，經世濟民，一向是許多儒者堅持的原則。[72]為往聖繼絕學，為萬世開太平，上述修身／治國的模式，我們在象山身上也看得很清楚。過往的觀點，或以哲學史的角度來分析象山，又或是象山如何通貫天人性命，調適而上遂，對先秦孔孟作了創造性的詮釋，與北宋周張二程、南宋朱熹等人，開創了儒學的新局面。這些研究，當然並沒有完全忽略象山本身的治績與事業，對象山經世之志，也偶有著墨，可是象山為己成德，事實上與成己成物，是彼此通貫的，就像佛經的譬喻：「如兩束蘆，互倚不倒」，也如車之兩輪、鳥之雙翼，看重哪方而忽略哪方，對象山整體的觀察而言，都是有些遺憾的。

　　可是，修齊治平，修身可以治國，這種近乎常識性的通義，如果只是泛談，則先秦諸子固然如此，宋明理者何嘗不是如此？更擴大來講，東亞儒者又豈能置身於外？當許多儒者都可以套進這個模式之後，這個命題似乎已毋庸再論，因為翻來覆去，似乎都是修身治國的陳腔濫調而已。可是，當古人預設了修身治國的理論，當他們有了經世的懷抱之後，值得我們再深思的是，修身究竟該如何治國？內心的

71　〔明〕黃宗羲：《明儒學案》，頁968。
72　賴錫三：《道家型知識分子論──《莊子》的權力批判與文化更新》（臺北市：臺大出版中心，2013年），頁2-3。

修養，要怎麼表現在經世行為上？例如朱熹談修身治國，與陸象山的談法會一樣嗎？如果說兩人對修身的思考本異，對治國的看法更難以完全契合，則兩者間的關聯為何？牟宗三曾說過二程朱陸等宋儒「功業就是義理的客觀體現」，[73]依此而論，若修身的立場不同、義理解釋的不同，是否也連帶影響了治國功業的政策與態度？這樣子談經世，就有了獨特性，不必千篇一律。許多儒者談經世，也就因此產生了眾聲喧嘩、互評互觀的現象。就本篇主旨而言，象山建構心學，影響固然深遠，可是他談心學，很多時候也是關聯著經世濟民來講的，並非全是形而上的玄想，而心學如何運用到世務，更是他一直很關心的問題。也因為他有經世之志，所以對時務研究頗為透澈，如何施政、以及當今政策有何良窳，甚至對當代以及前代的許多為政者，如文中提到的倪寬、王安石、朱熹等等，都有一番自己的見解與論點。此更可見他與朱熹對「皇極」的解釋差異，便不止是哲學立場的問題而已，同時也是他們對經世的具體實踐不同所致。

　　死前數日，象山曾對女兒談到自己的兄長陸九齡，認為他「有志天下竟不得施以歿。」[74]看似說陸九齡，仔細深思，又何嘗不是象山夫子之道？象山以心學的深厚修養，懷經世之志，對政治社會環境，多有深入研究，可惜只有晚年任荊門軍的機會，即便只是小試身手，成就已然不俗，政績已多稱道，不過時不我與，未有為帝王師、出將入相的際遇。象山雖以才自許，卻不能有大用，有才未必有命，或悵然抱負難伸，或愕然驚對複雜之局面，「送君無雜言，當不負所學」，[75]是當年象山送友人赴浙西的詩句，而經世的情懷，滾滾江河流逝，幾經世態沖刷，經世之志或許未消，不過理想在生命中受挫，志業在

73　牟宗三：《宋明儒學的問題與發展》（臺北市：聯經出版事業公司，2003年），頁98。
74　〔宋〕陸九淵：《年譜》，《陸九淵集》，頁512。
75　〔宋〕陸九淵：〈送勾熙載赴浙西鹽〉，《陸九淵集》，頁512。

人事中折衝,「當不負所學」的雄心壯志,又能剩下多少?機緣不至,時運不能配合,更難說是幸與不幸,可是世道如此,又能如何呢?就象山來講,恐怕也是無可奈何的。

陳亮經學述義

一　學者眼中的陳亮

　　陳亮學術思想特徵為何？概觀學界對陳亮的研究，或從史學立場出發，指出陳亮重歷史、講時變，究天人之際，通古今之辨以達時措之宜，正是陳亮歷史意識的重心；[1]又或是認為陳亮乃所謂「功利主義」、「事功主義」或「英雄主義」的代表，不尚浮辭，突出事功實際，乃至於重英雄重才氣。田浩就說在更廣、更嚴密的的意義上，陳亮可以說是功利主義者。在漢語中，功利主義首先強調兩個相關目標：達到具體的結果、後果（功），增大政府提供給社會的利益好處（利），陳亮的思想與此頗為相符。[2]蕭公權與勞思光同樣是以這種角度來看陳亮，或曰功利思想，或云事功學派，所言或有不同，但就講究事功實效這點而言，並無二致。[3]又如牟宗三以朱陳王霸之辨的角度切入，陳亮所論者為英雄生命才氣之震動，相較於正以誠意為主的理學家、相較於朱子純以主觀道德論英雄，以致於不能正視生命之獨特處，忽視漢唐功業，陳亮則是企圖綰合義利王霸為一路，其底子仍

1　董平、劉宏章：《陳亮評傳》（南京市：南京大學出版社，2006年），頁137-183。盧敦基：《人龍文虎──陳亮傳》（杭州市：浙江人民出版社，2006年），頁82-91。

2　關於陳亮功利主義研究文獻的回顧，可參（美）田浩（Hoyt Tillman）著，姜長蘇譯：《功利主義儒家──陳亮對朱熹的挑戰》（南京市：江蘇人民出版社，1997年），頁5-11。

3　蕭公權：《中國政治思想史》上冊（臺北市：聯經出版事業公司，1982年），頁493-496。勞思光：《中國哲學史》第三冊上（臺北市：三民書局，2001年），頁335-346。

為英雄主義，故凡是英雄皆有價值，且偏重生命強度的實然狀態，對於理性不能有積極的正視。[4] 除此之外，也有學者指出陳亮雖講事功，亦不廢內心之學，因此陳亮才屢言「人心之正」、「心者治之原」，畢竟鍛鍊內心，正是為了以修身擴充於外在政事，修身治國平天下，人心正而天下正。[5]

　　相比於上述的路數，目前學界對陳亮經學的研究，雖不能說沒有，也確實較少。諸如何俊就以陳亮藉由解經批判理學家的角度，來探討其儒學建構，[6]董平、劉宏章則是以史學的視野涵攝經學，指出陳亮把經視為是史的一種，將《六經》與諸史合為一同，陳亮的用意在於「記述天人之際的基礎上充分體現聖人『相時宜以立民極』的根本精神。正是這種參稽事勢之變而因時制度的精神，才是真正的聖人之道，才是《六經》之權威性所在，堪為萬世法程。」[7]由此可知，不論是以經學批判論敵，還是以經學講時變、經史同歸，這些研究都指出了陳亮經學的重要性。那麼，值得再追問的是，陳亮看重經學，是否只能就「參稽事勢之變而因時制度」而觀？經學在陳亮的學術思想中，與史學的關係又是什麼？若將經學與上述所言的正心、事功、

4　牟宗三：《政道與治道》（臺北市：臺灣學生書局，1991年），頁225-250。

5　董平、劉宏章：《陳亮評傳》，頁210-219。陳立驤：〈朱子與陳亮的歷史評論——以「漢唐之爭」為中心的探討〉，收於盧敦基、陳永革編：《陳亮研究——永康學派與浙江精神》（上海市：上海古籍出版社，2005年），頁91-98。就文學來講，目前學界對陳亮詞學亦多有關注，論述不少，只是因為並非本文要處理的部分，故不便於放在正文中。陳亮詞學研究，可參龔鵬程〈詞史上的陳亮〉、吳蓓〈陳亮詞論〉、胡浙平〈格高調自逸‧品正情亦醇——論陳亮「人格精神」及其在詩詞中的展現〉，三文皆收於盧敦基、陳永革編：《陳亮研究——永康學派與浙江精神》。蘇淑芬：〈陳亮政論詞研究〉，《國文學誌》第四期（2000年12月），頁165-192。董平、劉宏章：《陳亮評傳》，頁351-379。

6　何俊：〈陳亮解經、系譜與南宋儒學的建構〉，收入盧敦基、陳永革編：《陳亮研究——永康學派與浙江精神》，頁52-59。

7　董平、劉宏章：《陳亮評傳》，頁150-151。

乃於朱陳王霸之變連結，又該如何解釋彼此間的關係？以經學來看這些觀點，又能看出什麼的意義？本文的研究，即是以上述疑問為出發點，指出經學實為陳亮學術思想的重心之一，由經通史，藉由經史而求變，不過變又不能浮濫無依，而是必須權歸於正，所以陳亮才看重正心，心正則權正，只是心又該從何「正」起？正心的標準又在哪裡？這就有賴於理解經中所含之道，以道修心正心，再由正心來點化調整權變，如此種種，環環相扣，缺一不可。因此以經學出發，論證其間過程，並重探朱陳王霸之辨，即本文主旨所在。

二　以經通史，因史求變──上溯王通之學

　　陳亮曾著《六經發題》，其中《易》一文已闕。而在其它經書中，陳亮一再表示經書的重要性，如他說《書》是：「昔者聖人以道揆古今之變，取其概於道者百篇，而垂萬世之訓，其文理密察，本末具舉，蓋有待於後之君子」[8]；《詩》：「聖人之於《詩》，固將使天下復性情之正，而得其平施於日用之間者」[9]；《春秋》：「是以盡事物之情，達時措之宜，正以等之，恕以通之，直而行之，曲而暢之。」[10]《周禮》雖經秦火，已非其全，但尚可考證內容真偽，大體來講則是「《周禮》一書，先王之遺制具在」[11]；至於《禮記》一書，雖雜出漢儒之手，但就《禮記‧曲禮》諸篇而觀，所載亦不過日用飲食、灑掃應對之常，「然讀之使人心愜意滿，雖欲以意增減而輒不合」，是以

8　〔宋〕陳亮：《六經發題》，收入《陳亮集》（石家莊市：河北教育出版社，2003年），頁82。

9　〔宋〕陳亮：《六經發題》，《陳亮集》，頁83。

10　〔宋〕陳亮：《六經發題》，《陳亮集》，頁85。

11　〔宋〕陳亮：《六經發題》，《陳亮集》，頁83。

「夫禮者，學之實地也。」[12]在陳亮觀念裡，《六經》是切合於人世，是具體可用、是學之實地。因此就古今來看，不但是垂萬世之訓，也是先王遺制所在；就人事來講，則可使天下復性情之正，又或是適用於日用飲食、灑掃應對，這就指出了經典具有聯繫當下（平施於日用之間）與過去（先王遺制具在）的功能，還能有放諸未來的延續性（有待於後之君子）。若然如此，古代聖人遺意，如何展現在經典當中，為時人所用，關鍵就在於明時知變。意即不但要明當世之時，事物之理，還要懂得古代先王立政之意，因循革益而變通，陳亮說：[13]

> 古之帝王獨明於事物之故，發言立政，順民之心，因時之宜，處其常而不惰，遇其變而天下安之。今載之《書》者皆是也。

> （《周禮》）……始夫子之言曰：「其或繼周者，雖百世可知也。」蓋以為後之王者必因周而損益焉，自是變通，至於百世而不窮，而豈知其至此極也！

或說經乃先王明事物之故，因時之宜而作，又或是引孔子繼周之語，以言因革損益，這些都說明經書不止是訓詁章句的注疏學問而已，而是講究實用的：「乃區區於章句、訓詁之末，豈聖人之心也哉！」[14]「而經生分篇析句之學，其何足以知此哉！」[15]《六經》實乃萬世法典，當然萬世法並非僵化固度不變，剛好相反，《六經》之旨就是講求變通的，是因時因勢、革益求新的，曾是活生生的歷史世界，並非

---

12 〔宋〕陳亮：《六經發題》，《陳亮集》，頁84。
13 〔宋〕陳亮：《六經發題》，《陳亮集》，頁82、83。
14 〔宋〕陳亮：〈告先聖文〉，《陳亮集》，頁83。
15 〔宋〕陳亮：〈告先聖文〉，《陳亮集》，頁82。

只是經生分篇析句的章句、訓詁之學。《六經發題》裡雖未言《易》，
但陳亮在〈告先聖文〉就一再提及包括《易》在內的《六經》，他說
天下之理具於《易》，治道之本末著之《洪範》，其它諸如：「《詩》之
喜怒哀樂，蓋學者所以用功於平時」、「帝王繼世之用，《書》載之明
矣」、「而《春秋》所以備四王之制，百世以俟聖人而不惑者也。」[16]
《六經》特性各有不同，如《詩》是講喜怒哀樂，《春秋》是備四王
之制，但不管如何，就其同者而觀之，《六經》之重要性在於達時知
事、經世致用。經是實學，所記載乃是先王之制，也是人倫日用之
事，陳亮推崇《六經》，其因在此。

　　上述《六經發題》引《尚書》一語，事實上就舉出了一個重要消
息：「昔者聖人以道揆古今之變，取其概於道者百篇……」，以道觀古
今之變，又將道記述在《書》中，是以《書》乃載道之書，不只《書》
如此，其餘諸經都是如此。例如陳亮在〈丙午復朱元晦秘書書〉就說
「道之在天下，至公而已矣」，接著便引《易》、《禮》為證；[17]又例如
他講《詩》是「道之在天下，平施於日用之間」[18]、《春秋》則是「天
道之全」[19]，這些都說明了，陳亮視《六經》為載道之書，並且把道
放在天地事物人倫日用之中。道在經中的展現，一方面，是「是以盡
事物之情，達時措之宜，正以等之，恕以通之，直而行之，曲而暢
之」，以此得天下大公的「天道之全」[20]（《春秋》）；另方面，也是
「固將使天下復性情之正，而得其平施於日用之間者」[21]（《詩》）。由
此可知，道會隨著或異或同的事物不斷延續，卻沒有超越的性質，道

16　〔宋〕陳亮：〈告先聖文〉，《陳亮集》，頁318。
17　〔宋〕陳亮：〈丙午復朱元晦秘書書〉，《陳亮集》，頁281。
18　〔宋〕陳亮：《六經發題》，《陳亮集》，頁82。
19　〔宋〕陳亮：《六經發題》，《陳亮集》，頁85。
20　〔宋〕陳亮：《六經發題》，《陳亮集》，頁85。
21　〔宋〕陳亮：《六經發題》，《陳亮集》，頁82。

是因應不同事物時空，或在古人言行灑掃應對之中，或在帝王繼世之
制裡，變動不居，時現時隱，因此道在事中，都是度時觀變的結果。

　　除此之外，陳亮講經學，事實上是承繼著隋末王通而來，他在
〈類次文中子引〉、〈書類次文中子後〉就說得很清楚，陳亮一再表明
自己對於王通的仰慕：[22]

> 故夫功用之淺深，三才之去就，變故之相生，理數之相乘，其
> 事有不可不載，其變有不可不備者，往往泪於記注之書。天地
> 之經，紛紛然不可以復正，文中子始正之，續經之作，孔氏之
> 志也，世胡足以知之哉！

王通《續六經》至唐末便已亡佚，今只存《中說》一書。《中說》乃
依《論語》體例，為弟子記其師王通平日行言而成。相較於《論語》
多論學、論政、論禮樂，《中說》未免雜亂無章，缺乏次序，所以陳
亮重新編訂，取當時通行的阮氏本、龔氏本，「正其本文，以類相
從，次為十六篇，其無條目可入與凡可略者，往往不錄，以為王氏正
書。」[23]但不管是《中說》也好、《續六經》也罷，都代表了王通觀世
變、察古今、論經史的特色。就陳亮看來，經本為載道明變之書，只

---

22 〔宋〕陳亮：〈類次文中子引〉，《陳亮集》，頁200。值得注意的是，〈類次文中子
　　引〉文後提到寫作時間為「淳熙乙巳十一月既望，永康陳亮書」，淳熙乙巳即淳熙
　　十二年（1185），文章又附有呂祖謙答書，乃呂祖謙與陳亮商榷討論。但呂祖謙死
　　於淳熙八年（1181），不可能在淳熙十二年還見到陳亮此文，經束景南的考證推
　　測，包括〈類次文中子引〉、〈書類次文中子後〉、〈書文中子附錄後〉在內文章可能
　　作於乾道九年（1173），而在陳亮與朱熹論證結束之後的淳熙十二年，陳亮修改了
　　〈類次文中子引〉，因此才有文後的「淳熙乙巳十一月既望，永康陳亮書」。可參束
　　景南：《朱子大傳》（北京市：商務印書館，2003年），頁613-614。
23 〔宋〕陳亮：〈類次文中子引〉，《陳亮集》，頁199。

是後儒不明於此，偏在章句訓詁中鑽研，以致於「其事有不可不載，其變有不可不備者，往往汩於記注之書」，於是經書宗旨一去而不返，難以復正，王通有鑑於此，通時明變，審勢度要，其續經之作，「孔氏之志也」。王通續經之作，正為孔子之志，陳亮又以此作為生命志業，繼續王通的遺願。由此可知，王通之續經，正如陳亮之講經，都是把經書視為通變明道之書，而不是把經視為考證記注的技術展現。[24]值得注意的是，陳亮上承王通之學，受其影響又再有發揮，所以他在與朱熹論王霸之辨時，語多鑿枘，頗不相契，朱熹也看出陳亮此說源於王通，是以對王通亦多所非議，朱熹說：「文中子《續經》，猶小兒豎瓦屋然。世儒既無高明廣大之見，因遂尊崇其書。」[25]「世儒」謂誰，雖非明指，不過陳亮尊崇王通，更特別標明《續經》，朱熹雖不一定是針對陳亮個人批評，但將陳亮視為「世儒」的一員（請特別注意朱熹曾要求陳亮要當「醇儒」。「醇儒」與「世儒」相對，用意至為明顯。「醇儒」之說，詳見下節），是很有可能的。朱熹又說：「問文中子之學。曰：『它有這箇意思，以為堯舜三代，也只與後世一般，也只是偶然做得著。』曰：『它續《詩》續《書》，意只如此』……曰：『近日陳同父便是這般說話。』……。」[26]同樣也是將陳亮之學上溯王通。

　　經既為載道明變，《六經》事實上又只是先秦政典，乃先王度其

---

24 關於王通對陳亮的影響，目前學術界論述頗多，本文重在詳人所略，略人所詳，因此才只就經學一項來談。二人學術思想的傳承關係，可參董平、劉宏章：《陳亮評傳》，頁381-405。龔鵬程：《唐代思潮》（宜蘭縣：佛光人文社會學院，2001年），頁54-58。何俊：〈陳亮解經、系譜與南宋儒學的建構〉，收於盧敦基、陳永革編：《陳亮研究——永康學派與浙江精神》，頁56-59。（美）田浩（Hoyt Tillman）著，姜長蘇譯：《功利主義儒家——陳亮對朱熹的挑戰》，頁74-76。

25 〔宋〕黎靖德編：《朱子語類》（北京市：中華書局，2007年），頁3270。

26 〔宋〕黎靖德編：《朱子語類》，頁3269。

時勢而成，有其時代背景。若然如此，從《六經》完成以後到當下
（陳亮的時代）之間的千餘百年，道又在何處？又如何展現？若就朱
熹的看法來看，這些階段，即便有漢武帝唐太宗等盛世，道卻依舊不
存，只是私欲橫流而已；陳亮卻非如此，他認為答案就在史中，史與
道的關係，類似經與道的關係；經跟史，又是時間先後的次序問題，
陳亮在此論證頗為曲折。史之所以能見道，是因為史與經一樣，都是
道的通權達變。故史中所見，與《六經》之旨類似，皆是當時人揆古
今之變，得道所行的結果。換句話說，經是道之變通，史當然也是。
若由經而通史，再因史求變而明經，經史互輔互證，自然更能明道，
因此論史、求經、明道，就成了一種連續性、前後呼應的關係。

　　陳亮又另外指出道在事中，事之外無道：[27]

　　　　夫道之在天下，何物非道！千塗萬轍，因事作則……。

　　　　天下豈有道外之事哉，而人心之危不可一息而不操也……。夫
　　　　道，非出於形氣之表，而常行於事物之間者也。

何物非道、常行於事物之間，故道在事物之間，這也是本節一開頭所
引《六經》，如《詩》是平施於日用之間者、《春秋》是盡事物之情，
達時措之宜、《周禮》是先王遺制、《禮記・曲禮》所載亦不過日用飲
食灑掃應對之常等等，即是《六經》主旨精義所在，只是學者卻偏重
於以記注考證解經，忽略了這個大關節、大關鍵，導致經義不明。事
實上經書宗旨正具體展現在後來的歷史中，所以陳亮才有《三國紀
年》之作，他在序中先是提到《易》、《書》、《周禮》、《詩》之作：[28]

27　〔宋〕陳亮：〈與應仲實〉、〈勉彊行道大有功〉，《陳亮集》，頁253、79。

28　〔宋〕陳亮：〈三國紀年序〉，《陳亮集》，頁139。

昔者孔子適周觀禮，晚而有述焉。上古之初，不可詳矣，著其
變之大者，《易》所載十三卦聖人是也。至於《書》，斷自唐
虞，定其深切著明者為百篇。蓋嘗欲備三代損益之禮以待後
聖，是故之杞之宋，而典禮無復存者，故孔子屢嘆之。周封二
王之後，使各修先代之禮物，庶幾後世有考焉，夫豈知其至此
極哉！於是始定《周禮》，又刪取周家之《詩》以具其興亡，
而列國之風化繫焉。

經乃孔子刪訂編修，目的是為了達時觀變，或具興亡、列國之風，或
知三代損益之禮以待後聖。其中《春秋》又明載當時史事，為孔子傷
世變哀其世而著：「陳恒弒其君，告諸天子以及方伯而討之，可以震
動天下矣，魯君不之聽，孔子傷其變不可為也，舉其意而寓之《春
秋》」，所以「《春秋》，事幾之衡石，世變之砥柱也。」[29]《春秋》既
載史事，亦有寓意，是孔子觀世變而成，而陳亮又說《易》是孔子
「著其變之大者」，前引〈告先聖文〉也說天下之理具於《易》，於是
《易》與《春秋》就變成一種相即相明的關係，《易》因《春秋》而
顯，《春秋》與《易》之理相通：「故《春秋》，《易》之著者也，百王
於是取則焉。」[30]

可是，不論是《春秋》、《易》互通也好，又或是《詩》、《書》、
《禮》也罷，基本上《六經》都是明變載道的，因為《六經》涵括了
當時的事，道便在這些事裡（如前引道在事中，事之外無道），後人
若依此原則而作，自得達其通變以明道。因此《六經》以後的歷史，
照理來講也應該有其「事」，自然也能有道。只是即便道在事中，卻
取決於後人著史的心態，見道與否，在於後人能否明瞭先王開物成

29 〔宋〕陳亮：〈三國紀年序〉，《陳亮集》，頁140。
30 〔宋〕陳亮：〈三國紀年序〉，《陳亮集》，頁140。

務、孔子編修《六經》的精神。如前所言，一來學者偏重考據解經，是以經義不彰；二來後人寫史，卻不明經義史法，以致於後來的史著不能盡情地發揮類似經的功能：[31]

> 漢興九十餘載，司馬遷世為史官，定論述之體，為司馬氏《史記》，其所存高矣，出意任情，不可法也，史氏之失其源流，自遷始焉。故自麟止以來，上下千五、六百年，其變何可勝道，散諸天地之間，學者自為紛紛矣。夫善可為法，惡可為戒，文足以發其君子小人疑似之情，治亂興衰之跡，使來者有稽焉，愈於無史矣，豈可謂史法具此哉！

就陳亮看來，司馬遷著《史記》，定論述之體，所存雖高，事實上卻失去了孔子刪修《六經》以展「世變之砥柱」、「具其興亡」、「深切著明」的寓意。這種寓意其實就是觀變知時、就是明道，所以他才說司馬遷「出意任情，不可為法。史氏之失其源流，自遷始焉」。「麟止」，指孔子《春秋》秋魯哀公十四年獲麟絕筆，到陳亮的年代約已千五、六百年，其間紛變多矣，而學者紛紛著史，皆不可謂史法：「豈可謂史法具於此哉！」有鑑於此，陳亮才著有《三國紀年》，寫史論史，欲觀世變，明其統緒，正如他在〈類次文中子引〉所言：「天地之經，紛紛然不可以復正，文中子始正之，續經之作，孔氏之志也」，陳亮之著史，正是為了續孔子之經，以史續經。[32]他在自序中

---

31 〔宋〕陳亮：〈三國紀年序〉，《陳亮集》，頁140。

32 田浩就指出，陳亮意識到在歷史變遷中，「道」並非固定不變的，例如孔子著《春秋》，因應時勢背景之故，即對三代之道或增或損。而包括孟子與王通在內的後來學者，同樣也沿用了這種思維，是以陳亮認同王通續經之意，即是繼承孔子事業。本文要進一步指出的是，陳亮論史，同樣也承繼了這種思維，換言之，論史／續經／明道，是一種彼此相呼應的關係。（美）田浩（Hoyt Tillman）著，姜長蘇譯：《功利主義儒家──陳亮對朱熹的挑戰》，頁76。

特別標舉《春秋》，亦是沿承孔子著史觀世的作法，《三國紀年》又合漢魏吳以正天下、又說：「嗚呼！漢之有魏，魏之有晉，晉之有五胡，讀吾書者可知之矣！」正仿若「孔子傷其變不可為也，舉其意而寓之《春秋》」的意義。

　　孔子傷其變而成經，陳亮同樣也是觀世變而論史，正如他在《漢論・七制》中，先以王通之說發問：「或問曰：『文中子稱七制之主有大功，而不言其德者，何也？』（陳亮）曰：『考論人物，要當循其世變而觀之，不可以一律例也』。」[33] 七制之說起於王通，據朱子所言，即漢高祖、文帝、武帝、宣帝、光武、明帝、章帝等七人所訂定的典章制度。[34] 陳亮以七制為例，說明論史當循世變而觀，不可一概而論。類似的看法，也在《漢論・章帝》中可見，陳亮先說三代之治，忠而質，質而文，並非故意相反，而是「變焉而迭相救也，是以變而之善，周之法悉矣」，[35] 其後漢高祖懲秦人煩苛之政，變之以寬仁；孝宣懲武帝虛偽之弊，變之以綜覈；光武懲韓彭之弊，變之以不任功臣，「此皆其善變焉者也」。以變觀史，從史而得世情，此乃陳亮論史宗旨，這與孔子作經之意正同，是以陳亮跟他理解的王通類似，都是企圖上承孔子，論史正是為了續經，從經到史，則道已在其中矣。

　　由此可知，以史續經而觀世變，正是陳亮一向的主張。反過來講，就是經通於史。就歷程上的序列而言，經與史，經在前，史在後，孔子編經著經在前，陳亮論史寫史在後，陳亮發明孔子之意，是以續經，論史是為了明白《六經》之旨，這是一個時間前後的關係。陳亮論經史間的關係，其中頗有辨證，不能簡單地將經等同史（經史不同，正如陳亮對朱熹說兩者雖合於道，可是經中之三代做得盡，是

33　〔宋〕陳亮：《漢論・七制》，《陳亮集》，頁151。
34　〔宋〕黎靖德編：《朱子語類》，頁3256。
35　〔宋〕陳亮：《漢論・章帝》，《陳亮集》，頁161。

金；諸史之漢唐帝王做得不盡，是銀，金銀雖然都不是鐵，都有道存焉，但兩者當然也不對等，詳見下節）。

為方便表述，不妨以圖示說明：

不論是經或史，陳亮都是以通變的眼光將之貫串。在此其中，「道」並不是永恆不變的事物，而是因時應勢，變動不居的，這由反映在經中所載之道便可得見，而道因明變體現在經，道同樣也藉由明變而展現於史，道通於經，亦可通於史。

至於史與經的關係，陳亮受到王通的啟發，論史是為了續經，都是為了明世變、通權衡，最後得觀古往今來，上下經史以得道。換句話說，就「道－經」來講，經是古人通時達變之後，展現道的載體，故經是載道之書，經中之事，因不同情況而有不同的呈現方式，《六經》之所以各有特色，其因在此；就「道－史」來看，正如經裡有當時之事，經可見道，史亦各有其事，當然也可見道。《六經》的時代，道的體現是經，《六經》以後的時代，道的體現則是史，但這種體現並非僵固不變，同樣也是審時度勢的結果。[36]同理，每階段的史

---

36 陳亮論史說經，很容易會讓人聯想到章學誠「六經皆史」之說，董平、劉宏章合著的《陳亮評傳》便說：「在陳亮那裡，確乎已有『六經皆史』的觀念，儘管這一命題直至清代的章學誠才被明確提了出來。」陳亮與章學誠對經史看法的異同，或許是一個值得探究，饒富趣味的學術史、思想史問題，但我們也必須注意幾點：一、

也是不同的，是以陳亮論王霸，認為曹操與漢唐不同，也是由於這個緣故。

此外，論史續經，得經之精神，故經史必須互相參照才能知「道」，陳亮在〈錢叔因墓碣銘〉就說：[37]

> 洪荒之初，聖賢繼作，道統日以修明，雖時有治亂，而道無一日不在天下也。而戰國、秦、漢以來，千五百年之間，此道安在？……《六經》、諸史，反復推究，以見天運人事流行參錯之處，而識觀象之妙，時措之宜，如長江大河，渾渾浩浩，盡收眾流而萬古不能盡也。

道既已在《六經》中，成於戰國以前，那麼戰國秦漢以後，道又何在？再者，《六經》是先王因應當時而作，而自戰國以後，時勢不

章學誠提出「六經皆史」，是否有受陳亮的影響？他對陳亮著作的熟悉度為何？又或者只是觀點上的雷同巧合？二、兩者面臨的學術環境不同。章學誠是針對考證風氣而發，清代漢學家認為道在六經中，必須藉考證技術以明道；陳亮則無此困擾，他針對的是理學家式的問題，這反而不是當時章學誠所關注的。況且，陳亮特地標出道在事中、事之外無道，章學誠之論，是否也曾措意於此？三、關於「六經皆史」的解釋，目前學界看法仍有差異，若依汪榮祖之說，則章學誠所謂的「道」，仍是指不變的道體。六經與史一樣，都只是載道之器，經與史不能直接等於道，無論是今史還是古史（六經便是古史之一），史都是載道之器，經與史根本不可分、也不必分，故章學誠並非如余英時等人所說，乃以史代經或以史抗經，六經皆史，絕無抑經、抗經之意。若是如此，則章學誠與陳亮之說，差異更大。以上這些問題，都有待進一步梳理。本文的主旨，當然不在於探究這些問題，可是有聞闕疑，在此亦不妨提出，有待日後進行更多討論。上述觀點可參董平、劉宏章：《陳亮評傳》，頁96-101。余英時：《論戴震與章學誠──清代中期學術思想研究》（臺北市：東大圖書公司，1996年），頁53-66。汪榮祖：〈章學誠六經皆史說再議〉，收入氏著：《史學九章》（臺北市：麥田出版公司，2002年），頁311-329。林時民：《中國傳統史學的批評主義──劉知幾與章學誠》（臺北市：臺灣學生書局，2002年），頁66-69。

37 〔宋〕陳亮：〈錢叔因墓碣銘〉，《陳亮集》，頁382。

同，又該如何？答案就在於要從戰國以後的歷史中（即諸史），與
《六經》反覆推究，以史推求經義，由經通史，以見天運人事流行參
錯、以見時措之宜觀象之妙。

在這樣的原則之上，陳亮與朱熹開展的王霸之辨，二人論述多有
不合，各持己見，正起因於陳亮對道、經、史的看法與朱熹不同。其
中陳亮將經學視為道與史之間的重要關鍵，實與朱熹差異甚大。更有
甚者，在陳亮的論述中，「經」與「道」失去了價值的永恆性與超越
性，這也是朱熹不能贊同的。

三　權歸於正，正起於心──重探朱陳之辨

朱熹與陳亮交往始於淳熙九年（1182），其後書信往返，對於王
霸之辨的深入討論，則起自淳熙十一年（1184），結束於淳熙十三年
（1186）。[38]許多研究者皆已指出當時二人社會地位相距甚大，當時朱
熹為理學領袖，陳亮不過是一個書生，無官無職，[39]加上他狂豪之氣
太露，不守法度，又因唐仲友一事與朱熹產生嫌隙。[40]淳熙十一年陳
亮入獄，身心受創，怎料出獄後又遇強盜，根據他後來的追述：「自
棘寺歸，閉門不與人交往，以妻弟之故，一出數日，便為兇徒聚數十
人而欲殺之，一命存亡僅絲髮許，而告之州縣，漠然不應，不知今年
是甚運數！」[41]不但差點死在強盜手上，官府也未緝捕兇手，陳亮驚

38　〔清〕王懋竑：《朱子年譜》（臺北市：世界書局，1959年），頁111、133。

39　（美）田浩（Hoyt Tillman）：《朱熹的思維世界》（南京市：江蘇人民出版社，2009
　　年），頁168-169。

40　董平、劉宏章：《陳亮評傳》，頁96-101。

41　〔宋〕陳亮：〈又乙巳春書之一〉，《陳亮集》，頁271。亦可見〈又甲辰秋書〉，《陳
　　亮集》，頁271。關於陳亮第一次入獄經過與出獄後遇盜的經過，可參董平、劉宏
　　章：《陳亮評傳》，頁110-119。

魂未定之餘，感慨自己運勢不好。朱熹收到陳亮近況告知，深感訝
異，安慰數句之後，話鋒一轉，開始教訓起陳亮的個性與行事風格，
他說：[42]

> 然觀老兄平時自處於法度之外，不樂聞儒生禮法之論，雖朋友
> 之賢如伯恭者，亦以法度之外相處，不敢進其逆耳之論，每有
> 規諷，必宛轉回互，巧為之說，然後敢發。平日狂妄，深竊疑
> 之，以為愛老兄者似不當如此。

由此可見，朱熹對陳亮言行多所不滿，以致於稱其不遵法度、不樂聞
儒生禮法。朱熹又說這些話本打算當面告知，不料陳亮遭逢厄運，禍
竟數至，可是仔細深思，事因或其來有自，也可能跟陳亮性格易招禍
有關：「今茲之故，雖不知所由，或未必有以召之，然平日之所積，
似亦不為無以集眾尤而信讒口者矣。老兄高明剛決，非吝於改過者，
願以愚言思之，絀去義利雙行，王霸並用之說，而從事懲忿窒慾，遷
善改過之事，粹然以醇儒之道自律……。」[43]陳亮接到來回信，先解
釋自己之所以讓人產生「自處於法度之外」形象的原因，他說自己二
十歲時與呂祖謙同試漕臺，不過數年，呂祖謙已高高在上，為一世師
表，自己卻落落寡歡，名位不顯。呂祖謙不以為意，依舊善待他親近
他，視他為友，可是旁人卻不如此：「旁觀者皆為之嘻笑，已而嘆
駭，已而怒罵。雖其徒甚親近者，亦皆睨視不平，或以為兼愛太泛，
或以為招合異類……。而亮又戲笑玩侮於其間，謗議沸騰，譏刺百
出，亮又以為之揚揚焉以資一笑。凡今海內之所以云云者，大略皆出

42 〔宋〕朱熹：〈與陳同甫四〉，收入陳俊民校編：《朱子文集》（臺北市：德富文教基
　　金會，2000年），頁1455。
43 〔宋〕朱熹：〈與陳同甫四〉，《朱子文集》，頁1455。

於此耳。」[44]辯解之意，極為明顯。因此，他不同意朱熹的建議，他認為自己與所謂醇儒本就不同，畢竟研窮義理，辨析古今，涵養為正，他或許對此道有虧；若就堂堂正正，推倒一世之智勇，開拓萬古之心胸，「風雨雲雷交發而並至，龍蛇虎豹變見而出沒」，[45]則陳亮自言差可勝焉，不遜於人，朱熹不瞭解他，就不應該提出不適合他的建議。至於朱熹所謂「義利雙行王霸並用」之說，更是有所誤會。書信往返至此，開始正式進入兩人王霸之辨的核心。陳亮的答覆指出，從先秦孟荀論義利王霸開始，漢唐諸儒皆未能深察，至於本朝伊洛諸公以降，以天理人欲辨析，此說方才大明，但仍有未達，例如說三代以道德行治天下，漢唐則以智力把持天下，已不公允。又說三代專行天理，漢唐只行人欲，則更是不妥。陳亮認為漢唐亦有與天理暗合者，是以政權能維持長久，否則的話，「千五百年之間，天地亦是架漏過時，而人心亦是牽補度日，萬物何以阜蕃，而道何以常存乎？」[46]因此所謂的王霸，就陳亮看來，朱熹等人的批評用來講曹操等人還可以，若是漢唐也是如此，就不夠公正合理：「諸儒之人，為曹孟德以下諸人設可也，以斷漢唐，豈不冤哉！」[47]因為陳亮認為漢唐之君皆是發於英雄之心，故能以其國與天地並立，只是時有轉移，其間不無滲漏，無法如三代做得如此完善而已，不能因為做得不盡，就完全否定有天理、道在其中的可能。[48]

朱熹顯然仍不同意陳亮的解釋，說他只是以成敗論英雄，看到漢唐建立功業，就以為有道在焉。朱熹指出漢唐皇帝仍是出於人欲，假仁義以行其私，所以不能以結果論王霸。因此若說漢唐得道，當非朱

44　〔宋〕陳亮：〈又甲辰秋書〉，《陳亮集》，頁268。
45　〔宋〕陳亮：〈又甲辰秋書〉，《陳亮集》，頁268。
46　〔宋〕陳亮：〈又甲辰秋書〉，《陳亮集》，頁269。
47　〔宋〕陳亮：〈又甲辰秋書〉，《陳亮集》，頁270。
48　〔宋〕陳亮：〈又甲辰秋書〉，《陳亮集》，頁268-269。

熹所能認同:「千五百年之間,正坐如此,所以只是架漏牽補過了時日,其間雖或不無小康,而堯、舜、三王、周公、孔子所傳之道,未嘗一日得行於天地之間也」「漢唐所謂賢君,何嘗有一分氣力扶補得他耶!」[49]就此來看,朱熹認為的「道」,具有永恆的客觀價值,不因人為有所增損,不會隨著時移世易而擅自更改,[50]這就跟陳亮認為是因時應勢、隨權變易有所不同。

關於王霸之說,陳亮早在太學裡寫的〈問皇帝王霸之道〉一文裡,已說之甚明。他認黃帝、堯、舜為帝道,禹湯文武因時應變用之則為王道,王道衰,五霸迭出,則是霸道,彼此各有其道,分門多歧,「無怪乎諸子百家之為是紛紛也。」[51]而孔子敘《書》、作《春秋》,上述皇帝,下貶霸道,取法乎中,以王道用之,漢唐制度皆源於經,而漢唐制度又由史可見,漢唐立國之宏規出於經,後人又從史中得見漢唐盛世,史與經的連續性關係,此說甚明。但因漢唐趨近事功,又不廢霸道,而是王霸雜之。宋朝用儒以治天下,王道之說大倡,「然而德澤有餘而事功不足」。因此他主張王道與霸道結合,皆不偏廢,「王霸之雜,事功之會,有可以裨王道之闕而出乎富強之外者,願與諸君通古今而論之,以待上之采擇。」[52]乍看之下,似乎正符合朱熹所批評的「義

---

49 〔宋〕朱熹:〈與陳同甫四〉,《朱子文集》,頁1457-1458。

50 朱熹講王霸之辨,其實也是順著他的義利之辨來講的。基本上朱熹視「道」為人、物的性命根源,天地因之運行不已,「道」可作為人類德性價值的形上依據,至於「義」則為天理天道的呈現,是不可摻雜其它成分、是不可變易的價值標準。所以朱熹才嚴格區別「義、利」「王、霸」之分,強調自我德性之修養與堅持,由己身己心出發的道德動機,為義或為利,正是「王」與「霸」的重要判準。可參傅玲玲:〈從朱熹與陳亮之辯論論朱熹的價值觀〉,收入《哲學與文化》第32卷第7期(2005年7月),頁59-78。張永儁:〈朱熹「義利之辨」之倫理價值觀探源〉,收入《哲學與文化》第28卷第1期(2001年1月),頁1-10。

51 〔宋〕陳亮:〈問皇帝王霸之道〉,《陳亮集》,頁136。

52 〔宋〕陳亮:〈問皇帝王霸之道〉,《陳亮集》,頁136。

利雙行，王霸並用」。但前已言之，陳亮不同意朱熹的看法，他認為他講王霸，是直上直下，霸道是補王道之闕，王道又是扶正霸道。更何況雜霸又出於王道，「謂之雜霸者，其道固本於王也。」[53]王霸並非完全不相融的兩端，是可以相輔相成的，是以陳亮論王霸，有自身理論依循，並非如朱子所言，是一味只重成敗結果。

　　陳亮對王霸的看法，正源於他的經學。在前面一節已經提過，經是通於史的，可是歷史現象複雜紛紜，道一旦投射其中，往往呈現不同的面貌。論史者自當在多變的史事中求其宗旨，以通大道，所以就要觀勢審時度變，不能一概抹殺後代歷史，認為今不如古、史不如經。畢竟道在事中，事之外無道：「夫道，非出於形氣之表，而常行於事物之間者也」[54]，《六經》記載了《六經》當時的事，《六經》之後的史，自然也記載之後的事，並不會因為沒有了《六經》，事就不存在。也就是說，漢唐之制雖不純於王道，卻是可以輔佐王道的，王道就是三代之法，三代之法就存於六經裡，所以陳亮才說：「《皇墳》、《帝典》，吾不得而識矣，不以三代之法統天下，終危邦也。如不得已，其兩漢之制乎！不以兩漢之制輔天下者，誠亂也已。」[55]先於《六經》，卻早已亡佚（或者根本只是後世學者想像）的《皇墳》、《帝典》既不得而見，則三代之道自然只能在《六經》中求，而且不以三代之法統治天下，終究不正，仍屬危邦。至於兩漢之制（雜霸輔佐王道、王霸之雜）雖屬不得已，但若不能用兩漢之制輔天下，依舊會衰亂。此外，前引〈問皇帝王霸之道〉亦說孔子知時變而作《書》、《春秋》，以彰明王道，但後代漢唐君王同樣也要通權達變，從六經中求得大道。只是與孔子時代不同的是，漢唐君王因應不同時勢背景

<hr>

53 〔宋〕陳亮：〈又甲辰秋書〉，《陳亮集》，頁270。

54 〔宋〕陳亮：〈勉彊行道大有功〉，《陳亮集》，頁79。

55 〔宋〕陳亮：〈又乙巳春書之二〉，《陳亮集》，頁276。

之故，不但要用王道，也要以霸道補闕，這就是明變、就是因時制宜，因此宋朝正應取法於此。更進一步來講，宋朝之所取法者，正是從漢唐歷史中而得知，而這些事，事實上與六經類同，皆有道存焉。

　　以霸道輔王道，雜霸又本於王道，就王道來講，霸道其實就是一種「權」。陳亮論史，是非常重權的，因為史事人物百端多變，不可能只用一種標準去衡量。歷史人物行為處世，更是要講究通權達變，不能拘泥、食古不化：「英雄之士，能為智者之所不能為，則其未及為者，蓋不可以常理論矣」。[56]三代漢唐之王霸，正該由此來觀，陳亮在給朱熹的回信中一再指出：「某大概以為三代做得盡者也，漢唐做不到盡者也」[57]，三代為正道、王道，即後來孔子《六經》所言之道，故做得盡，但後代歷史沿革變化，不可能同等於三代，所以史不可能同於經。漢唐君王通權明變，以霸道輔王道，相較於三代雖做不到盡，卻也不該完全抹殺，所以陳亮又以九轉丹砂、點鐵成金為喻，窺得史變，得知漢唐頗有暗合三代之處，是點鐵成金。反過來講，不能因為識得三代盡善盡美，就說漢唐無絲毫可取，「不應學力到後反以銀為鐵也。」[58]三代是金，漢唐是銀，銀雖不如金，仍不可將銀作鐵。而道在三代展現，是做得盡，是金，三代之道，俱在經中；道在漢唐展現，做得不盡，是銀，這在漢唐諸史中可見，故不能說漢唐無道，所以陳亮才又說：「亮大意以為本領宏闊，工夫至到，便做得三代；有本領無工夫，只做得漢唐」[59]。至於漢唐諸史則是三代之道的權變，「做得不盡」也是「做得盡」之權變，是故經雖通於史，仍應審時度勢，不可一味地固執死守，而是必須知道明達時變，經史

56 〔宋〕陳亮：《酌古論·孔明上》，《陳亮集》，頁47。
57 〔宋〕陳亮：〈又乙巳春書之二〉，《陳亮集》，頁276。
58 〔宋〕陳亮：〈又乙巳春書之二〉，《陳亮集》，頁277。
59 〔宋〕陳亮：〈又乙巳秋書〉，《陳亮集》，頁279。

通權的道理，「本末感應，只是一理」[60]。陳亮說：[61]

> 一生辛勤於堯舜相傳之心法，不能點鐵成金而不免以銀為鐵，
> 使千五百年之間成一大空闕，人道泯息而不害天地之常運，而
> 我獨卓然而有見，無乃甚高而孤乎！宜亮之不能心服也。

「使千五百年之間成一大空闕」，在於一味地以純然道體標舉三代之
治，而不能以權變的眼光來看漢唐歷史，以致於以銀為鐵。可是陳亮
並非隨意地講時通權變，畢竟通變或是行權，是指不同情境來講的，
事實上權變仍須歸於正，不能流於詭譎狡詐：「孔氏之家法，儒者世
守之，得其粗而遺其精，則流而為度數刑名；聖人之妙用，英豪竊聞
之，徇其流而忘其源，則變而為權譎縱橫」，[62]「故君子行權於正，用
智以理，若庖丁之解牛」，[63]得粗而遺精，徇流而忘源，當非陳亮所贊
同。反過來講，權正與否，則歸於心，心正則權亦正：「夫人心之
正，萬世之常法也，苟其不役於喜怒哀樂愛惡之私，則曲折萬變而周
道常如砥也。」[64]人心之正為萬世之法，如此一來，即便是曲折萬變
亦不能離其宗，故曰「而周道常如砥也」。

若是如此，人心又該如何得正？這就要回到《六經》來求，經是
治心之根據，陳亮之所以論史必歸源於經，其因在此。陳亮說《禮
記》三百三千之儀，「無非吾心之所流通也，心不至焉，而禮亦去
之。盡吾之心，則動容周旋無往而不中矣」；又說《春秋》是「文、

---

60 〔宋〕陳亮：〈又乙巳春書之二〉，《陳亮集》，頁276。
61 〔宋〕陳亮：〈又乙巳春書之二〉，《陳亮集》，頁277。
62 〔宋〕陳亮：〈祭呂東萊文〉，《陳亮集》，頁337。
63 〔宋〕陳亮：〈謀臣傳序〉，《陳亮集》，頁190。
64 〔宋〕陳亮：〈問答下〉，《陳亮集》，頁37。

武、周公之政所以曲當人心者也」；順民之心，因時之宜，則是
《書》；《詩》故此天下復性情之正，則是聖人之心所在。[65]上述所
言，以經治心，或言動容周旋無往而不中，又或是復性情之正，講究
正心，於是可見。

　　陳亮論王霸之辨，至此已明。因為就他看來，三代王道是《六
經》宗旨，但後來千五百年的歷史，時勢的不同，所以不太可能出現
做得盡的三代王道。可是王道不純，不代表漢唐就是無道，事實上漢
唐是有道的，這個道則是霸道輔王道之道，王霸雜之，是出於漢唐君
王權變得來的成果。與三代相比，雖做得不盡，就某種程度上來講，
也算是暗合三代，因此不可謂漢唐只有人欲而無天理、只是霸道而無
王道。在這點上，陳亮很明白與朱熹的差異處，他說「而秘書必謂
漢唐並無些子本領，只是頭出頭沒，偶有暗合，其實則是利欲場中
走」[66]，在某種程度上就頗為切合朱熹的意思。[67]因此他才要朱熹理解
他的觀點，畢竟事實就是漢唐盛世之所以存在，正在於掌握了某些道，
即便這個道是藉由權變而來，可是道就是道，三代之道與漢唐之道、
王道與王霸雜之，或有程度的高低，卻同樣都是道的一種呈現。這也
是他認為自己的說法並非反對朱熹，而是可以彌補朱熹觀點，使其更
為完善的原因：「亮所以為縷縷者，不欲更添一條路，所以開拓大中，
張皇幽眇，而助秘書之正學也，豈好為異說而求出於秘書之外乎！」[68]

65　〔宋〕陳亮：《六經發題》，《陳亮集》，頁81-85。

66　〔宋〕陳亮：〈又乙巳秋書〉，《陳亮集》，頁279。

67　所謂的「某種程度」，是指陳亮理解朱熹「偶有暗合」、「利欲場中走」的意思。但
　　朱熹並未全部否定霸道功業，李明輝早已指出，朱熹對霸者亦多有肯定，只是這種
　　不自覺的「暗合」並不可取，畢竟就客觀功業而論，漢唐或可視為道的不自覺實
　　現，因為道之運行未必皆出於人之自覺。是以就王、霸的嚴格區別而言，非出於存
　　心自覺者，就不能是王道。李明輝：《孟子重探》（臺北市：聯經出版事業公司，
　　2001年），頁54-58。

68　〔宋〕陳亮：〈丙午復朱元晦秘書書〉，《陳亮集》，頁281。

　　另一方面，朱熹大致上也明白陳亮所言，如他說陳亮之意：「而
其所以為說者，則不過以為古今異宜，聖賢之事不可盡以為法，但有
救時之志，除亂之功，則其所為雖不盡合義理，亦自不妨為一世英
雄」[69]，就對陳亮之說頗為中契。[70] 只是朱熹並不認可陳亮說的權
變，講權變畢竟變數太大，即便是權近於正，正的標準為何？恐怕也
是言人人殊，因此權變很容易流於私慾者的藉口，甚至合理化自己的
行為，自以為是行正、做一套說一套：「然世間事，思之非不爛熟，只
恐做時不似說時，人心不似我心」、[71]「竊恐後生傳聞，輕相染習，使
義利之別不明，舜蹠之塗不判，眩流俗之觀聽，壞學者之心術。」[72]
又或是貪圖權變，不願意踏實做工夫：「一時英雄豪傑之士，或以資
質之美，計慮之精，一言一行偶合於道者亦蓋有之，而其所以為田地
根本者，則未免乎利欲之私也。而世之學者，稍有才氣，便不肯低心
下意做儒家事業、聖學功夫。」[73] 影響所及，容易變成只看結果，不
問手段，以為由此入手便可見效，不須再有省察靜心工夫，這是朱熹
所擔憂的：「江西之學只是禪，浙學卻是功利。禪學後來學者摸索一
上，無可摸索，自會轉去。若功利，則學者習之，必可見效，此意甚
可憂！」[74] 學者習之，必可見效，但若習得卻是詭譎辯詐，還自以為
是識時通權，豈不堪憂？所以朱熹才主張取法乎上，畢竟「夫人只是

69 〔宋〕朱熹：〈與陳同甫八〉，《朱子文集》，頁1461。

70 此處說陳亮與朱熹二人對彼此論點頗為了然，但不代表二人就沒有誤解。況且除了
觀點之外，兩人攻擊對方人身性格之處，亦復不少，像是朱熹認為陳亮缺乏道德修
養，陳亮也說朱子眼界過於狹隘，缺乏知人之明：「秘書不教以成人之道，而教以
醇儒自律，豈揣其分量止於此乎？」可參（美）田浩（Hoyt Tillman）著，姜長
蘇譯：《功利主義儒家——陳亮對朱熹的挑戰》，頁82-93。

71 〔宋〕朱熹：〈答陳同甫書二〉，《朱子文集》，頁1455。

72 〔宋〕朱熹：〈答陳同甫八〉，《朱子文集》，頁1465。

73 〔宋〕朱熹：〈答陳同甫八〉，《朱子文集》，頁1462。

74 〔宋〕黎靖德編：《朱子語類》，頁2976。

這箇人，道只是這箇道，豈有三代漢唐之別？」[75]正因如此，朱熹就要以最高標準來講：[76]

> 但古之聖賢，從本根上便有惟精惟一功夫，所以能執其中，徹頭徹尾無不盡善。後來所謂英雄，則未嘗有此功夫，但在利欲場中頭出頭沒，其資美者乃能有所暗合，而隨其分數之多少以有所立，然其或中或否，不能盡善，則一而已。

有鑑於權變之流弊，所以朱熹才要以盡善、以惟精惟一工夫來要求。關於此點，我們可以從朱熹批評伊川「權只是經」、「反歸於經」之說，再來探討。朱熹反對程頤將經與權視為同性質的概念，他認為應該嚴格區分二者：「權與經，不可謂是一件事物。畢竟權自是權，經自是經。」[77]權是權，經是經，兩者不是同一事物，當然朱熹也不否定權，他認為「權，則是那常理行不得處，不得已而有所通變底道理」，權，是常理所行不得、是不得已而用的，但他接下來又說：「權得其中，固是與經不異，畢竟權可暫而不可常」[78]，一方面說權經不異，一方面又說權只可暫，其中所透露之權與經的關係，根據林維杰的分析，朱熹認為經本來就可運用在現實處境上，可謂之常，並不是都需要權宜通變，經之所以為經，其特質便在於此。不過在某些特殊情況，便有變通的可能，如「嫂溺援之於手」之類，面對這種不得已的情境，當有權宜之舉，這也是符合經的要求，所以朱熹才說：「權者，乃是到這地頭，道理合當恁地做，故雖異於經，而實亦經

---

75 〔宋〕朱熹：〈答陳同甫八〉，《朱子文集》，頁1464。
76 〔宋〕朱熹：〈答陳同甫九〉，《朱子文集》，頁1466。
77 〔宋〕黎靖德編：《朱子語類》，頁987。
78 〔宋〕黎靖德編：《朱子語類》，頁990。

也。」[79]經本身便存在著變通的可能性，這樣的經才是真正合於道的經，不得已之權早已包含於經，故曰：「權得其中，固是與經不異。」[80]朱熹認為漢唐非王道，也是因為他們的「權」，並不符合「經」，更非「不得已之權」。如前所言，漢唐皇帝所作所為是出於人欲，他們所謂「仁義」，都只是包裹著自私自利之心的外衣而已，所以陳亮把漢唐視作通權達變，亦有道存焉，甚至於將史視為經的延續，就很難為朱熹所同意。[81]

朱熹不同於陳亮之處，不止於此，還在於他不贊同陳亮「道─經─史」之說。他認為道確實存於《經》，是堯舜禹湯文武相傳，是以道在三代，正為天理所行，[82]所以人應該切實下工夫，體認貫通於天道，[83]若要從史求道，則未免迂曲難行：「聖賢以《六經》垂訓，炳若丹青，無非仁義道德之說，今求義理不於《六經》，而反取疏略

---

79 〔宋〕黎靖德編：《朱子語類》，頁988。

80 林維杰：〈知行與經權──朱熹哲學的詮釋學模式分析〉，《中國文哲研究集刊》第27期（2005年9月），頁205-208。

81 在朱熹與弟子的對話中，也可以見到類似的意思，他說：「今未曾理會得正心、修身，便先要治國、平天下，未曾理會自己上事業，便先要『開物成務』，都倒了。孔子曰：『可與立，未可與權』，亦是甚不得已，方說此話。然須是聖人，方可與權。若以顏子之賢，恐也不敢議此『磨而不磷，涅而不緇』，而今人纔磨便磷，纔涅便緇，如何更說權變功利？」〔宋〕黎靖德編：《朱子語類》，頁1848。朱熹的看法，與二程雷同，《河南程氏粹言》記：「世之學者，未嘗知權之義，於理所不可，則曰姑從權，是以權為變詐之術而已也。夫臨事之際，稱輕重而處之以合於義，是之謂權，豈拂經之道哉？」〔宋〕程顥、程頤：《二程集》（北京市：中華書局，1981年），頁1176。

82 〔宋〕朱熹：〈答陳同甫八〉，《朱子文集》，頁1464。

83 傅玲玲就指出人們體證天道有「至」與「不至」的差別，後者即是「人道息」，「人道息」即天道在人之不行也，故種種人事功業（諸如漢唐皇帝）不過就是架漏度日、牽補過時而已。傅玲玲：〈從朱熹與陳亮之辯論──論朱熹的價值觀〉，《哲學與文化》，頁63。

淺陋之子長，亦之甚矣」。[84]「《六經》是三代以上之書，曾經聖人手，全是天理」。[85]「今看來漢唐下諸儒說道理見在史策者，便直是說夢。」[86]就他看來，陳亮的問題，是論史太多，貪多務得，[87]以致於不合於六經大道，「陳同父一生被史壞了。」[88]當然朱熹並不反對史書，他也說：「經書正須要讀，如史書要見事變之血脈，不可不熟。」[89]朱熹都看重經書、史書，並不完全貶低偏廢某方，只是兩相比較，經書重要性則遠大於史書，[90]是以經與史，自不該同等而論：「看經書與看史書不同，史是皮外物事，沒緊要，可以劄記問人。若是經書有疑，這箇是切己病痛，如人負痛在身，欲斯須忘去而不可得。豈可比之看史，遇有疑則記之紙邪！」[91]經是切己事，相較之下，史不過是皮外物而已，一內一外，經勝於史，此即朱熹陳亮不同之處，也是他們爭論王霸的重要因素。[92]

---

84 〔宋〕黎靖德編：《朱子語類》，頁2952。

85 〔宋〕黎靖德編：《朱子語類》，頁190。

86 〔宋〕黎靖德編：《朱子語類》，頁2350。

87 朱熹就批評陳亮這一類的人：「向時有一截學者，要讀《周禮》、諸史、本朝典故，一向盡要理會得許多沒緊要底工夫，少刻身己都自恁地顛顛倒倒沒頓放處。」〔宋〕黎靖德編：《朱子語類》，頁190。

88 〔宋〕黎靖德編：《朱子語類》，頁2966。

89 〔宋〕黎靖德編：《朱子語類》，頁2866。

90 自宋以來，經與史相較，則認為經精而史粗，經正而史雜，這種陋史而榮經的說法，屢見不鮮。到了清代乾嘉漢學，經史之爭亦多所可見，可參余英時：《中國文化史通釋》（香港：牛津大學出版社，2010年），頁115-117。

91 〔宋〕黎靖德編：《朱子語類》，頁189。

92 彭國翔研究朱熹的讀書法，認為朱熹對於「經」的態度，不同於「史」「子」。因為在朱熹的想法中，「經」具有「聖典」、「聖書」的性質，只要後人認真讀經書，體貼聖人之意，從「文字間求之」，便會發現聖人之言「句句皆是」。彭國翔：《儒家傳統的詮釋與思辨——從先秦儒學、宋明理學到現代新儒學》（武漢市：武漢大學出版社，2012年），頁102、91-93。

四 結論

陳亮經學，一向為學界較少注意的環節，其實《六經》甚為陳亮所尊崇。畢竟《六經》明變，乃當年孔子之志，因此他仿效王通，以論史來續經，承繼孔子，於是「論史－續經－明道」就變成了環環相扣的連續效應，不可躐等。他與朱熹論王霸，即是秉此思路而來，至於漢唐諸史之所以暗合三代，正是陳亮在歷史中看到他們通權度變以求經旨，諸如漢唐君主許多行為施政是符合義理的，這是他們本於英雄之質，上窺三代之道（三代之道存於《六經》），然後在適應於當代時勢下的因權適宜。雖然無法做到如三代般盡善盡美，但不管如何，依然有道存在，因此自三代以後的一千五百年間，就不能如朱熹等人所說，都是人欲橫流、天理不行。最明顯的一個事實就是，若然如朱熹之言，漢唐只有人欲而無天理在，那這一千五百年間，為什麼漢唐還能維持政權這麼久？為什麼人物還能賴以生息、天地還能依舊運行？仔細觀看這段歷史，又怎能說漢唐沒有道存在？所以在漢唐幾百年的歷史中，說沒有道存在是不大可能的。

只是這樣的漢唐之道，並非如理學家說的毫無利欲，也非《詩》《書》中潔淨純白。相較於三代之道，漢唐只能說是做得不盡，有本領無工夫。可以這麼說，道在《六經》，尚可說是潔白無疵，可說是做得盡、有本領亦有工夫，但當道落在千百年的具體歷史之中，時移世易，事物變遷，難免要行權通變，因此就產生了落差。陳亮在〈又乙巳秋書〉裡便一再反問朱熹：[93]

　　秘書以為三代以前都無利欲，都無要富貴底人，今《詩》

---

93 〔宋〕陳亮：〈又乙巳秋書〉，《陳亮集》，頁279-281。

《書》載得如此潔淨，只此是正大本子。亮以為才有人心便有許多不潔淨，革道止於革面，亦有不盡概聖人之心者。聖賢建立於前，後嗣承庇於後，又經孔子一洗，故得如此潔淨。秘書亦何忍見二千年間世界塗涴，而光明寶藏獨數儒者自得之，更待其有時而若合符節乎？……。點鐵成金，正欲秘書諸人相與洗淨二千年世界，使光明寶藏長長發見，不是只靠「這些子」以幸其不絕，又誣其如縷也。

朱熹取法乎上，識得最高標準，用意是避免行權的流弊，因此陳亮說像是孔子編修《六經》，是洗得如此潔淨，朱熹等人標舉此道，是可以理解的：「正欲秘書諸人相與洗淨二千年世界，使光明寶藏長長（按：應為「常常」）發見。」可是人心有許多不潔淨也是事實，人有邪正，事有善惡，所以歷史上才有許多形形色色的人物充斥其中，《六經》當時的歷史又何嘗不是如此？只是經過聖賢洗刷過後，才見得潔淨精粹，後世諸史無此福緣，[94]當然顯得不夠光明純白。可是人心依舊不潔不純，並不因時代不同而有所改變，是故陳亮才主張正心、權行於正。況且就他看來，不會只有理學家見得三代之道、光明寶藏獨於少數儒者得之，歷史上的許多英雄豪傑同樣也能見道，只是他們或通權應變，或審時度勢，雖使得三代之道不能完全顯現於當世，卻頗有契合之處。不管如何，都不能無視他們所為、將其排除：「亮以為：後世英雄豪傑之尤者，眼光如黑漆，有時閉眼胡做，遂為聖門罪人；及其開眼運用，無往而非赫日之光明，天地賴以撐柱，人物賴以生育，今指其閉眼胡做時便以為盲，無一分眼光，指其開眼運

---

94 這個說法，也解決了陳亮理路上可能出現的問題：史是權變的展現，其實經也是，為何同是通變，經之道卻高於史之道？經是王道，史卻是霸王道雜之？陳亮的回答是：「聖賢建立於前，後嗣承庇於後，又經孔子一洗，故得如此潔淨。」

用時只以為偶合，其實不離於盲。嗟乎，冤哉！」[95]開眼閉眼明顯不同，豈可認為他們都是眼盲？當他們「開眼」之時，確實也造就了盛世，大開一世國運，漢唐就是最佳例證，豈可謂這些都是偶然合於道，不足為觀？陳亮不肯心服，其因在此。

---

95 〔宋〕陳亮：〈又乙巳秋書〉，《陳亮集》，頁279。

歸寂如何經世
——聶豹論良知

一 儒者經世問題的開展

儒者修身經世，一向為儒家通義，自孔子強調君子「脩己以敬」、「脩己以安人」、「脩己以安百姓」以來，修己自然為儒者成德的必要條件，卻不止於此而已，因為許多人同時也重視「修身」的目的與效用。正如上引《論語》，文中孔子接著指出修身的更深一層意義：原來「修己」始能「安人」、「安百姓」。「人」是與「己」相對，而「百姓」則是「人」的聚集，從己到人再到百姓，可見修身非僅於自身而已，更必須建立在社會政治之中，以重建秩序為己任，這就指出了修身與經世的關係。為政者處於政治中心，因此更有修身必要，所以孔子才特別舉堯、舜為證。[1]

以這樣的觀點出發，若不流於通論與泛談，內外通貫地講，修齊治平，內聖而外王，乃是許多儒者的基本心態，可是如何講得通貫，修養工夫到底要怎麼通於外在世務，學理思想怎麼呈現在具體事情，個人的內心意念與經世關懷又該如何連接得當？在這種追問之下，上述儒者基本心態與學說通義，便有了分殊的可能，儒者同談經世，談法各異，不致於千篇一律，過於膚淺與常識化。循此而觀，這個看似較為陳舊的老題目，或許就有了舊瓶裝新酒的可能，而儒者以修齊治

---

[1] 余英時：《史學與傳統》（臺北市：聯經出版事業公司，1988年），頁84-85。

平的立場，懷抱經世濟民的盼望，經世的內涵，自然也與其政經環境、生命歷程、交遊狀況有關，這種角度，或許就能展現其獨特性。

二　良知之「歸寂」

聶豹（1487-1563），字文蔚，號雙江，江西吉安永豐雙溪里人。明正德十一年（1516）舉於鄉十二年（1517）中進士，官至兵部尚書。傳記說他「惟以倡明理學引掖後進為己任」，[2]相較於其他親炙弟子如錢德洪、王畿等人，聶豹雖孺慕王陽明已久，卻直至嘉靖五年（1526）才有機會見到王陽明，但未稱弟子，直至王陽明逝世多年，才由錢德洪、王畿作為證人，遙拜王陽明為師。

就目前學界的觀點來看，聶豹以「歸寂」（或是「主靜」）論良知，幾乎已是共識。只是其評價如何，仍有異說，牟宗三指出聶豹無法肯定「良知現成」，不能使良知順適地貫徹，更無法正視良知逆覺體證的一面，是故歸寂云云，橫生枝節，徒增混亂。[3]唐君毅則不以判教之姿析論，他認為諸子皆得陽明學之端，別有異同乃屬正常，彼此互補互觀，不但可見陽明學的宏廓精深，更可見儒學中之無諍法。[4]唐、牟二人的看法，各有殊勝，對後世研究啟發甚大，即是別開生面者，也不能不重視二先生之說，予以肯定或質疑。[5]

只是，聶豹雖以歸寂作為良知學的主軸，學者們對「歸寂」牽涉

2　《聶貞襄公本傳》，收入〔明〕聶豹著：《聶豹集》（南京市：鳳凰出版社，2007年），頁624。

3　牟宗三：《從陸象山到劉蕺山》（臺北市：臺灣學生書局，1993年），第四章。

4　唐君毅：《中國哲學原論（原教篇下）》（臺北市：臺灣學生書局，1979年），第十三、十四章。

5　相關研究回顧可見林月惠：《良知學的轉折：聶雙江與羅念菴思想之研究》（臺北市：臺大出版中心，2005年），第一章。

到的許多哲學問題，諸如概念的釐清、字義的辨析、工夫的步驟、超越或經驗的徑路，甚至對其在宋明理學中的地位與評價等等，多有深入討論。本文不擬重複上述問題，而是希望在前人的肩膀上，意在指出：如果歸寂是聶豹對良知的理解，這種解釋，是否與他的生命處境有關？是對治何種困境？「歸寂」在他的生活世界中，又是怎麼實踐？再者，他對陽明的孺慕，眾所皆知，可是陽明論良知，並非只有哲學上的意義而已，也牽涉到了他的安身立命，況且陽明也深具「以道自任」的儒家精神，修齊治平、經世濟民，本為他重看，他在給聶豹的信中說：「僕誠賴天之靈，偶有見於良知之學，以為必由此而後天下可得而治。是以每念斯民之陷溺，則為之戚然痛心，忘其身之不肖，而思以此救之……。」[6]對聶豹更是寄予厚望，認為拯救生民，有志於天下者，自為當然人選：「嗟乎！今誠欲求豪傑同志之士于天下，非如吾文蔚者，而誰望之乎？如吾文蔚之才與志，誠足以援天下之溺者，今又既知其具之在我而無假於外求矣，循是而充，若決河注海，孰得而御哉？」見重如此，聶豹很難不有所感觸，而他論歸寂、講主靜，也意在建構他與陽明的學術傳承──良知。若然如此，聶豹的良知之學，是否也繼承陽明經世的宗旨與情懷？歸寂與經世，又該怎麼分析這些問題？用本文的主題來講，即是：歸寂如何經世？如何處世？又該如何涉世？本文的研究，即是希望能夠解答這些疑問，冀能對聶豹所思所想，能有相應的理解。

首先，關於良知之說，聶豹認為良知不屬知覺，而是在未發之中，備物敦化，就像孩童知愛知敬之情，便源自於未發之中，備於萬事萬物，發而見之，敦化流行，這才是良知、才是本體。但愛敬並不是良知，若以愛敬為良知，誤將知覺錯認本體，以不學不慮為工夫，

6　〔明〕王守仁：《王陽明全集》（上海市：上海古籍出版社，2006年），頁80。

則不免恣情玩意，其弊甚大。[7]

聶豹自言，未發之中的良知，正自陽明而來，他在與王畿的討論中，便言：「承不鄙，謬有取於寂體之說，謂是為師門第一義」，[8]正如他引陽明的話：「良知是未發之中，寂然大公的本體，便自能感而遂通，便自能物來順應。」[9]陽明論良知，確然有未發之中的言論，例如他說「人心本體原是明瑩無滯的，原是個未發之中」、「良知即是未發之中，即是廓然大公，寂然不動之本體，人人之所同具者也。」[10]表面上看來，良知既然是明瑩無滯，為何又是未發之中？為何仍局限在已發未發？

楊儒賓早已指出，就發生歷程來看，雖可分成有／無、已／未，但本體（或稱良知），卻難分有無已未，因此作為本體的「未發」，實無所謂「已發」、「未發」。[11]所以當有人問王陽明關於動靜的問題：「明是動也，已發也，何以謂之靜？何以謂之本體？豈是靜定也？又有以心貫乎心之動靜邪？」王陽明就以「不睹不聞，無思無為」作為回答，這不是槁木死灰，而是「動亦定，靜亦定，體用一原也。」[12]王陽明在其它地方也說過：有事無事，可以分動靜；寂然感通，也可以分動靜。可是作為「無善無惡」的心之本體、良知，就不能分有事無事，亦無所謂動與靜，王陽明所謂的「廓然大公，

---

7 根據吳震的看法，此說是反對流行的現成良知說。就聶豹看來，不論「現成」或「見在」，無非是良知的已發作用，而非良知寂然之本體，如果執用以求體，以已發作用探求良知真義，不曾捨本逐末，說得愈多，卻離良知愈遠。吳震：《聶豹、羅洪先評傳》（南京市：南京大學出版社，2006年），頁84-85。

8 〔明〕聶豹：《聶豹集》，頁267。

9 〔明〕聶豹：《聶豹集》，頁95。

10 〔明〕王守仁：《王陽明全集》，頁117

11 楊儒賓：《論觀喜怒哀樂未發前氣象》，《中國文哲研究通訊》第15卷第3期（2005年9月），頁46。

12 〔明〕王陽明：《王陽明全集》，頁63。

寂然不動之本體」，應就此來理解。

不過聶豹的講法，顯然不全是從這方面而來，他之所以強調良知的未發之中，是因為他把陽明「良知即是未發之中，即是廓然大公，寂然不動之本體」，更加深刻化、系統化，並且用「歸寂」、「主靜」的說法，旁涉到消除欲望的心理狀態，也納入了靜坐工夫，並由此建立了自身良知學的主軸。

主靜與歸寂，在聶豹的思想中，彼此互通，時為互文。在思想成分上，可能受到《易傳》、《大學》、《中庸》等影響。若細論「寂」，則寂又與感（通感、感應）有關，他就說無時不寂，無時不感，是心之體，兩相比較，則寂感有別：「夫無時不寂，無時不感者，心之體也；感惟其時，而主之以寂者，學問之功也。」「謂工夫無分於寂感，而不知歸寂以主夫感者，又豈得為是哉？」[13]而寂是性之體，是天地之根，主乎內；感是情之用，是形器之跡，主乎外，他以兵器為喻，心猶銃炮，硝磺之內蘊，如未發之寂。激射聲響，為已發，引線之火則是感。只知激射之威，不能有見於硝磺之具，則銃炮未免成為啞器，狃於激射而忘於硝磺，而寂之於感，便類如是。故寂靜生感，感而遂通，寂以主感，感生於寂，環環相扣，正是聶豹論證主旨。

歸寂與主靜，自然有義理內涵可說，同時也包括了身體的思維與感受。若依余舜德之說，身體與外部空間的互動感受，種類繁多，諸如冷、熱、亮、暗、香、臭、乾淨、噁心、刺痛、骯髒……不一而足，都是我們的身體的感受與外在環境的「焦點」，可稱之為「身體感」，屬於身體的經驗。舉凡日常生活中的許多觀念，都可以從身體經驗中找到源頭，如潔淨、莊嚴、神聖、正式等等。身體感更可以引申出聯類關係，例如從黑暗感覺到恐怖，從明亮與某些色彩中感受到

---

13 〔明〕聶豹：《聶豹集》，頁261。

華麗，類似認知科學強調的觀念與文化分類系統，意謂當人們接受龐雜的身體經驗與感受時，往往會將資訊分類放入秩序中（put into order），然後加以解讀並作出反應。其中舒適感就是身體感的一種，是由多種感官經驗所構成，包括光線、溫度、味道、聲音、景觀、空間配置等等。[14]對吾人來說，舒適存於實踐的層次，是具體的行為，體現在人倫日用的任何可能之中，人們也因此得到鼓勵、撫慰、快樂與滿足等美好領略。

聶豹對良知的身體體悟，頗類於此，這種身體的舒適感，更是從艱困環境中得來。嘉靖二十六年（1547），聶豹為輔臣夏言所惡，逮捕聶豹下獄，聶豹在獄中受到拷問，聶豹受誣，身心面臨煎熬，名聲亦損，但他對歸寂主靜也因此有了更深一層的體證：[15]

> 先生之學，獄中閑久靜極，忽見此心真體，光明瑩澈，萬物皆備，乃喜曰：「此未發之中也，守是不失，天下之理皆從此出矣。」及出，與來學立靜坐法，使之歸寂以通感，執體以應用。

獄中經歷，對聶豹來講，禍兮福之所倚，福禍之間，即是悟道機會，得此經歷因素，對於聶豹靜坐之工夫，在平日閑思雜慮之憧憧往來者，刊落究竟，大有裨益，更加強了他對於歸寂說的自信。羅洪先便說聶豹繫詔獄，「方其繫也，身不離接楯，視不逾垣戶，塊然守其素以獨居。」「嗟乎！不履斯境，疑安得盡忘乎？」[16]聶豹著《困辯錄》，自序即言：「……予被逮至京師。又明日，下詔獄。日無所事事，惟

14 余舜德：《物與身體感的歷史：一個研究取向的探索》，《思與言》第44卷第1期，頁23-24。

15 〔明〕黃宗羲：《明儒學案》（北京市：中華書局，2008年），頁370。

16 〔明〕羅洪先：《羅洪先集》（南京市：鳳凰出版社，2007年），頁471。

面壁觀心，並考平生所學，於此時此地，有所資焉否也。故凡詩書所載，舊嘗得諸管窺者，每誦味所及，輒錄而釋之，然後知學必驗而後有得，如艱難險阻，非身所經歷而談之，了了皆窹語也。」從身體的折磨感受中，苦、痛、酸、悶、難熬，深切地體會到「靜」的成效，藉由心靈的超越，消解負面的情緒，調適而上遂，學必驗而後有得，達到一種人生境界的高度與開闊，形成身心的舒適感。

那麼，聶豹親行自證，知行並重，就他看來，主靜歸寂針對什麼？又能解決什麼樣的生命問題呢？他說：「其曰閑思雜慮，只是聲色、貨利、富貴、功名數事相續牽引，此古今學者公病，荀子所謂『偷心』，禪氏所謂『流注想』。若能撲滅得此樣念頭，將近大歇處矣。」[17]《荀子》「偷心」之論，應出自《荀子‧解蔽》：「心，臥則夢，偷則自行，使之則謀」，偷者，偷惰、鬆懈；[18]佛教則有「流注」的講法，意謂執著、妄求、煩惱無間斷，接連並起，如《大般若波羅蜜多經》「此人欲心熾盛流注」之類。聲色、貨利、富貴、功名等事，本就是人所追求之欲望，念頭既生，千盼萬盼，極欲求之，得之又復失之，思慮貪欲，汲汲營營，不知伊於胡底？若能化去此等念頭，當作鍛鍊人的一個大爐錘，對提升個人境界修養，自是大佳。

聶豹認為歸寂便是最好的方法，聲色財貨，好名好利之心，若能無執無求，則得見良知矣。立大本之重要，就是希望去除閑思雜慮：「或問：閑思雜慮怯除不得，如何？曰：習心滑熟故也。習心滑熟，客慮只從滑熟路上往還，非一朝一夕之故也。若欲逐之而使去，禁之而使不生，隳途沖決，反為本體之累。惟其來也，吾不知其來，其去也，吾不知其去，惟曰孳孳，惟求所以立吾之大本，譬之主將精健，則間道梗塞，竊發之盜久則化為良民，而往來于康莊者，皆堂堂正正

---

17 聶豹：《聶豹集》，頁314。
18 北京大學哲學系：《荀子新注》（臺北市：里仁書局，1983年），頁420。

之兵，四境寧謐，寂然無嘩，故怯除客慮者，先須求復本體。本體復得一分，客慮便減去一分。然本體非敬不復，敬以持之，以作吾心體之健。心體健，而後能廓清掃蕩，以收定靜之功。」[19]欲復心之本體，未發之中，應以敬持之，故對心之流注放逸，思慮憧憧，更應戒謹恐懼，不可習心滑熟才好。

正因為胸中執念過甚，既不能寂，也不能靜，學者不是行事偏狹，就是言語過激，再不然就是器小易盈。平日口說良知，言述修身，或是頭頭是道，冠冕堂皇，但處事遇境，當意外發生，殊失雍容氣象。他以朱子參中和為例，認為朱子欠缺涵養工夫，遇事不能靜，靜中體認不夠，反省只從「已發」中探論究竟，所以才要參悟中和問題，深考「未發」：[20]

> （朱熹）如曰：「李先生門下教人，每令於靜中，以體夫喜怒哀樂未發之中，未發作何氣象，敬以持之，……，已故闕卻平日涵養一段工夫，常覺胸中擾擾，而無深潛純一之味，至於發言處事，飛揚浮躁，殊非聖賢雍容深厚氣象。」所見之差，其病亦至於此，於是有「辜負此翁，汗流浹背」之歎。[21]

---

19 〔明〕聶豹：《聶豹集》，頁608。

20 〔明〕聶豹：《聶豹集》，頁239-240。

21 聶豹的看法，可能受王陽明《朱子晚年定論》的影響，將朱熹早年之中和舊說視為晚年定論，故特地標出「考亭晚年有云」等語。引文所說，部分即出自《朱子晚年定論》〈答呂伯恭〉〈答何叔景（芝慶按：應為「京」）〉等處，〈答潘叔昌〉又有「閒中靜坐，收斂身心，頗覺得力」之語，所以聶豹才就已發未發、欠缺平日涵養的角度，批評朱熹。見〔明〕王守仁：《王陽明全集》，頁127-143。
李侗從學於羅從彥，羅從彥又是楊時的學生。朱熹說李侗善於靜中，體悟喜怒哀樂未發時氣象，也正是羅從彥授與李侗之說，並認為這是龜山相傳指訣，其中又以靜坐為旨要。聶豹據此批評朱熹涵養不足，認心為已發，對「未發」認識不足，其實朱熹在中和新舊說中，對「未發」已作了大量的討論，舊說認為日用之間即可體會

只在已發上做工夫，平日已欠缺涵養工夫，胸中常感滾擾，應事遇事，出乎意料之外時，往往飛揚浮躁，憤懣心急，有失雍容氣象。況且事物無限，人力有窮，不免以涯逐無涯，結果是毒上加毒，本欲為善，卻離善更遠，善日以泯，過日以長，於是私意營求，欲望日熾，聶豹稱為「寂然之體不勝其憧憧」：「夫本原之地，要不外乎不睹不聞之寂體也。不睹不聞之寂體，若因感應變化而後有，即感應變化而致之，是也。……。相尋於吾者無窮，而吾不能一其無窮者而真之於一，則吾寂然之體不幾於憧憧矣乎？寂體不勝其憧憧，而後忿則奮矣，欲則流矣，善日以泯，過日以長，即使懲之、窒之、遷之、改之，已不免義襲於外，其于涵養本原之功，疑若無所與也。」[22]氣質之病痛，生命之偏私，或好名好利，或好色好財，或倡狂卑鄙，或自溺貪戀……等等，不一而足，若都只是就已發而論，好名者則窒之名，好色者則懲之色，好利者則遷之利，又如何能全部對治得了？針對得完？一事完畢又來一事，一欲未覺又生一欲，捨本逐末，又該如何是了？所以要治標也治本，先從源頭上做起，才不會以知識為良知，又或是以思慮為感應，入於憧憧，兩者皆迷失本原，難語歸復之竅：「然則欲求歸復之竅，舍歸寂，其何以哉？」[23]

因此，歸寂不止是哲學上的表述而已，更重要的是可以安頓自己的生命，對治感官欲望、身心意念之馳逐奔競。故以歸寂說良知，實

「寂然之本體」，而未發之境，不可窮索，更不能成為對象，只能以「敬」持之，使氣象長存；新說則將「未發」視為終極境界語，而非陸王式從「本心」所立之「未發義」，將「未發」看作行為所出的本體依據，即在當下。朱熹新中和說並非如此，他將「未發」視為終點站，是目標義，故朱熹嚴分心性，但也只有在工夫終點之「未發」層次，心性合一，可以呈顯共現。關於道南一脈思想傳承，可見陳來：《中國近世思想史研究》（北京市：商務印書館，2003年），頁110-125。

22 〔明〕聶豹：《聶豹集》，頁242。

23 〔明〕聶豹：《聶豹集》，頁267。

具生命實感，傳記與墓誌銘都說他「雖位列大卿，而神思靜逸，有飄然岩壑，高舉物外之氣」，[24]輾轉互襲，雖不無「格套」之嫌，但就歸寂主靜所表現出來的生命氣質，神思靜逸、物外之氣等等，確實也是聶豹不斷強調與實踐的，也可說是歸寂主靜工夫的呈現。

可是，以歸寂談良知，並不現於哲理的分析、生命的體驗而已，更必須是化民成俗，有著經世致用的目標與情懷。只是，聶豹究竟是怎麼看待歸寂與經世的關係？

三 經世之「歸寂」

聶豹三十歲（正德十一年，1516）中鄉試，三十一歲（正德十二年，1517）中進士，後出任華亭知縣，轉任應天，督馬政。又升蘇州知府，起復後知平陽府，五十七歲升陝西按察司副使，兵備潼關，出獄後尋遷兵部右侍郎，隔年（嘉靖三十年，1551）轉遷兵部左侍郎，最後再升為兵部尚書。仕宦經歷頗豐，在理學家中並不多見，而聶豹本有經世之志，在給李遂（號克齋）的信中就說：「大丈夫出世，必有所建立，縱無所建，得免汙挫，可也。」[25]對於邊患與外交情勢，也頗為關注與擔憂：「某病憒中，靜思天下事勢，真如一聲俱沸，更無下手處，未嘗不椎心頓足，而自恨出處之欠審也。胡兒煽禍，毒戕生靈，行道酸鼻，齋諮未已。」[26]正因對社會國家的關心，抱滿懷負，以儒者自任，以經世為用，所以當歐陽德（號南野）逝世時，物傷其類，感歎不已，就說：「南野長逝，世道之悲。有志經世而才足

---

24 類似的文字在《聶貞襄公本傳》《聶貞襄公傳》（《郡縣志》）《聶貞襄公傳》（《皇明人物考》），皆可見到，《聶豹集》，頁625、627、634。

25 〔明〕聶豹：《聶豹集》，頁280。

26 〔明〕聶豹：《聶豹集》，頁251。

以充之，如南野，世復有斯人哉！」[27]

況且，他的老師王陽明本來是就是事功義理、尊德性與道問學兼具的人，故聶豹從師門處習得的良知學，亦深具經世色彩。首先，他認為學與仕本不該分開，「豈學與仕各自為路耶？」[28]「天下無二業也，蘊之為德行，措之為事業，合內外之道也。一也，而奚以二哉？二之者，偽也。」[29]為學者，應該要從在世事中實踐，修齊治平。畢竟，儒者入世，往往將自身的存在意義，透過公共化、公開化的實踐，把內在道德的修養落實到公共氛圍，以促進道德理想的實現，以重建人文秩序，在朝則美政，在鄉則美俗，得志與民由之，這種自身意義公共化的情懷性格，修身為己，經世濟民，一向是許多儒者堅持的原則。[30]聶豹批評今世學者的弊病，自幼童時期已缺乏禮樂射御書之訓練，又無掃灑應對進退之節，以致於倡狂自恣，既不治己，更不能治人，都是缺少持敬工夫，又隨自己性之所近以為學，忽略了聖賢相傳之法的緣故：[31]

> 今世學者，既無灑掃、應對、進退之節，禮、樂、射、御、書、數之文，習之于童卯，以磨煉、消融其驕悍飛揚之氣，獨有持敬一段工夫，猶可以矯輕警惰，鎮浮絀躁，庶幾復見天地之心。……大抵後世之世，各隨及氣質之性所便者以為學。既各隨其性之所便，才說持敬，便自不安。

---

27 〔明〕聶豹：《聶豹集》，頁283。

28 〔明〕聶豹：《聶豹集》，頁310。

29 〔明〕聶豹：《聶豹集》，頁46。

30 賴錫三：《道家型知識分子論——莊子的權力批判與文化更新》（臺北市：臺大出版中心，2013年），頁2-3。

31 〔明〕聶豹：《聶豹集》，頁586。

是故明良知，下持敬工夫，有敬者亦必有靜，「敬者，心之生，道德之聚也」、「或謂《論語》多言敬，而罕言靜，不知敬是靜的根，靜而不敬而走之，未有敬而不靜者也」[32]，其實就是為政的基礎，例如他談鄉約，就說要知王道之化，莫觀於鄉，而明德以親民者，其責重在鄉大夫士，士大夫教化鄉里，動眾治民，重點在於「明吾是非之本心，以是其所是，非其所非，以愜夫一鄉是非之同情，使法有遺而意無遺焉，是之謂明德以親民也。」[33]期勉當今學子，更要他們不要只以功名利祿為念，而是要以孔子為典範，胸懷天下才好：「予聞諸夫子曰：『才難』……，唐虞之際，于斯為盛』者，非以其文與名也，精一執中其學也。平水土，教稼穡，明刑敷教，制禮作樂，勘亂拯民，以輔有唐虞三代之治者，其至誠功業也。今諸士子之學果如此乎？發而為功業也，果能此乎？」[34]儒者修身治國，開物成務，其經世之志，溢於言表。

　加上聶豹本身在官場打滾多年，閱經歷自非一般儒者書生可比，宦途的複雜鮮惡，人情是非之冷暖，也深得其中三味。他講良知寂靜，其實也是就生活經驗上的處世治事來講的。換言之，在平日涵養中保持平靜，氣澄慮清，應事處事，才不會慌張失措，亂了手腳。也才能如之前所談到的，可以抵禦名利色聲的誘惑：「夫事物之應，本於吾心。吾心之體，本自不睹不聞，微矣。夫不睹不聞者，虛也，鑒空衡平，感而遂通，尚何有自以為安而謬千里者耶？自以為安而謬千里者，非道理障，則格式障。」[35]如上節所引，不睹不聞起於小心翼翼，戒慎恐懼，觀照自身，才能看到最真實的自己，見惡與不正，見

---

32 〔明〕聶豹：《聶豹集》，頁570、571。

33 〔明〕聶豹：《聶豹集》，頁52。

34 〔明〕聶豹：《聶豹集》，頁110。

35 〔明〕聶豹：《聶豹集》，頁249。

道理障與格式障，然後改過遷善，滌除世俗的雜念，與爭奪殘賊的野心，回到不睹不聞的良知。從外在的喧嚷回到最靜謐的幽居，否定性的「不」因此成了最積極正面的肯定，成了生命的本原與本真，歸寂主靜，也因為內心的空明寂寞，放空忘執，才能夠「虛」，虛者，鑒空衡平，便能夠應對任何事情與世務，彷彿天下最複雜的事情，都不能置於最純真的良心之外，故感而遂通，天下事畢矣。

更重要的是，主靜歸寂，未發之中，除了去除私閑思雜慮、生命氣質之偏執之外，「致知云者，充滿吾虛靈本體之量，而不以一毫意欲自蔽，是謂先天之體，未發之中」，道德醇美，虛靈充滿，不以意欲自蔽。所以才能生發明哲睿智，這才是良知。以良知處世應世，待人接物，明於庶物，察於人倫，自然就不會惡障叢生。所以虛寂並不是枯槁，感應更非障妄，而是與天地萬物最真實的本質接觸，接觸到真實，也才能解決天下大事。聶豹理想中的唐虞三代之治便是如此：「蓋道心惟微，本虛寂也。虛而受，寂而感，後天奉天，何思何慮？曷嘗以虛寂為枯槁，以感應為障妄？自私自利，至於遺棄倫理而不顧，塗耳目而禍生靈，尚可復見唐虞三代之治哉？故欲復唐虞三代之治者，當求唐虞三代之學。學以存心焉，至矣。心，一也，以言乎體，寂然不動是也。寂然者，未發之中，千變萬化皆由此出，故曰『道心』名堂者，其殆有見於此乎？」[36]就聶豹看來，良知之說雖經陽明提出，顯然古已有之，故唐虞三代之治，溯其源流，仍是始於為政者之良知，未發之中的歸寂罷了。[37]

---

36 〔明〕聶豹：《聶豹集》，頁120-121。

37 良知為王陽明之說，在文獻有關的唐虞三代，當然很難證明為政者是否真有「良知」，聶豹對唐虞三代治世的言論，顯然有其「歷史性」的刻意解讀。所謂的「歷史性」解讀，根據黃俊傑的看法，是指解讀者因身處時代的歷史情境與歷史記憶，以及其思想系統所致，都會影響解讀者以自己的「歷史性」進入文本的思想世界。黃俊傑所言，雖是指經典與解經者而言，但與此處所講良知與三代之關係，實可互

　　正因為良知之要，在於歸寂主靜，可是歸寂絕非禪，陸象山、陳
白沙等儒者，被誣為禪，是因為學者粗疏，不能明辨所致。聶豹為陸
象山、陳白沙辯駁，說：「今之學者，不訊其端，而日有事于宋人之
助長，急於逃禪而安於義襲，矜持於念慮，揣摩於事變，依傍道理，
倚靠書冊，謂是為格致之實學，而凡用心於內，根究性體以先立乎
大者，率譁然目之為禪。象山之被誣，久矣，豈惟白沙之學為然
哉？」[38] 是故分判儒釋，儒入世，佛出世，只是果而不是因，重點在
於儒因歸寂而有經世之志，是感而遂通天下；釋則否，釋是「絕物」
的。因經世而入世，而格物致知；因絕物而出世，而識取本來面目，
兩者大有不同，這才是真正的原因：「佛氏致知在絕物，吾儒致知全
要格物。感而遂通天下之故，則意自誠，心自正，身自修，家齊國
治，而明德自明於天下，正與知止而能安靜安慮一條相發明。」[39] 格
物感而通天下，因絕物而離世棄塵，儒釋之分際，便在於此。

　　由於聶豹對良知經世的自信，所以他才大力批評擾天下者，不是
別人，多是世俗所謂的賢人才士。賢人才士固然有愛民之心，但不能
主靜歸寂，與民休息，本意或善，卻往往愛之適足以害之：[40]

　　昔人云：天下本無事，庸人擾之也。夫天下豈庸人之所能擾
　　哉？擾天下者，皆世之所謂賢人才士也。世所謂賢人才士者，
　　其自負也過高，而其疾世憤時也，亦已久矣。是故天下之事，
　　一有所屬，不盡解而更張之未已也，必盡解而更張之，於是乎

　　相發明。黃俊傑：《東亞儒學史的新視野》（臺北市：臺大出版中心，2006年），頁
　　46-48。

38　〔明〕聶豹：《聶豹集》，頁54。

39　〔明〕聶豹：《答張浮峰二首》，《聶豹集》，頁309。

40　〔明〕聶豹：《聶豹集》，頁76。

> 天下騷然多事，而民始有囂然喪其樂生之心者，皆世之賢人才
> 士為之也。……。思欲與民休息，非得夫安靜恬愉之士，未可
> 以語治也。

所以擾天下者，常常是我們稱讚的賢人才士，他們或許自負過高，又
或是憤世嫉俗，他朝權在手，往往更張過甚，變動過大，反而更易壞
事，忽略了與民休息的重要性，故安靜恬愉之士，歸攝於寂靜，常常
是較好的治世人才。

　　不過，在聶豹的思考中，歸寂並非經世的萬靈丹，還是需要有相
應的識見與才幹，《明史》本傳就說聶豹才幹不足：「當是時，西北邊
數遭寇，東南倭又起，羽書日數至。豹本無應變才，而大學士嵩與豹
鄉里，徐階亦入政府，故豹甚為帝（按：明世宗）所倚。久之，寇患
日棘，帝深以為憂。豹卒無所謀畫，條奏皆具文，帝漸知其短。」[41]
這個「無應變才」、「漸知其短」，其實是因為聶豹專長並不在於軍事
等事。應變將略，非其所長，之所以待問於旁，不過因為明世宗看重
寵任，所以願意殫心竭慮，回報君恩。可惜成效仍然不彰，他自承：
「時干戈競起，南倭北虜相煽為亂，折衝於尊俎，非予所長，而夙夜
焦劬，以求不負皇帝寵任之隆則區區犬馬之心也。」[42]所以良知並非
意謂著全能全才，還是需要相應的學習。聶豹當然明白學的重要，明
白治國需要通才，也需要專才的道理，否則他也不會說「折衝於尊
俎，非予所長。」

　　可是聶豹雖短於軍事應變，但是吏治一事，卻頗有古愛循吏之
風，愛民如子，治蹟為人所稱道，如稽查馬政，疏陳積弊，巡按福

41　《明史》（北京市：中華書局，2003年），頁5337。

42　〔明〕聶豹：《養靜樓記》，《聶豹集》，頁141。

建，奏罷鎮太監守趙誠。又奏革市舶，彈劾貪瀆，傳記說他是「立法
行政，自其身始。首革積胥宿猾侮法剝民之弊，查追私侵蠲征銀一萬
八千兩有奇，以補民間積逋，上下稱快。浚築水利，清理餘田，以補
民間地荒，在邑三年，積穀至二十萬石，復業民至三千餘戶。」[43]可見
其才幹所在。

當然，若不能把握住良知，不能「立吾之大本」，則容易流入世
俗所謂「賢人才士」的困境，為學貪多，非但無益，自以為經世，反
而有害。何良俊曾與聶豹有如下對話：[44]

> 冬到都，首謁雙江先生。先生問別來二十年做得甚麼功夫？余
> 對以二十年惟閉門讀書，雖二十一代全史亦皆涉獵兩遍。先生
> 云：汝吳下士人，凡有資質者，皆把精神費在這箇上。蓋先生
> 方談心性而黜記誦之學故也。余口雖不言，心甚不然之。蓋經
> 術所以經世務，而諸史以載歷代行事之跡。故六經如醫家素
> 難，而諸史則其藥案也。……。苟師心自用，縱養得虛靜，何
> 能事事曲當哉？

何良俊極為博學，尤重經、史，他所言及虛寂之弊病，確有可能發
生。不過聶豹也非他所言，不重典章儀式名物度數，[45]亦非師心自

43　《聶貞襄公傳》，《聶豹集》，頁625-626。

44　〔明〕何良俊：《四友齋叢說》（北京市：中華書局，1997年），頁43。

45　聶豹後來委請何良俊修兵部條例，最後事或許未成，卻已說明聶豹對典章儀式名物
　　度數，並未疏忽：「雙江先生在兵部時，嘗欲托某修兵部條例。蓋我朝不設丞相，
　　而朝廷之事皆分布六部，凡歷朝大典章大刑政，但取六部陳年案牘查之，事事皆
　　在。若將六部案牘中有關於政體者一一錄出，修為一書，則累朝之事更無遺漏
　　矣。……雙江此舉可謂極善。會余補官留都，刻日南下，遂不克就。余歸後，雙江
　　尚在部中五、六年，不知曾有人與之了此一事否？」〔明〕何良俊：《四友齋叢
　　說》，頁49。

用，誤投藥劑，否則聶豹任內政績何來？又怎可能受人稱道？何良俊
說：「蓋先生方談心性而黜記誦之學故也」，確如其言，可是黜記誦之
學，正是由於聶豹以歸寂說良知，看重經世的緣故，畢竟聶豹對何良
俊的批評，其實就是顧慮何良俊貪多，為學未定宗旨，不能像他講良
知一樣，以歸寂主靜為得。結果本末倒置，甚而捨本逐末，正如前所
引文「擾天下者，皆世之所謂賢人才士也」，擔心何良俊也落此境
況，聶豹正是這種擔憂的感嘆。可是「立吾之大本」，卻不代表其它
相對性的「小」是不重要的，更非不重視世務經術，否則聶豹又何必
勤勉學子以「發而為功業也」？

四　回歸政治的初衷

　　在聶豹的想法裡，複雜的政治，是可以藉由良知的歸寂主靜來對
治的。這麼說不是否定事務的複雜性與專業性，只是政治乃眾人之
事，這就牽涉到公利與私利、私己欲望與公眾利益的出發點。甚至是
政治世界中，大大小小的各種集團──為政者常掛在口中的「民」，
究竟是以誰為主的民？究竟「眾人」之「人」，是既得利益者與集團
中的自己人？還是千千萬萬的老百姓（當然，老百姓仍可再細分）？
是直面生民的苦痛，愛民如子？還是為自己的權力私欲著想？「凡學
術之壞，皆由心術之偽」，[46]學與仕，本不可分，聶豹的良知說，正是
希望在權力貪欲的現象中，回歸最純粹的初衷──苦民所苦，知民
所需。

　　本文的研究，意在指出，身為宋明理學家一份子的聶豹，以傳揚
陽明良知說為職志。良知說在聶豹手裡，特別著重在歸寂，其說雖與

46　〔明〕聶豹：《聶豹集》，頁607。

王陽明有別，可是如果就學術思想分化的立場來看，毋寧也是極為正常的現象。只是聶豹的良知說，與王陽明百死千難中得來一樣，或許領悟的機緣與環境不同，可是聶豹的歸寂主靜，也是企圖尋找修身養性之道，在複雜紛紜的政局與人世中，安頓身心，提供更多的心靈空間來面對外在的環境。

　　而際遇有窮通之別，窮則獨善其身，達則兼善天下，若時運有濟，遇上才能得以發揮的時刻，得君行道，自也不應該放過，所以良知說本來就有經世的一面，得志與民由之，儒者之致用，本該如此。正如他在《夜坐有感示諸生六首》所寫：「良知端的是吾師，跬步誰知遠在茲」、「良心寂處神參贊，一念誠之致治平」，[47]以歸寂說良知，安身立命，修齊治平，胸懷天下，正是聶豹情懷所在。故談論聶豹的良知之學，也應該多注意他的經世立場，畢竟良知與經世，也正是聶豹思想中的重要成分，不可忽略。

---

47 〔明〕聶豹：《聶豹集》，頁110。

學儒乃能知佛：袁宗道生死觀的信仰分析

一 前言

　　袁宗道（1560-1600），字伯修，號石浦，公安縣長安里人。袁家本姓元，先祖由黃州移籍公安。根據小修〈石浦先生傳〉的記載，他們的曾祖父袁瑛，以武勇聞名於鄉里，明武宗正德年間，群盜橫行，袁瑛組織鄉間自衛隊抵抗，盜賊因此不敢入境。縣令得知此事，命他緝捕盜匪，後來有數百名盜賊趁機突襲，袁瑛帶領隊伍，雙方血戰於雙田，袁瑛盡殲之，水為之赤。[1] 袁瑛之子袁大化，雖不如父親武勇，但謙謙退讓君子之風，則遠過之，造橋鋪路、樂善好施，也是極有聲望的人物。大化之子袁士瑜，便是伯修等三兄弟的父親，袁士瑜少有文才，只是中了秀才之後，屢試不第，[2] 後來娶了河南布政史龔大器的女兒，他的三個兒子也相繼考上科舉。從此之後，袁家才開始走向了仕宦階層。

　　袁氏三兄弟自幼皆受良好教育。其中伯修十歲能詩，十二歲入縣學，十九、二十歲成為舉人，其間雖曾落榜，略經波折。經父親勸說

1　〔明〕袁中道：〈石浦先生傳〉，《珂雪齋集》（上海市：上海古籍出版社，2007年），頁707。

2　《公安縣志》：「袁士瑜，號七澤，年十五即童子試，為諸生，食廩糈，場屋屢躓，未嘗有沮色。」〔清〕周承弼等編修：《公安縣志》（臺北市：臺灣學生書局，1969年），頁747。

之後，萬曆十四年（1586）又再赴京，結果中會試第一人，二十七歲進士及第，入讀中秘書。舉業順利，鄉人皆以其為榮。可是在順遂風光的背後，卻充滿了許多迂迴曲折、矛盾衝突的人生歷程，每當喜慶傳來，憂患亦起。小修說世人皆知伯修少年得意，卻不知伯修實苦。這種苦，是福禍相倚、憂喜相生的痛苦，成功來得太快，悲劇卻又猝不及防，伯修十二歲入鄉校，不數年生母龔氏亡卒；十九歲薦鄉書，二十歲得秀才，之後卻大病致身，糾纏連年，萬死一生，病體稍復，妻子卻又逝世，留下兩兒一女，嗷嗷待哺；二十七歲中會試，幾年後兩個兒子又相繼而亡；三十六歲致位宮坊，三十八歲充東宮講官，正式官名為右春坊右庶子，正五品，就在仕途看好，宦途正盛之際，伯修唯一的女兒卻死於難產。連年的噩耗，生死倏忽，伯修悲苦已極，他在給母舅的信中說：「甥止有一女耳，且極慧，父母視之，何翅掌珠。而今一旦委諸塵土矣，傷哉！甥一生遭際，與吾母舅無不似者，似舅即賢甥，亦何必如此似耶！」[3]對此，小修不無感慨地說：「外之所謂榮者，浮名也；兄（芝慶按：指伯修）之所自受者，實憂也。浮名顯而實憂暗，故人皆謂兄之處亨，而不知其不盡然也。功德天，黑暗女，半步肯相離哉！」[4]人世無常，福禍難料，外在的

3　〔明〕袁宗道：〈母舅遜亭先生〉，《白蘇齋類集》（上海市：上海古籍出版社，1989年），頁218-219。

4　〔明〕袁中道：〈告伯修文〉，《珂雪齋集》，頁788。關於功德天與黑暗（闇）女，在《大般涅槃經》便有記載：「是女端正顏貌瓌麗，以好瓔珞莊嚴其身，主人見已即便問言：『汝字何等繫屬於誰？』女人答言：『我身即是功德大天。』主人問言：『汝所至處為何所作？』女人答言：『我所至處與種種金銀琉璃頗梨真珠珊瑚虎珀車𤦲馬瑙象馬車乘奴婢僕使。』主人聞已心生歡喜，踴躍無量，我今福德，故令汝來至我舍宅，即便燒香散花供養恭敬禮拜。復於門外更見一女，其形醜陋衣裳弊壞，多諸垢膩，皮膚皴裂，其色艾白，見已問言：『汝字何等繫屬誰家？』女人答言：『我字黑闇』，復問：『何故名為黑闇？』女人答言：『我所行處能令其家所有財寶一切衰耗。』主人聞已即持利刀作，如是言：『汝若不去當斷汝命。』女人答言。汝甚愚癡，無有智慧。』主人問言：『何故名我癡無智慧？』女人答言：『汝舍

榮名，世故的倦態，包裹了滿滿的憂傷，生命不諧，迷惘悵然，故語多哀惋也。

　　一方面，是事業順利，功名得意；另方面，卻又面臨親人死別，悲痛難抑，這就促使早慧聰明的伯修真切地思考生命的本質：死亡是什麼？活著又有什麼意義？對於那些死去的人，我們確實地生活著，若然如此，在生與死之間，又該如何自處？生命無常，有太多的意外與限制，伯修親行親證，嚐遍了聚散離合，月隔而幽明頓異，夕隔而悲歡倏變，痛疾哀苦，亡失憂聚；歷經了悲歡交錯，淚痕斑駁，突起突落，泡沫風燈，轉益自憐。正因為有此經歷，所以伯修的生命感受更顯得深刻、真摯，說生論死，亦非只是口頭三昧、遊戲文字而已。他稱讚他的朋友李長庚（孟白）[5]既聰明，又真實，並說：「凡人聰明者，多欠真實。」聰明者容易看輕天下事，以己度測，過度自信，不免口若懸河，結果紙上談兵、玩弄風景，與自身不類，說得愈多，反而離生命愈遠：「說得天花沒膝，恐亦與本分事不相干涉也。」[6]伯修又在另一封信中，規勸友人不要再漫談無根，失去自家性命：「奉勸吾兄，不如且撥置此事，作些有用生涯。到處努眼張牙，浩浩談說，博得學道之名，招得泥犁之實，則何益矣。」[7]「泥犁」，或作「泥

中者即是我姊。我常與姊進止共俱。汝若驅我亦當驅彼。』主人還入問功德天：『外有一女，云是汝妹，實為是不？』功德天言：『實是我妹，我與此妹行住共俱未曾相離，隨所住處，我常作好彼常作惡；我常利益彼常作衰。若愛我者亦應愛彼，若見恭敬亦應敬彼。』意即福禍利弊不相離，有善便有惡，難分難捨。「黑暗女」也有（害怕）死亡的涵義，《華嚴七字經題法界觀三十門頌》：「黑暗女，喻人之怖死也」，小修此處以功德天、黑暗女為說，當然也包括了伯修兒女逝世的意思。二書分別收入《大正藏》，第12、45冊（臺北市：新文豐出版公司，1983-1988年），頁434C與頁697C。

5　李長庚，字酉卿，麻城人，後孟白，萬曆二十三年進士，《明史》有傳。

6　〔明〕袁宗道：〈梅開府〉，《白蘇齋類集》，頁218。

7　〔明〕袁宗道：〈答友人〉，《白蘇齋類集》，頁227。

黎」，梵語，是指地獄的意思。浩談漫說，卻無深切認知，在外或許
可能博得學道的名聲，究其實裡，則根基浮淺，體驗不深，對自家性
命實有大礙。[8]在〈答汪提學靜峰〉一信中，他也批評「宦學犖犖，
品望日重」的汪可受（字以虛，號靜峰），「今復得手教，名言滿紙，
益修密行，不被人覷破，尤是妙語。」[9]譽為妙語，似是美言，實足
不然。因為他認為對方話得渾涵，看來圓融周轉，可是若真要修密
行，就必須身、口、意三方面皆須互相呼應。每持一咒，用手結印，
是為身密；口誦咒文，句句清楚，條理分明，則是口密；每唸一咒，
都能觀想菩薩，便是意密。若能三密相應，修持行者就能不起妄念，
澄清心識。可是伯修認為汪靜峰尚無此體知境界，說得再多，「兄意
不過欲遮護得十分完好，此於作官及應酬世人甚妥，打發生死，尚覺
未穩。」[10]修行學道，超脫世俗，結果一間未達，只落成「此於作官
及應酬世人甚妥」，意在遮護己欲、合理化自己的行為，這種人只能
說是聰明，但不真實。由此可見，既聰明，又真實，固然是伯修對他
人的讚嘆，又何嘗不是說自己？畢竟就伯修看來，也唯有同一類人，
涸澤之魚，才能相濡以沫，共學適道，他曾說他與三四朋友，數日輒
會，會時「惟以生死事大，無常迅速，自警警人。警省一番，精進一

---

8 伯修給李贄的信中，也談到近世學佛學道人，口說為了澈性命，實際上卻是籌計家
私，百般計算；又或只是堆積一肚子佛法，鑽研故紙，這些人當然是學道無分，難
以通悟生死的。偏偏這種人又極多，故怕死友難尋，也是無可奈何之事：「今世學
人，其上者堆積一肚佛法，包裡沉重，還嫌禪學疎淺，鑽研故紙不休。此等人正是
為有，何曾為空乎？又有一種口裏說我學禪學道，其實昏昏兀兀，接客之暇，籌計
家私；飽飯之後，算量資俸。三乘十二分教，一字不看，一千七百則公案，一語未
聞。若此種人，晦昧則盡晦昧矣，但是晦昧為有，不是晦昧為空耳。茫茫宇宙，覓
一晦昧為空者，且不易得，而況絕學無為者哉！」〔明〕袁宗道：〈李卓吾〉，《白蘇
齋類集》，頁210-211。

9 〔明〕袁宗道：〈答汪提學靜峰〉，《白蘇齋類集》，頁203、204。

10 〔明〕袁宗道：〈答汪提學靜峰〉，《白蘇齋類集》，頁203。

番，此近日功課也」，可惜會中諸友，有資性聰慧者，亦有發心真實者，但兩者往往只能得一，「大抵不能相兼」，[11]死生事大，真能深入其中，既聰明，又真實者，有資性聰慧者，亦有發心真實，兩者兼具，體知深厚者，實在甚少，也讓伯修感嘆不已。

「本分事」、「作些有用生涯」，講的就是自家生命問題，可是人生問題這麼多，伯修念茲在茲的，又是哪個部分呢？在上述引文裡，伯修已經明確地告訴我們答案了——「惟以生死事大」、「打發生死」。他最關心的，就是生死問題，這也正是伯修一心參究的性命之學。

二 道緣漸熟俗緣輕：伯修的學道歷程

伯修二十歲中舉，隔年（萬曆八年，1580）與舅舅龔仲敏（字惟學）赴京，同年落第歸家之後，益讀先秦兩漢之書，對於當時流行的李攀龍、王世貞詩風，更能模仿形肖，再者詩酒風流，夜以繼日，結果「踰年，抱奇病，病幾死」。這時有道人教伯修靜坐息心、呼吸運氣之法，伯修按法修煉，似乎頗有效用，於是「始閉門鼻觀，棄去文字障，遍閱養生家言。是時海內有譚（芝慶按：談）沖舉之事者，先生欣然信之，謂神仙可坐而得也。」「沖舉」就是飛升成仙之道，伯修專修此道之後，頗有奇遇，更讓他深信此法，[12]後來高中進士，與同年汪可受，同館王圖、蕭雲舉、吳用賓等人，皆有志於養生之學，這時又習得林兆恩艮背行庭之旨。[13]己丑年（萬曆十七年，1589）之

---

11 〔明〕袁宗道：〈李宏甫〉，《白蘇齋類集》，頁223。

12 中郎就說伯修：「少日念歡場，鳴泉奔渴驥。一臥三年菌，肌消如寒蝟。從茲稍譚仙，習靜學觀鼻。朝坐一絲香，暮禪半幅被。闔門杜色聲，精神轉強銳。」〔明〕袁宏道：〈途中懷大兄詩〉，《袁宏道集校箋》，頁871。

13 伯修等人追奉林兆恩，在當時引起頗大的迴響。許多賢達勝流，皆爭奉之。可參賈宗普：《公安派文學思想研究》，頁166。附帶一提，伯修在自萬曆十四年（1586）

後，伯修又相繼結識焦竑、深有和尚、李贄等人，他們或儒或佛，開啟伯修眼界甚多，因此小修說伯修「研精性命，不復談長生事矣」，後又復讀孔孟諸書，更知至寶原在家內，不必一味外求，於是以禪詮儒，更知兩家合一之說。[14]

伯修在病痛纏身數年之後，先習靜坐，又遍閱養生家言，亦曾對沖舉之說深信不疑，而在他接觸在林兆恩更具體、更細膩的說法之後，似乎又讓他打開了眼界，以致於勤下工夫，修行不輟，小修便說他：「先生勤而行焉」。即便如此，伯修日後離此道卻愈漸行漸遠。當然不是說艮背法對伯修無效，畢竟原因仍在伯修修道歷程的變化，他對生死恐怖有了更不同的理解，相較當年修習艮背法時候的想法，如今已有轉折。反過來講，在修煉功法上，伯修與艮背行庭法固然是漸行漸遠，但義理上受其啟發甚大。可以這麼說，有了這些認知，當他結識焦竑、深有、李贄等人，發現他們所論，與自己之前所習似有同處，但相異亦多。而對他個人的體會來講，儒釋所言，卻又幫助更大。可是因為已有之前的學習經歷，因此他以同處入手，更深入去理解相異的地方，發現原來儒釋更吸引他，與他的生命感受更為契合。[15]因此，林兆恩艮背法固然替伯修開了一片天地，但伯修並未就

會試第一，成為會元之後，名播海內，授官翰林，成為掌文壇的重要人物之一，再加上時盛行的禪悅與養生之風，伯修與同年同館的唐文獻、王圖、蕭雲舉、吳用賓等人，志同道合，彼此共修養生、吟詩論藝，也代表了在京師已形成以翰林為中心的新型文人群體。何宗美：《文人結社與明代文學的演進（上）》（北京市：人民出版社，2011年），頁388。

14 〔明〕袁中道：〈石浦先生傳〉，《珂雪齋集》，頁708。

15 當然這也與林兆恩融用三教的內涵有關。何善蒙認為林兆恩是以心學為基礎，以儒家綱常人倫立本，以道教修身煉性為入門，以佛教虛空本體為極則，以世間法與出世間法一體化為處世原則，融用諸方，養生修道。而道為一，分為三教，反過來說，就是三教一致，皆可通於道，又以歸儒宗孔的方式，融用佛道，完成自己的學說理路。何善蒙：《三一教研究》（杭州市：浙江大學出版社，2011年），第八章、

此專研下去，他順著這樣的啟發，走著走著，竟然離艮背法愈來愈遠，對於性命見解卻愈來愈篤定，對於生死恐怖的探索，著重亦深，體驗亦切。終於，就他自己看來，「道緣漸熟俗緣輕」，他似乎已走出一條屬於他自己的生命道路——這樣的體悟，部分原因則來自於其他的學友。

小修在〈石浦先生傳〉曾說過，伯修修習艮背法之後，在己丑年（萬曆十七年，1589）問學於焦竑、瞿汝稷，「共引以頓悟之旨」。據小修所言，除焦竑、以及「博學無所不窺，尤邃於內典，一時推為多聞總持」[16]的瞿汝稷之外，又有李贄高足深有，他們數以見性之說啟發伯修，於是伯修遍閱大慧宗杲、中峯明本語錄，「讀參求之訣」，伯修「久之，稍有所豁。先生於是精研性命，不復談長生事矣。」[17]伯修之所以不再勤行林兆恩艮背法，便是這段經歷的緣故。

三　良知的真實，因緣的虛妄

前已言之，關於靜坐，伯修曾親涉此道，並且頗有成效，靜坐愈久，體氣愈充。只是他後來卻反對一味地靜坐，認為靜坐若只是強調閉目默坐，每當念起則須放下，那不過是「昏沉」而已，無益於道。伯修轉變的原因，自然是因為初入翰林時，接觸艮背之說所致。不過他思想轉變之後，反對靜坐的方法，自然不會再是林兆恩的教法，而是佛教的看話禪的疑情工夫。所以他在談靜坐時，接著便說：[18]

第九章。我們可以說，有了這層緣故，伯修也可能藉由林兆恩之法，接觸三教思想，其後深入佛儒本身，再回歸到個人的生命思考，促進伯修對性命生死的理解。

16　（清）錢謙益：《列朝詩集小傳》，頁628。

17　〔明〕袁中道：〈石浦先生傳〉，《珂雪齋集》，頁709。

18　〔明〕袁宗道：〈說書類〉，《白蘇齋類集》，頁251。

（靜坐）今之學此者，亦不少也，曷自反曰：「是誰克伐？是
誰怨欲？」則覓克乏怨欲了不可得，更欲教誰不行耶？

「是誰克伐？是誰怨欲？」中的「是誰」。這種思維模式，出自於看話
禪中的疑情工夫，是一種反問自省的不斷追索。看話禪出自北宋大慧
宗杲，所謂的「看話禪」（或稱「話頭禪」、「看話頭」），主張從禪門公
案中，在當時人物對話與相處的情境裡，拈出某些對話或言行，作為
「話頭」。然後參究話頭，以醒真心，藉此掃蕩世俗的偏解思量，得到
真正的禪悟。例如大慧宗杲舉出「狗也無佛性」，這則公案出自趙州從
諗禪師。大慧宗杲要參禪者注意裡頭的「無」字，以此說明主客雙
泯，相對亦不存，甚至人法俱忘的境界層次。而參話頭時，最重要的
是質疑，千疑萬疑，要在話頭疑破，此則為「疑情」：「千疑萬疑，只
是一疑。話頭上疑破，則千疑萬疑一時破。話頭不破，則且就上面與
之廝厓。若棄了話頭，卻去別文字上起疑、經教上起疑、古人公案上
起疑、日月塵勞中起疑，皆是邪魔眷屬。」[19]疑話頭、參話頭，在話頭
上疑破，正可由此觀。而參究念佛，即是以看話頭的方式（參究是指
參話頭），將疑情工夫中的「念佛者誰」與淨土念佛結合，在持名（稱
名）念佛的過程中，[20]反省自覺，醒悟本心。正如陳永革所言，晚明居

---

19 楊惠南：《禪史與禪思》（臺北市：東大圖書公司，1995年），頁172-175。
20 雲棲袾宏曾解釋四種念佛方法，分別是持名、觀像、觀想、實相：「四種如前序中
　說：一稱名，二觀像，三觀想，四實相。稱名者，即今經（芝慶按：《阿彌陀
　經》）；觀像者，謂設立尊像，注目觀瞻，如《法華》云：「起立合掌，一心觀佛，
　即觀相好光明現在之佛也。」若優填王，以栴檀作世尊像，即觀泥木金銅鑄造之佛
　也，故云觀像；觀想者，謂以我心目，想彼如來，即《觀佛三昧經》、《十六觀經》
　所說是也；實相者，即念自性天真之佛，無生滅有空能所等相，亦復離言說相，離
　名字相，離心緣相，是名實相，所謂我欲見極樂世界阿彌陀佛，隨意即見是也。」
　關於持名念佛的定義與解釋，可參印順：《淨土與禪》，頁57-64。

士佛教，如伯修、中郎等人，他們的淨土思想都是自力與他力結合，[21]以自力證本心，以念佛皈依佛祖，歸於西方極樂世界。

自力他力的結合，當然是伯修等人的主張。可知念佛也好、參禪也罷，重在擺脫外在境況，遣名蕩相，避免「見境生心，觸途成滯，浮解實情」的狀況。一般來說，中國佛教修悟的心，即是肯定自覺的自宰，因此包含成佛的「佛性」、「真如」、「法性」。但此心未悟前，業力流轉、塵世名色，彼此互相依存，此有此生，都是緣起合和所致。[22]若依呂澂的說法，中國佛教對心的理論，可分兩種，一是性覺說，即人的本心本是明覺，出生以後受到習氣障蔽，從明變為無明，對治之道即是回歸本心本覺；二是性寂說，即心性本清淨，但本淨不等於本覺，就好像明鏡照物，不能說鏡就是物，更不可能從明鏡所照中覺悟此心，因為明鏡不等於真知本淨。而要從不覺到覺，從無明到明，成佛必須經過對治「所知障」與「煩惱障」的「轉依」過程。[23]反過來講，這個造成天地宇宙生滅的「識」（或稱阿賴耶識、阿梨耶識），佛經有時也以「心」涵括之，[24]因此心是構成有情生命的重要因

---

21 陳永革：《晚明佛教思想研究》，頁236。

22 馬定波：《中國佛教心性說之研究》（臺北市：正中書局，1980年），頁401-402。印順：《佛法概論》（新竹縣：正聞出版社，2003），頁147-151。

23 呂澂的第一種說法，事實上正是熊十力所持，但呂澂認為這是錯誤的，熊、呂二人對此曾有不少爭論筆戰，本文不擬判斷這此論爭是非，只是藉呂澂的觀察，指出兩種常見的說法。關於二人的觀點，可參林鎮國：〈「批判佛教」思潮〉，收於氏著：《空性與現代性：從京都學派、新儒家到多音的佛教詮釋學》（臺北市：立緒文化事業公司，1999年），頁28-32。

24 以唯識學的角度來講，蓋可略分為三種。地論宗認為阿賴耶識為真常淨識、為真心，具有覺悟之能；攝論宗則在八識之外，另立第九識阿摩羅識，以轉其它八識；《大乘起信論》則視阿賴耶識為染淨相依，未覺時為阿賴耶識，已覺則為清淨如來藏識，即所謂一心開二門，由心生滅門轉入心真如門。以上各家說法或有不同，但就體心明道，達理澈悟此點來講，各家並無差異。可參韓廷傑：《唯識學概論》（臺北市：文津出版社，1994年），頁87-88、116-117、223。印順：《大乘起信論講記》

素，有情世間，彼此輾轉相依，這就是因緣論，正如印順所說：「以有情為中心，論到自他、心境、物我的佛法，唯一的特色，是因緣論。」「因緣是有雜染的，清淨的，雜染的因緣，即緣起法。緣起法的定義，是『此有故彼有，此生故彼生』，說明依待而存在的法則。他的內容，是『謂無明緣行，行緣識，識緣名色，名色緣六處，六處緣觸，觸緣受，受緣愛，愛緣取，取緣有，有緣生，生緣老病死』。」[25]十二因緣，因果相續，流轉生死輪迴中，它所代表的，正是一種緣起的世界觀。故佛教認為萬法萬物皆源於心（有時亦稱識），是含攝世界的所在，並希望藉由靈明人心，對治所障，以破除塵世之虛妄，萬物（包括天）是空而非實。[26]當然，「心」也是不可執著的，既是無住無念，[27]就要經由不斷地否定以通向「空」（空也是不可執的，所以又有真空與太虛空、假空之分），又或是主張當下的不捨不取，所以「心」其實也是方便說法而已。因此中晚唐以後的禪宗亦由「即心即佛」，走向「非心非佛」，但即心也好、非心也罷，「空」的觀念是相通的。[28]所以佛禪基本上是一種緣起的立場，認為萬般事物

（新竹市：正聞出版社，2004年），頁60-64。關於「識」的定義，當然很複雜，此處只以緣起觀來講，只能重其一而略其餘。例如在世親《俱舍論》中，識與智都是認知的同義詞，被理解為「了知」；此外，在唯識學八識四智中，八識必須轉化為五智，前五識轉化為成所作智，意識智轉為妙觀察智，末那識轉為平等性智，阿賴耶識轉為大圓境智……，都可見「識」的不同定義與解釋。可參林鎮國：〈天台止觀與智的現象學〉，收入氏著：《空性與方法：跨文化佛教哲學十四論》，頁173-174。

25 印順：《佛法概論》，頁137、147。

26 陳弱水：《唐代文士與中國思想轉型》（桂林市：廣西師範大學出版社，2009年），頁352-353。

27 無住無念，即是超越對偶性的範疇，諸如有／無、善／惡、美／醜、有邊際／無邊際。

28 葛兆光：《中國禪思想史——從六世紀到九世紀》（北京市：北京大學出版社，2006年），頁328。鄧克銘就禪宗的立場便指出，雖然心的地位極為重要，但過分強調心

皆非實有，也非孤立地存在。[29]就在這樣的緣起架構中，伯修深契此說，不過最特別的地方，他卻是以良知的立場結合佛教的緣起觀。關於伯修談及緣起的言論如下：[30]

> 即今耳目聞見是虛假，心意搏量是虛假，擬心去妄存誠亦是虛假。蓋此箇都是仗境託物而生，境物非常住，此箇安得無間斷。彼必曰：「我也耳目口鼻而為人，我有能見聞覺知而為人。」不知此等皆因緣而合，緣盡而散，畢竟祇同於龜毛兔角耳。此即從緣生，即是有對待的。心生虛空，虛空立世界。……而人乃取物交物之影相，誤認為心。

因緣所生法，包括我們的五官感覺在內，宇宙萬物都是緣起相生，因緣而合，彼出於是，是亦因彼。可是緣起法是因果相生、因緣交際的，並非永恆，而是變動不居，難以抓牢的，所以伯修才說：「蓋此箇都是仗境託物而生」、「此等皆因緣而合，緣盡而散」，眼所觀、耳所聽、鼻所嗅、口所說，不論是自己或是對象，都是仗境託物、見聞覺知，卻是「境物非常住」、「緣盡而散」，人固然因見聞覺知而為人，但不可以取物的外在色相，誤認是由心所發的真實，[31]因此對於

之把握，念念於吾人意識中的心，則心往往可能落入虛構或人為概念化的危險。禪宗在教學上常有非常手段，正是為了破除吾人留念光景，誤以為掌握了心的錯覺，目的便在於破除與避免陷入虛構的想像世界中。鄧克銘：《華嚴思想之心與法界》（臺北市：文津出版社，1997年），頁120-121，收入本書。

29 就這點來講，佛禪並無太大差異，詳見劉芝慶：〈北宋理學「天人之道」溯源：以唐中葉「氣、天、易」為線索〉，《思與言：人文與社會科學雜誌》第48卷第4期（2010年12月），頁168-169、182-185。

30 〔明〕袁宗道：〈雜說類〉，《白蘇齋類集》，頁264、258、278。

31 《鎮州臨濟慧照禪師語錄》就說：「心法無形通貫十方，在眼曰見，在耳曰聞，在鼻嗅香，在口談論，在手執捉，在足運奔。本是一精明，分為六和合。一心既無，

世俗塵囂、外在世界這些「物交物之影相」，也應該有所警覺。

更進一步來講，伯修參話頭工夫，一方面要「疑」起外面事物的短暫性、片刻性，體會因緣而合，緣盡而散道理。可是光疑外相還不夠，另方面還要懷疑到自己身上才可以，「念佛者誰」——是誰念佛？為什麼是「我」念佛？「我」念佛，是為了什麼？藉由不斷地反問，層層推進，自我懷疑，最終推向「無」，即所謂的「虛空」之意。例如趙州從諗禪師「狗也無佛性」的公案，大慧宗杲要人參究「無」字，就是要人不要只將「無」解釋成「有」、「沒有」的描述義或數量義，而是該注重「無」的境界義，伯修說他在「無」字上參工夫，亦類乎此，故云：「古人云：『千疑萬疑，只是『疑』。』又云：『制心一處，無事不辦。』弟近來亦止向無字上做工夫，些小光景，見解都不認着，只以悟為則。」[32]

這個「無」，雖然伯修也像佛禪一樣，從緣起的觀點談起，說是「父母未生前」、「本地風光」。[33]可是伯修講這些，並不是以如來藏的真常唯心來說。[34]就真常唯心看來，如來藏（妙明真心）能生萬法，卻又不住不染。畢竟相[35]通過因緣而呈現，雖是空而非實（只是人們

隨處解脫。」就文中看來，一心既無，隨處解脫，可見緣起的世界觀，有待修行者的覺悟；反過來講，從心法而通貫十方，從自己的眼耳鼻口手足，但感官所牽涉的對象，攀附拉扯，因緣相生，由一精明而分為六合，亦可見萬物幻化的形成。〔唐〕慧然集：《鎮州臨濟慧照禪師語錄》，收入《大正藏》第47冊（臺北市：新文豐出版公司，1983-1988年），頁497A。

32 〔明〕袁宗道：〈答陶石簣〉，《白蘇齋類集》，頁223-224。

33 「若父母未生前，也無眼耳，也無身，也無舌，也無色聲味觸」、「所謂本地風光，實泊然無可欲也。」〔明〕袁宗道：〈答陶石簣〉，《白蘇齋類集》，頁258、280。

34 印順法師曾指出，中國盛行的天台、華嚴、禪、淨各宗，皆屬真常一系。印順：《無諍之辯》，（新竹縣：正聞出版社，1985年），頁171-174。

35 相，即是客觀存有物的表象。若依《解深密經》的三自性（三性論）來說明，三自性就在於批判、並考察這種「相」的性質與來源。初期大乘瑜伽行派認為，與「名」相應之「相」，產生於因緣條件中（因緣所生），這是相的依據（ground），稱

常常誤將表象視為實相），可是天地宇宙又因緣而有，因為各種條件
的相互依存所以處在變化之中，此即色相，又可稱為假有，是故色即
是空，空即是色，兩者乃是不離不雜的關係。更進一步來講，山河大
地，又或是色身諸相，皆是妙明真心所現；逆推回去，真心既生萬
物，則由萬物回溯，皆可源於此妙明之心。「真心」，正是佛禪所謂的
「真空」、「本地風光」、「清淨本原」。心生萬物，本地風光展於山河
大地，這就是「生化」，是以萬物因緣相起，所以「空」才更顯得重
要，此即「真空」。[36]伯修卻非如此，他雖也使用這類的名詞，不過是
為了說明萬物緣起的虛妄、虛相而已，名詞的引用，不代表內涵的認
定是一致的。因為更多時候，他其實是用良知來講緣起的，像是他以
〈大學〉的明德來解釋良知，德就是明，明德，就是自明，不必如鏡
欲自照，眼欲自見一般，以明再求於明。若然如此，「明明德」又該
何解？他認為這是「蓋不欲人直下識取云爾，故後面釋曰：『皆自
明』也。第玩『自』字便見，不落情量，全體顯現，非假一毫功力
也。」[37]就跟「明德」一樣，良知也是自明的，是自然而然、是全體

為「依他起相」，具體內容則是由十二因緣來表示。可見林鎮國：〈解釋與解脫：論
《解深密經》的詮釋學性格〉，收入氏著：《空性與方法：跨文化佛教哲學十四
論》，頁42。

36 值得注意的是，晚明如李贄等人，他們談真常唯心，雖以「真常」為主，卻主張連
心都要質疑、都要破除，他們這樣的講法是要避免世人執著於「空」，枉費精神。
關於李贄如何看待真常唯心說，可參江燦騰：〈李卓吾的生平與佛教思想〉，收入氏
著：《明清民國佛教思想史論》，頁209-218。劉芝慶：〈李贄的生死之學〉，《新世紀
宗教研究》10-1期，頁112-121。當然李贄並非全以真常唯心說為主，他與心學、佛
學的關係，牽涉頗為複雜。一般來說，李贄融合真常唯心與陽明良知學的思想來理
解生死，他談生死，既注重身體的感受（如病痛、塵世的羈絆），但也注重精神的
超脫（如他講「聖人不死」），可參左東嶺：《王學與中晚明士人心態》，頁546-565。
黃繼立：《「身體」與「工夫」：明代儒學身體觀類型研究》（臺北市：國立臺灣大學
中國文學研究所博士論文，2010），第五章。

37 〔明〕袁宗道：〈說書類〉，《白蘇齋類集》，頁238。

顯現，非造作，非藉力，不落情量，不遮兩邊，不入私意。他更說良知是「吾人良知，本無不知，不可以知更求於知」，[38]良知本就是天理之知，不必在知外更求知。這樣的良知，是「善惡兩邊俱不依是何境」，即所謂「至善」。[39]「至善」與「善」、「惡」並非同個層次，就後者來說，有善有惡是道德的，是人倫世界中的善與惡；就前者來看，「至善」是圓融成熟、充盈完滿的境界義，既不落善惡兩邊，亦不非此即彼，不依何境。那麼，要如何能至善？則在「止」，息機忘見，就能止於至善，知止便是格物致知，所致之知乃良知，又謂明德。良知本知、本誠、自明、至善，就像〈中庸〉所謂「不睹不聞」、「無聲無臭」、「天命之性」、「未發之中」，也像佛教講的「知之一字，眾妙之門」：[40]

> 蓋此知本誠，不必別用功求誠也，故曰：「欲識其誠，先致其知。」後面釋誠意曰：「君子必慎其獨。」此也。獨字最奧，如〈中庸〉所謂「不睹不聞」、「無聲無臭」、「天命之性」、「未發之中」等是也。正是良知，又謂明德。非格物之君子，安能識渠面孔乎哉！

> ……吾人良知，本無不知，不可以知更求於知。……將知求知，則名為妄，不名為知。……人知知之，知而不知，不知之知也，昔人「知之一字，眾妙之門」，而又有謂「知之一字，眾禍之門」者。通此二說，始得夫子論知之義。

38 〔明〕袁宗道：〈說書類〉，《白蘇齋類集》，頁241。
39 〔明〕袁宗道：〈說書類〉，《白蘇齋類集》，頁238。
40 〔明〕袁宗道：〈說書類〉，《白蘇齋類集》，頁239、241。

第二段引文，是伯修解釋《論語》「知之為知之，不知為不知，是知也。」因為吾人良知，本無不知，此知乃「眾妙之門」，所以不必再於知上求知；反之，若不以良知為知，妄再求知，或求他知，這種求知就不是知，而是妄，則知就可謂「眾禍之門」。前述伯修所提到的「從緣生，即是有對待的」、「蓋此箇都是仗境託物而生，境物非常住，此箇安得無間斷。」「不知此等皆因緣而合，緣盡而散，畢竟祇同於龜毛兔角耳。」「而人乃取物交物之影相，誤認為心。」都是就非「良知」之「知」、非「至善」之「善惡」、非「自明」之「明」、非「真心」之「心」層面來講的，這些都是緣起、都是妄知、都是「眾禍之門」。一旦在仗境託物的塵俗中打轉，往往就會沉淪難以自解，有鑒於此，我們就要穿過世間緣起妄知幻化而成假相，直透本來的良知面目（良知是穿透生死、是至善的圓滿境界）。所以知止、息機忘見、不落情量，格物致知以求良知，就成了脫離生死沉淪的法門。[41]

明乎此，才能明白生死的道理：[42]

> 此性互古互今，不動不變，本自無生，又寧有死？生死有無，繫乎一念迷悟間耳。……故孔子曰：「朝聞道，夕死可矣。」夫聖人者，豈不知本無生死，隨順迷人情見，權說為死耳。又豈不知古今始終不移，當念展縮在我，延促俱妄，亦隨順迷人情見，權說為朝夕耳。

「朝聞道，夕死可矣」，又或「為知生，焉知死」，都是晚明談生死

---

41 換個方式來看，伯修在理解《論語》、《中庸》、《孟子》的重要語句時，也常用「性體」、「天命之性」、「赤子之心」來代替良知。見〔明〕袁宗道：〈說書類〉，《白蘇齋類集》，頁242、244-245、275。

42 〔明〕袁宗道：〈說書類〉，《白蘇齋類集》，頁242。

者，相當看重的話，注解者甚多。[43] 生死有無，既繫乎一念迷悟間，則致良知，又或是明白真心、天命之性、赤子之心，理解性體，就成了超脫生死的關鍵。畢竟這些詞語背後代表的，正是無善無惡、非中非邊的本地風光（或「父母未生前」，伯修也稱為「真見」），[44] 這些都是脫離生死的關鍵處。這樣的思考模式，或有來源於佛釋，主要還是從王陽明的四句教中得來。[45]

眾所皆知，王陽明天泉證道的四句教[46]對日後的心學發展，產生了很大的影響。究竟該怎麼解釋「有」與「無」、「善」與「惡」的心體意念關係，尤其言人人殊。本文並非專門研究陽明學的論文，不擬一一細究，因為我們關心的是，伯修怎麼理解四句教的「有」與「無」、「善」與「惡」？他又怎麼吸收陽明後學（主要是王畿）的說法，然後融為己用？

由於伯修曾說王畿所悟無善無惡之知，正是良明本意，王畿之於王陽明，就像慧能之於達摩祖師，對王畿得承師說，讚佩不已。[47]他在〈雜說類〉裡，更引述陽明以天泉證道（四句教）教人，王畿得之最深，故王畿所傳陽明學，以及師徒情深，伯修極為推崇。關於天泉

---

43 彭國翔：《儒家傳統：宗教與人文主義之間》，頁125。

44 「若夫一片本地風光，乃天地未分，父母未生前消息。」「唐堯一片本地風光，豈惟世人莫能見，即聖如孔子亦不能見。豈惟夫子不能見，堯亦復不能自見也。不見之見，是謂真見。得此真見者，山河大地，牆壁瓦礫，皆是見堯也。」〔明〕袁宗道：〈說書類〉，《白蘇齋類集》，頁269、247。

45 目前學界對伯修這方面的思想內涵，研究極少，指出四句教與伯修思想關係者，幾乎可說是沒有。本文粗發其凡，希望能藉此開啟對認識伯修思想的一些層面。

46 關於陽明四句教的前因後果，研究者頗多。可參鍾彩鈞：《王陽明思想之進展》（臺北市：文史哲出版社，1993年），頁123-149。陳來：《有無之境——王陽明的哲學精神》（北京市：北京大學出版社，2006年），頁179-189。陳立勝：〈王陽明「四句教」的三次辯難及其詮釋學義蘊〉，《臺大歷史學報》29期（2002年6月），頁1-27。

47 「王汝中所悟無善無惡之知，則伯安本意也。汝中發伯安之奧也，其猶荷澤發達磨之秘乎！」〔明〕袁宗道：〈說書類〉，《白蘇齋類集》，頁240。

證道的經過，據彭國翔的整理，大約有兩類七種，一種是聽聞或後人的記錄，如《東廓鄒先生》卷二〈青原贈處〉、徐階《王龍溪先生傳》，以及《明儒學案》卷十二《浙中王門學案二》；另一種則屬當事人記錄，諸如〈天泉證道記〉、〈刑部陝西司員外侍郎特詔進階朝列大夫致仕緒山錢君行狀〉、《傳習錄》下的相關內容等等。身為天泉證道的當事人，錢德洪與王畿記載略有不同，特別是王陽明對二人的評論，更有差異出入。至於伯修所言：「汝中所見，我久欲發……。」出自王畿〈天泉證道記〉。[48]王陽明誘王畿入道一事，《明儒學案》亦有類似記錄。[49]可是故事真實性固然重要，但這裡本文更重視的是伯修如何理解王畿與王陽明，他以荷澤發達摩之秘，比擬陽明師徒，又說王陽明不輕易收徒，引誘王畿入道，是「陽明汰去砂礫，直學真金耳」，而王畿終也深獲陽明真傳：「先生戮藏最上一着，許多年不露一點端倪，若非龍溪自悟，當終身閉口矣。」都可見伯修對他們的尊敬與崇拜，故伯修所論所學，實多出於二人，錢穆也說「伯修論學實從龍溪來」，洵為卓見。[50]我們不妨就以為線索切入，來看他們怎麼理解良知的有無之境。正如許多研究者所言，四句教中的首句「無善無惡心之體」，歷來難解，也引起了後世不少爭論。就王陽明自己的話看來，他認為「無善無惡」的解釋，並不是針對世間道德的善惡而發，而是指心體的清澈、晶瑩，是就太虛無形、止於至善的定義來講的，《年譜》記載王陽明回答錢德洪之問：「有只你自有，良知本體原來無有，本體只是太虛。太虛之中，日月星辰，風雨露雷，陰霾饐氣，何物不有？而又何一物得為太虛之障？人心本體亦復如是。太虛無

---

48 彭國翔：《良知學的展開——王龍溪與中晚明的陽明學》，頁170-178。

49 〔清〕黃宗義：《明儒學案》，頁464。

50 錢穆：〈記公安三袁論學〉，收入氏著：《中國學術思想史論叢（第七冊）》（合肥市：安徽教育出版社，2004年），頁224。

形，一過而化，亦何費纖毫氣力？」[51]陳來據此，認為王陽明所謂「無善無惡」，就心體工夫來說，並不是「沒有善沒有惡」的意思，更非不分善惡、混淆善惡，而是指人心本體的晶瑩不滯，正如《傳習錄》所言：「人心本體原是明瑩無滯，原是個未發之中」，明瑩無滯，就是無善無惡的另種形容。陳來的觀察是：「陽明四句教『無善無惡心之體』思想的意義已經完全清楚了，它的意義不是否定倫理的善惡之分，它所討論的是一個與社會道德倫理不同面向（dimention）的問題，指心本來具有純粹的無執著性，指心的這種對任何東西都不執著的本來狀態是人實現理想得自在境界的內在根據。」[52]陳來的意思很清楚，「無善無惡」非指善惡，而是指心體的流動感通，處於大化自然中，無執無偏。根據《傳習錄》錢德洪所錄的部分，從心之本體來看，良知是「未發之中」：「良知即是未發之中，即是廓然大公，寂然不動之本體，人人之所同具者也。」[53]不過良知既然是不滯不偏，為何又是未發之中？兩者豈不矛盾？楊儒賓早已指出，就發生歷程來看，雖可分成有／無、已／未，但本體（或稱良知、本心、意根等等），卻難分有無已未，因此作為本體的「未發」，實無所謂「已發」、「未發」。[54]因此當有人問王陽明關於動靜的問題：「明是動也，已發也，何以謂之靜？何以謂之本體？豈是靜定也？又有以心貫乎心之動靜邪？」王陽明就以「不睹不聞，無思無為」作為回答，這不是槁木死灰，而是「動亦定，靜亦定，體用一原也。」[55]王陽明在其它地方也說過：有事無事，可以分動靜；寂然

---

51 〔明〕王陽明：《王陽明全集》（上海市：上海古籍出版社，2006年），頁1306。

52 陳來：《有無之境——王陽明的哲學精神》，頁189-197。引文見頁197。

53 〔明〕王陽明：《王陽明全集》，頁62-63。

54 楊儒賓：〈論「觀喜怒哀樂未發前氣象」〉，《中國文哲研究通訊》第15卷第3期（2005年9月），頁46。

55 〔明〕王陽明：《王陽明全集》，頁63。

感通，也可以分動靜。可是作為「無善無惡」的心之本體、作為心體的良知，就不能分有事無事，亦無所謂動與靜。[56]

以上所言，偏向於「無」的一面，「無」是自然無形、是明瑩太虛。但另方面王陽明也講「有」，良知是造化的精靈，又是陽明從百死千難中得來。故不論是從心體說良知，又或是從格物致知來致良知，顯然都須由良知的「有」來省察、調適，因此良知是至善的存在，是具體可感知的實在，發諸良知，輻射世界，則日用流行間，大化運行中，觸處可見道，這就是「有」：「夫良知即是道，良知之在人心，不但聖賢，雖常人亦無不如此。若無有物欲牽蔽，但循著良知發用流行將去，即無不是道。」[57]楊儒賓認為良知是本體（王陽明曾說：「廓然大公寂然不動之本體」、「心之本體即是天理，……天理原自寂然不動」、「無知無不知，本體原是如此」），本體除了知是知非，自然也能生天生地，所以良知必然會由意識界走向存在界，[58]這便是王陽明所云「發用流行將去」之意。由此可見，四句教中便隱含這種「有」、「無」的向度，等待後世發掘。王畿對這種有無之境，深契於心，他以「見在良知」為說，[59]見在良知之「在」，便意謂著良知的存

---

56 「有事無事，可以言動靜，而良知無分於有事無事也。寂然感通，可以言動靜，而良知無分於寂然感通也。動靜者所遇之時，心之本體固無分於動靜也。」〔明〕王陽明：《王陽明全集》，頁64。

57 〔明〕王陽明：《王陽明全集》，頁69。

58 楊儒賓：《從《五經》到《新五經》》（臺北市：臺大出版中心，2013年），頁177-178。

59 當時與後世學者多以「現成良知」為王畿之說，事實上王畿並未使用該詞，而是使用「見在良知」。若觀諸王畿與其他陽明後學的諸多討論，王畿也未反對使用「現成良知」，吳震就認為在陽明後學的語境脈絡中，「現成」亦可作「見成」、「見下」、「當下」，故「見在良知」與「現成良知」為同義；彭國翔看法則有不同，他指出兩者意涵或有重疊性，相較來說，「現成」一詞具有已完成的意思，「見在」則無此意；「見在良知」強調的是存有論與本體意義的先驗完滿性，「現成良知」則意謂良知本體在現實經驗意識中的完成與完滿狀態。張衛紅：《羅念庵的生命歷程與思想世界》（北京市：三聯書店，2009年），頁303。

有義，見在良知之「見」，則是顯示良知的活動義，因此良知既是當
下具足、不偏不倚的「良知本有」，故曰「在」；也是隨時可呈現的
「良知活動」，此為「見」，正如林月惠所言：「龍溪言『見在良知』
不僅止於『良知本有』的存有義，更重要的是，他要突顯『良知可隨
時呈現』的活動義。在龍溪看來，良知的活動義，不僅表現在良知
『可隨時呈現』上，而且其實踐動力是『當下具足』，因此，龍溪喜
用『昭昭之天與廣大之天』的類比，來論證良知之實踐動力當下具
足、沛然莫之能禦。」[60]故不論是在〈太極亭記〉所說：「寂然不動
者，良知之體；感而遂通者，良知之用。常寂常感，忘寂忘感，良知
之極則也。夫良知是知非，而實無是無非。無中之有，有中之無，大
易之旨也。」[61]還是〈不二齋說〉所言：「良知即道，良知即命。……
良知原無一物，自能應萬物之變。譬之規矩無方圓，而方圓自不可勝
用……。」[62]都是秉此原則而發。就境界來講，良知無是無非，忘寂
忘感，可謂至善；就人倫日用來說，良知知是知非，為善去惡，都是
修身的重要關鍵。因此從人到天地萬物，這一連續性的存有整體，良
知是至善的實在，可謂良知之「有」；良知作為道德行為的發動或是
監督機制，流行發用是自然而然，無有任何執著造作，可謂之
「無」。[63]

　　當我們明白王陽明師徒對良知的說法，再回頭看伯修的言論時，

---

60 可參林月惠：《良知學的轉折：聶雙江與羅整菴思想之研究》（臺北市：臺大出版中
　　心，2005年），頁502。

61 〔明〕王畿：〈太極亭記〉，《王畿集》，頁482。

62 〔明〕王畿：〈不二齋說〉，《王畿集》，頁493。

63 王陽明弟子中，王畿頗能深入其中，後出轉精，對師說闡發亦不遺餘力。可參彭國
　　翔：《良知學的展開——王龍溪與中晚明的陽明學》，第二、三、四章。特別是頁37-
　　50。至於對「無善無惡」的解釋，當然也不是只有這種看法，錢德洪、聶豹，甚至
　　許多陽明後學，都曾提出不同意見。

就更可以明白他的思想觀點了。[64]伯修講良知，講天命之性、性體，甚至講〈中庸〉「不睹不聞」、「無聲無臭」、「天命之性」、「未發之中」，顯然都是偏向「無善無惡」這一面來看的，所以他才說：「善惡兩邊俱不依是何境」、「不落情量，全體顯現，非假一毫功力也。」他強調的「真知」、「無知」、「無言」[65]等「大休歇之處」（即是孟子的「不動心」），也應該在這個層次上理解：[66]

> 虛明之中，豈容一毫妄知耶！孔子蓋真無知耳，惟全體無成全體有，小扣小應，大扣大應。自爾浩然之氣一時養就，差別言語一時知得，方悟此心寂靜活潑，不以求時動，不求時不動。不動時固不動，動時亦不動也。動亦不動，是為大定。無不得之言，無不得之心。不須求，亦不須不求，方纔是當人大休歇之處，方纔是孟子之不動心，曾子之不動心，孔子之動心，一切聖賢之不動心，豈告子輩之所能知哉！

不動心，非心不動也，若以為不動心只是按捺，硬不動心，不過只是「偷心」，正所謂將心無心，反而會心轉成有，以止止心，反而更讓心躁動不安。[67]真正的不動心是指心的寂靜與活潑。寂靜活潑並非

---

64 與袁氏三兄弟交好的李贄，他推崇王畿，更在推崇王艮之上。伯修的思想淵源，也有可能是從李贄處得來。關於李贄與王畿的關係，可見吳震：《泰州學派研究》，頁36-37。

65 王畿便曾說過：「孔子曰：『吾有知乎哉？無知也。』言良知本無知也。」〔明〕王畿：〈三教堂記〉，《王畿集》，頁486。林兆恩也以「無知」說明良知，並同樣將「至善」與「無知」結合，以此說明心體的境界性。可參鄭志明：《明代三一教主研究》，頁266-268。

66 〔明〕袁宗道：〈說書類〉，《白蘇齋類集》，頁247、271。

67 「要心不動，硬作主張，只不動便了。縱使暫時按伏得住，其偷心怎得絕？即這硬不動的便是偷心了也。所謂將心無心，心轉成有；止動歸止，止更彌動。何異縛樹枝葉，而更求樹之不生者乎？」〔明〕袁宗道：〈說書類〉，《白蘇齋類集》，頁270。

矛盾，也非互不相容，因為就「無」的立場來看，實已包容兩者，
是心的存有狀態、是充盈豐滿的境界，「方悟此心寂靜活潑」，正是
指心的至善層面。這種境界，就是虛明，是無限的有，因此不能單
以絕對的有無來講，也不會落於寂靜或活潑的一偏一邊，所以自然
也不能單以二分法的動靜來看，就像引文中的「不動時固不動，動
時亦不動也」，不動與動是相對性的，正如善與惡的一樣，都是就世
俗價值來講（這個價值，又是從緣起的世界中產生），但後面的「不
動」則是指境界義（是為大定），所以不能把境界義與世俗價值義混
淆，故「到此說有說無，俱為戲論，惟在學者默契而已。」[68]這種境
界的「無」、就是不動心、是至善的存在，是不睹不聞、是無聲無
臭、是無善無惡，是父母未生前的本來面目——就是良知（王陽明
也講過：「本來面目」即吾聖門所謂「良知」[69]），前引伯修向「無」
字上做工夫，便是此義。

那麼，要如何致良知，以明良知至善有無之境？答案就是格物致
知。關於伯修思想中的良知與因緣、格物致知的關係，為方便理解，
我們不妨以圖表說明：

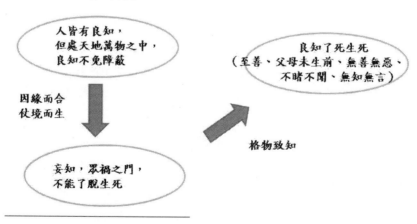

<hr>

68　〔明〕袁宗道：〈說書類〉，《白蘇齋類集》，頁262。
69　〔明〕王陽明：《王陽明全集》，頁67。

　　前已言之，良知至善、完滿，所以可說是「眾妙之門」，故不必再於知上求知。但如果在仗境託物的塵俗世界中，陷溺難以自拔，往往就會將妄知錯當良知，反而成了「眾禍之門」。因此，良知並不只有「無善無惡」的有無之境，同時還蘊含「為善去惡」的向度。這就牽涉到陽明學人如何看待格物的問題，王陽明以格為正，格物就是正意念，事物各其得宜。王陽明說：「心之所發便是意，意之所在便是物」，從意念所發，到物之所在，若能以良知行之，則能成己成物，為善去惡，遂通為一。[70]王畿則是將「念」視為是「意」的最小單位，從「念」上自省，一念之微，工夫的開展將更加嚴密細緻；「幾」則是感性面向的意之動，為良知心體的初發處。於是從「一念之微」與「幾」上入手，格物致知，就成為王畿正心的工夫。[71]伯修雖也強調格物，卻是以因緣的講法，將「物」視為是情念生起的對象，「情念不孤起，必緣物而起，故名情念為物也」，情念緣物而起，物與物接，彼此糾纏藤繞，構成了有情世界。這些物，基本上就是緣起、妄知、眾禍之門的元素，於是伯修就要致良知，藉由格物致知，靈知顯現，迥然朗然，冀能超生脫死。而初入道者，又該如何格物用功？「須是窮自己情念起處，窮之又窮，至於窮不得處，自然靈知顯現，迥然朗然，貫通古今，包羅宇宙則致知矣。故曰致知在格物，此是初學下手喫緊工夫，千聖入門之的訣也。」[72]至於作意之時，真妄交爭，善惡雜揉，理欲相乘，必得實用功力，才能息機忘見，止於至善，安頓自身生命。[73]

---

70 蔡仁厚：《王陽明哲學》，頁33-34。
71 彭國翔：《良知學的展開——王龍溪與中晚明的陽明學》，頁131、139、141。
72 〔明〕袁宗道：〈說書類〉，《白蘇齋類集》，頁240。
73 〔明〕袁宗道：〈說書類〉，《白蘇齋類集》，頁241、238。

四　學儒乃能知佛：伯修生死觀的信仰問題

　　伯修以「三教聖人，門庭各異，本領是同」、「借禪以詮儒」的立場出發，認為良知與真知、性體屬同個層次，彼此是互通的。正如鄧克銘所言，伯修對於良知的理解，傾向於本體的把握，只要不落情意，不因己私意念掩蓋，良知就能自然體現，「其與禪宗認為人人本具清淨心體，只要不起妄念，心體自然隨機運用，在思維方式上非常接近。」[74]伯修之所以說：「良知二字，伯安自謂從萬死得來，而或者謂其借路蔥嶺。夫謂其借路，固非識伯安者。然理一而已，見到徹處，固未嘗有異也」、「伯安所揭良知，正所謂『了了常知』之知，『真心自體』之知，非屬能知所知也。」[75]從「理一」的觀點來看，見到徹處，思維處固然極為雷同，非常接近，所以伯修才認為王陽明說的「了了常知」與佛教的「真心自體」，是「知」的同一層次。可是出處不同、入手不同，個人的體驗性也就不一樣，於是才有「分殊」的可能。伯修從陽明良知學著手，融合佛教真知、因緣說，表面上來看，固然如他所言，是「試以禪詮儒，使知兩家合一之旨」，究其實際，當伯修深入其中，卻是反過來，是「始欣然舍竺典，而尋求本業之妙義。」[76]以禪詮儒的作法，入室操戈，學禪而後知儒，[77]最

74　鄧克銘：〈借禪詮儒：袁宗道之四書說解——以「性體」、「致知格物」為中心〉，《文與哲》第16期，頁384。

75　〔明〕袁宗道：〈說書類〉，《白蘇齋類集》，頁239。

76　〔明〕袁宗道：〈說書類〉，《白蘇齋類集》，頁239-240。

77　從內文可知伯修的〈說書類〉，所說之書，當然是《四書》，其中便含有許多佛理。荒木見悟就認為，明末佛教思想大量融入《四書》，成為一種「新四書學」；周群則是指出，晚明注解《四書》，除承續陽明學之外，以禪機話儒理者，則為大宗，如管志道《孟義訂測》、姚應仁《大學中日讀》、姚舜牧《四書疑問》等，皆可得見。（日）荒木見悟：《明代思想研究——明代における儒教と仏教の交流》（東京都：創文社，1972年），頁292-304。周群：〈論袁宗道的《四書》詮釋〉，收入黃俊傑

後卻拔趙幟易漢幟，逼出了以儒說禪論佛的結果，企圖由此解決他的生死困惑。如黃宗羲所言：「萬曆間，儒者講席遍天下，釋氏亦遂有紫柏、憨山，因緣而起，至於密雲、湛然。則周海門、陶石簣為之推波助瀾，而儒、釋幾如肉串，處處同其義味矣。昔人言學佛知儒，余以為不然，學儒乃能知佛耳。」[78]黃宗羲雖未言伯修，不過伯修亦不能自於其外，伯修的試以禪詮儒，或可是學佛知儒，實際上卻是「學儒乃能知佛耳」，伯修思想的曲折複雜處，饒富趣味，其可觀者在此。

　　良知可了生死，是當時許多儒者的共識，[79]伯修另又摻以佛教因緣之說。兩者固然可為互通，不相融處實也亦多。儒家認為佛教講的是空，重在解脫，離世間之執，儒家講的卻是世界相感，德化群育，生生不息；佛教也批評儒家講的良知非真知，仍不能擺脫知的困境，而且將良知視為實有，更不能免去「有」。相較之下，佛教講的才是真空真知，兩者或有相似，顯然仍有差距。[80]對於儒佛兩家的這些爭論，伯修當然不是全無所悉，畢竟他從「試以禪詮儒，使知兩家合一之旨」，再到「始欣然舍竺典，而尋求本業之妙義」，也確實經歷了一段儒佛互動相涉的思考過程。或許在他眼中，這些並不是什麼大問

編：《中日《四書》詮釋傳統初探》（臺北市：臺大出版中心，2008年），頁512-513。關於荒木見悟研究公安派與佛學的觀點，可見（日）荒木見悟：〈公安派の佛教思想〉，《明末宗教思想研究》（東京都：創文社，1979年），頁421-471。

78 學儒知佛，黃宗又下分為「知之而允蹈之」與「知之而返求六經者」。〔清〕黃宗羲：〈張仁菴先生墓誌銘〉，《黃黎洲文集》（北京市：中華書局，2009年），頁234。

79 當然也有反對良知了生死之說的儒者，吳廷翰就認為良知的源頭只是佛，佛視萬物為妄，已非儒家所能同意，因為儒家將人倫物理萬色萬物都視為實。再者，即便是良知之說，也非儒家本色，所以佛理固然有問題，致良知也不一定是對的。〔明〕吳廷翰：《吳廷翰集》（北京市：中華書局，1984年），頁57。

80 可以預見的，伯修理解的良知，不論是作為知識還是存在的基礎，甚至是世間任何形式的終極依據，都不會是佛教所同意。畢竟就佛教哲學看來，自性或是超越的心體性體，本身就有虛妄性，既虛非實，就不能成為解脫指導的實踐智慧。林鎮國：《空性與方法：跨文化佛教哲學十四論》，頁150。

題。他的用心，並不是要成為融會儒佛、三教合一的思想大家，若要
強行歸合，或許也不免牽合湊補。他只是回首他的學道歷程，他的生
命過往，那些親友死別、放浪言行、官場交際與參道體悟，於是佇思
抒感，申而論之。在惑業無明，滾滾紅塵中，自行自證，茫然獨行於
天地之間，以尋章摘句，將得之境，因信而知，因知而信，依死生情
切之心，妥求安身自適，小修說伯修死前：「伯修庚子夏（1600），滿
室皆書生死警切之語，……至秋九月，遂棄世」，[81]生死警切，正是伯
修由始至終最關注的問題，三教思想，都是他為了解決這個生命疑惑
的重要基礎。[82]

81 〔明〕袁中道：《珂雪齋外集》，收入《續修四庫全書別集類》（中國科學院館藏萬
    曆四十六年刻本影印原書版）第1376冊，頁421。
82 呂坤的一段話，頗值得參考，「人問：『君是道學否？』曰：『我不是道學。』『是仙
    學否？』曰：『我不是仙學。』『是釋學否？』曰：『我不是釋學。』『是老、莊、
    申、韓學否？』曰：『我不是老、莊、申、韓學。』『畢竟是誰家門戶？』曰：『我
    只是我』。」伯修究竟是何家何派？借用呂坤的話，伯修或許也可能回答：「我只是
    我」。中郎對伯修的修道型態，是有會於心的，他就說：「迨先伯修既以中秘里旋，
    首倡性命之說，函蓋儒、釋，時出精語一二示人，人人以為大道可學，三聖人之大
    旨，如出一家。」。〔明〕呂坤：《呻吟語》（臺北市：志一出版社，1994年），頁
    84。〔明〕袁宏道：〈募建青門菴疏〉，《袁宏道集校箋》，頁187。

理禮雙彰
──鄭齊斗的經世之學

一 前言

　　鄭齊斗（霞谷，1649-1736）為韓國重要的陽明學者，陽明學究竟何時傳入韓國，言人人殊，[1]不過幾乎所有學者皆一致肯定鄭齊斗的重要地位，鄭仁在便指出，鄭齊斗之前並非沒有陽明學者，可是自鄭齊斗開始，才對陽明學有了系統式的理解，並開啟所謂的「霞谷學派」，故鄭齊斗可謂韓國陽明學的代表人物。[2]特別是在朝鮮（李氏）王朝五百多年的統治歷史上，朱子學始終是官方正統思想，陽明學實難與之抗衡，朝鮮王朝中期以後，黨派紛爭愈顯激烈，倭寇與後金又相繼入侵，以致有壬辰倭亂與丙子胡亂的發生。二亂之後，國力日衰，為了解決王朝危機，諸人各有見解，也互相指責，原有的東、西

1　陽明學究竟是何時何人傳入韓國，學者異見仍多，有人認為是李瑤開始，因朝鮮宣祖曾向李瑤問陽明學之故；也有學者認為早在陽明在世時，《傳習錄》已東傳朝鮮。歸納綜說，目前約有四種觀點，一是以李滉所著《傳習錄論辯》為依據，認為陽明學是在朝鮮中宗時代東傳；二是以柳成龍所著《西厓集》為證，指出傳入時間為明宗十三年（1558）；三是如洪仁佑《恥齋日記》所言，為明宗八年（1553）；四是吳鍾逸提出的中宗十六年（1521）以前。可見（韓）金容載：〈韓國陽明學研究現況與新探索〉，收入（韓）鄭仁在、黃俊傑編：《韓國江華陽明學研究論集》（臺北市：臺大出版中心，2005年），頁489。錢明：〈朝鮮陽明學派的形成與東亞三國陽明學的定位〉，《浙江大學學報（人文社會科學版）》36卷3期（2006年5月），頁139。

2　（韓）鄭仁在：〈導論〉，收入鄭仁在、黃俊傑編：《韓國江華陽明學研究論集》，頁2。

朋黨之爭，更為惡化，前者又分裂為南人黨、北人黨，後者則是老論派與少論派。[3] 陽明學的研究與流傳，便處於這種傾軋競爭之中，執政者如「南人」與「老論」派，以朱學為正統，壓抑在野的陽明學。[4]

就外在環境來看，鄭齊斗之可貴，不僅是在這種政治氛圍中，作出對陽明學的理解與貢獻，更能不畏人情，獨自探索。例如他的師友輩如尹拯與朴世采，雖屬少論派成員，事實上也不贊成陽明學說，對其多有批判，只是鄭齊斗不為所動，仍以「學問源頭」的立場，始終堅持研究陽明學。[5]

作為韓國陽明學的重要人物，目前中文學界對鄭齊斗的研究仍屬少量，焦點也多放在鄭齊斗的哲學思想，或探討他與陽明學思想的繼承與異同，[6] 或以當時有關陽明學的論辯為題，看待其爭論之學術意

3　（韓）金吉煥：《韓國陽明學研究》（漢城：一志社，1981年），頁24-25。

4　值得注意的是，陽明學並非一傳入就受打壓，反而是傳入初期得到許多學者的認可，學者們也頗能在自由的氛圍中，論述其學。但從李滉對其進行嚴厲批判之後，風氣逆轉，直至朝鮮末期，陽明學都被視為異端，受正統朱學所排斥。（韓）宋錫準，〈韓國陽明學的形成和霞谷鄭齊斗〉，收入鄭仁在、黃俊傑編：《韓國江華陽明學研究論集》，頁4-5。另外，就因朱子學始終被視為正統，所以在許多出使清朝的朝鮮使者眼中，清朝官方雖也尊朱，始終不如朝鮮般純正、正宗。葛兆光：《想像異域：讀李朝朝鮮漢文燕行文獻札記》（北京市：中華書局，2014年），頁47-53。

5　鄭齊斗並非一開始便對陽明學情有獨鍾，作為士大夫家族的後裔，其實他是準備應考科舉的。二十餘歲時，放棄性理學，原因是因為弟弟則以登科，家裡已無後顧之憂，而在接觸陽明學之前，他也曾有過一段廣採百家，博學諸藝的過程：「今齊泰（霞谷之弟）足以登科，兄弟俱事利祿不可。某請從此廢舉業許之。遂杜門謝外事，眈思墳籍，精研六經，恒有不得不措之意。性聰明強記，上自姚姒下訖于今，數千載間理亂得失，無不隸括於中，旁逮百家眾流之書，陰陽星曆之數，兵農醫藥之論，堪輿卜筮之術，以至稗官小說子集典故，凡載籍所記，一過眼便終身不忘，涵涵停畜，有叩輒應，而畢竟歸宿不出於詩書六藝之內……。」其後專研陽明學，歷十餘年，正式表明自己作為陽明學者的立場。〈年譜〉，收入（朝鮮）鄭齊斗：《霞谷集》，《韓國文集叢刊》第160輯（首爾：景仁文化社，1995年），頁269。

6　如（韓）崔在穆著，錢明譯：《東亞陽明學的展開》（臺北市：臺大出版中心，2011年），第二部與第三部分皆有關於鄭齊斗哲學之論述；（韓）鄭次根：「陽明思想對

義；[7] 又或是著重他對於儒家重要經典的闡釋，並以比較哲學的角度，分析他與中國哲人的思想特徵。[8] 但是，鄭齊斗一生大部分時間雖為隱居，卻非對世事漠不關心，也曾有短暫出仕的機會，弟子沈錥（1685-1753）所寫的〈行狀〉，就說他的老師「自幼聰明強記，於書無所不讀，皇王帝伯治亂得失之辨，既已瞭然若指掌，而必折衷於詩書六藝。名物數度、百家眾技之說，靡不洞究其精奧，而尤鄭重於國朝典章，體用具備，品條詳密，要可以發於施為，措諸事業，而先生顧無意焉。非先生果於忘世也，與其身顯而道不用，無寧素履而往，茲乃先生所處之義，而若其樂行憂違之雅志，則未嘗不同於古之人也。」[9] 由此可見，鄭齊斗多次婉拒朝廷徵召，不能用世，並非他不看重經世之道，相反的，皇帝王霸之學、國朝典章制度等，本為他熟悉，並下過工夫研究，用意仍是要「發於施為，措諸事業」的，他在〈祭崔艮齋〔奎瑞〕文〉就感慨地說：「嗚呼！世常以壽考為福，軒冕為貴，而至其時移數去，與物同盡，則其百年朝暮也。惟其若有扶世教澤斯民，繫國家之安危，關時運之盛衰者，其流風遺韻，可以典刑當世，興起後人，則是蓋不隨形而逝盡，參造化而悠久者也」，[10] 扶世教、澤斯民、繫國家、關時運，可見其志。因此就其《霞谷集》來看，對具體的政治社會事務，常多有觀察與指陳，針對政治社會秩序的規劃，其實是有他自己的許多看法，他常常將其稱之為「禮」。

朝鮮政治思想之影響」（臺北市：國立政治大學政治研究所博士論文，1988年）。亦可見鄭仁在、黃俊傑編：《韓國江華陽明學研究論集》所收之論文。

7　（韓）秦章泰：〈十七世紀末朴世采和鄭齊斗的陽明學論辯〉，收入黃俊傑編：《朝鮮儒者對儒家傳統的解釋》（臺北市：臺大出版中心，2012年）。

8　黃俊傑：〈從東亞儒學視域中論鄭齊斗對孟子「知言養氣」說的解釋〉，收入氏著：《東亞儒學：經典與詮釋的辯證》（臺北市：臺大出版中心，2007年）。

9　（朝鮮）沈錥：〈行狀〉，《霞谷集》，頁286。

10　鄭齊斗：〈祭崔艮〔奎瑞〕齋文〉，《霞谷集》，頁181。

這些經世的主張，則又跟他的「心即理」有關。他的立場，便是以
「理」與「禮」的雙重視域，修齊而治平，經世以致用，兩者如鳥之
雙翼、車之兩輪，密切相關。用中國傳統思想的術語來講，他既有注
重「修身」的一面，也不忽視「治國」的理想，他在解釋《孟子》
時，就說：「君子之守，修其身〔止〕，所以自任者輕，此言所守者在
我，而所施者及天下，此篤恭而天下平也。」[11] 在《經學集錄》裡，
他也引用《中庸》裡的好學近乎知、知恥近乎勇、力行近乎仁三點：
「知斯三者，則知所以修身，知所以修身則知所以治人，知所以治人
則知所以治天下國家矣。」[12] 總歸來講，修身治人治天下國家，修身
與治國，在他的角度來看，毋寧是一種連續性的關係，是密切不可分
的。只是綜觀目前研究，雖已有一些學者注意到這個問題，可惜所論
不多，仍屬於概括性的通論，並未真正就鄭齊斗的「心即理」與經世
關係，作出詳細的論證。[13] 本文的研究，意在探詢：「心即理」究竟
該怎麼經世？該如何強調兩者間的連續性？由於目前學界尚未對此多

---

11 《孟子說》，《霞谷集》，頁428。

12 此為鄭齊斗節錄《中庸》之原文，《經學集錄》上編，《霞谷集》，頁450。《中庸》
     文句，可見〔宋〕朱熹：《四書章句集注》（高雄市：復文圖書出版社，1985年），
     頁29。

13 宋錫準很敏銳地指出：「霞谷學派以淵源於陽明學的實心為基礎，堅持救濟現實的
     學問的立場。因其出發點和問題意識相同，所以實學和陽明學相互產生影響。亦
     即，霞谷學派把立足於實心實行作為學問的要點；在解決現實問題的過程中，考證
     學、歷史學、聲韻學等和實學有關聯；站在實學的立場上，在現實改革的方面和陽
     明學的改革理論有同感，肯定實心實學的理念。」雖言如此，但只就大脈絡陳述，
     並未深論，且宋錫準意指「霞谷學派」，亦非專論鄭齊斗一人；龔鵬程注意到這個
     問題，認為鄭齊斗是非常注重經世實踐的，可是龔鵬程並未就鄭齊斗「心即理」與
     經世關係探究，因此「心即理」究竟如何經世，依然不明，尚待之覆，仍有許多議
     題可作。（韓）宋錫準：〈韓國陽明學的形成和霞谷鄭齊斗〉，收入鄭仁在、黃俊傑
     編：《韓國江華陽明學研究論集》，頁12-13。龔鵬程：〈韓國陽明學者鄭齊斗的經世思
     想〉，收入氏著：《儒學反思錄二集》（臺北市：臺灣學生書局，2013年），頁12-13。

加申明，本文希望能加強這方面的梳理，冀能對鄭齊斗的理解，有所裨益。

二　「心即理」的良知與生理

「心即理」說，是鄭齊斗繼承而又變化陽明學的重要標誌，在鄭齊斗的哲學思想中，具有重要地位。就他看來，心與理的關係是體用不二、兩者為一的。如果以論述上的方便與存在的作用上來講，或許可說心說理，但說心說理，卻不能單獨偏於某方，或以某方從屬某方，因為就整體內涵而言，不能硬分為兩橛，心與理是如此，性與氣也是如此，他說：

> 心理也性亦理也，不可以心性歧貳矣。橫渠曰由太虛有天之名，由氣化有道之名，合虛與氣有性之名，合性與知覺有心之名，今當為說曰：由虛之稟有性之名，由性之知覺有心之名矣，以正焉。雖然性者心之本體〔道德〕，心者，性之主宰〔神明〕，皆理耳，不可以心言氣性言虛以分理氣也。
> 又以心有主理而言者，有主氣而言者，其言亦似明而實非，心只是理也，亦只是氣也，不可以分貳也，故只可以言理也，至失其體而流於惡也，方可謂之氣已，然亦只是理之失其體〔動於氣〕而已。[14]

心、性、理、氣，對鄭齊斗而言，名辭雖異，內涵則一，可謂異名同指。在整體式的紛綸俱呈、在彼此不離不雜的情況中，心是理，性也

---

14 鄭齊斗：〈存言中〉，《霞谷集》，頁249。

是理，不必分歧為二，所以他對張載（1020-1077）《正蒙》裡「由太虛，有天之名；由氣化，有道之名；合虛與氣，有性之名；合性與知覺，有心之名」[15] 的說法，提出調整，認為以心言氣，以性言虛，不免理氣二分，所以他將後兩句的「合」，修正為「由」，延續前二句文意，再將容易分化的「與」，改為「之」，並以「虛之稟」更替「虛與氣」。因為從性來看，可說是心之本體；以心來論，可謂性之主宰，都可以說是理的表現，這是以前述整體下的互觀而言，所以不可以將心性理氣區分，也不能主於某方（例如主氣、主理），畢竟「心只是理也，亦只是氣也，不可以分貳也」，[16] 只有當理失其體而流於惡，才可以只說氣不說理。因此就他看來，即心以言理、言性、言氣，心、性、理、氣俱為渾一之呈現，而主氣或主理，都不過似是而非。

鄭齊斗提及心、性、理、氣，重點過於分散，概念間又不斷牽涉，所涉頭緒繁複，故論述不免夾雜，例如他在〈存言下〉又說：「心者性之器〔氣顯〕；性者心之道〔理徵〕，語其全體則曰心，言其本然則曰性，言心性在焉；言性心本焉。」「性者天降之衷明德也，自有之良也，有是生之德，為物之則者也，故曰明德，故曰降衷，故曰良知良能，故曰秉彝，自有之中，故曰天地之中，生生一理，於穆流行者，性之源也，賦予具全，同流無間者，性之命也。」「一理虛明，性之體也，貫通無間，性之用也〔性之本虛，性之體靜，至善其德也，不可以有無言也，貫通其用也，不可以動發言〕，曰德曰誠，

---

15 〔宋〕張載：《張載集》（北京市：中華書局，1978年），頁9。

16 鄭齊斗認為理因氣動，氣質人欲遮蔽了理，失體而流於惡，照理講他應該會同意「氣質之性」的看法，事實上他卻又是反對此說的，他認為氣質之性只適用於人與物，而非人與之：「人物之各異者生之性，一同者天之性。在物之異形則可以生之性言，難以天之性體通，以其器偏也，在人之同體則一是天之性，其生性之有別，不消言，以其器全也〔孟子以生之謂性，言犬牛則可，程張以氣質之質，言於人性，所以不可〕。」〈存言下〉，《霞谷集》，頁263。

性之實也，惟道惟理，性之目也……」[17]。此處性之氣顯為心，與前述所言主宰略有不同，心之道又為性，性既可謂良知良能（但他又說良知是生理，詳下），又是物之則……，這些概念，除了鄭齊斗是襲自中國思想傳統術語之外，也是因為他在論述中，往往因為著重點指涉不同，如言性，則以性為主軸論述，重點在於突出性的內涵，故其論性與心、性與良知、性與理等等，都是就性與這些概念的整體呈現，以及性與這些概念交涉時的作用與特徵來論述（如性之用、性之目、性之實等），導致於當這些概念共同出現時，論述焦點反而因此過於鬆散，缺乏明確重心。若過度拘泥，常常會覺得矛盾，不免因小失大，故有時只能就主軸大體言之，如前述所引心、性、理、氣，便是如此。更進一步來說，若不能掌握鄭齊斗「即」意，往往難以梳理概念間的關係，[18] 況且千言萬語，概念龐雜，事實上鄭齊斗仍有一主線貫穿其中，就是心與理，他以陽明心學為例：

> 以陽明以為盡於吾心而包羅焉森列焉云，陽明未嘗有此意。試取陽明書觀之，陽明無此說矣。此正陽明所深闢以為心理為二之病者也，陽明只以心體明則萬理明，萬理皆由此出而無不足、無窮盡云耳，非謂萬理預先羅列也，陽明本曰心即理耳，謂其理之發於心，而心之條理，即所謂理也，非以心與理為兩物，而相合之可以為一之謂也。今此之說，以理為各有所在，

---

17 鄭齊斗：〈存言下〉，《霞谷集》，頁259。

18 更重要的是，鄭齊斗使用這些哲學語言，重點仍在於實踐與體驗，就本文的立場來講，經世也正是其中一環，詳第三節。關於東亞儒者以「體驗」為解經的立場，可參黃俊傑：〈論東亞儒者理解經典的途徑及其方法論問題〉，收入氏著：《東亞文化交流中的儒家經典與理念：互動、轉化與融合》（臺北市：臺大出版中心，2010年），頁100-110。

乃以其一心理者，為合兩物而一之，本與心為二，而要合以一
之之謂焉，此則陽明所病心理之二，知行之分，千言萬辨，無
非為此故也。未知今何所考而得此，以為陽明之病耶？非其人
之說而攻其人，何與乎其人？[19]

若主於心，以理從屬於心，以心來包羅理，正是心理為二，自為陽明
所深闢、所不取。「心即理」，「即」者，為取兩用合，是整體呈現、
彼此互存之意。依常理看來，「即」與「不即」是兩種不同的表述模
式，字面上的解釋，「等於」（即）與「不等於」（不即）的差異，也
甚為明顯，可是心即理的「即」，卻不能這樣來定義。「即」，其實是
超越地保存了心與理，辯證式地將看似矛盾的兩者統一，既不落於
「心」的一邊，也不只看重「理」的一方。用理學家的話來講，可謂
不離不雜。不離，即心與理不可分，離了心則理無掛搭處，沒了理，
心亦不免落單偏僻；不雜，正因心與理從自存的角度來看，理是發之
於心，而心之條理，即是所謂的理，兩者既不能偏執，也沒有主從之
分。[20] 鄭齊斗強調，就因為心即理，所以王陽明才要人恢復本心，
「陽明只以心體明則萬理明，萬理皆由此出而無不足、無窮盡云
耳」，理是發之於心，心之條理為理，彼此當下即是、整體呈現，故
正如楊祖漢所言，心是活動，則此心之活動處表現之理，就非靜態之
理，而是活潑潑地，此理亦隨心之活動，發用流行，無窮無盡。[21]

---

19 鄭齊斗：〈與閔彥暉論辨言正術書〉，《霞谷集》，頁21。
20 楊儒賓就指出，依中國體驗形上學的特性，「A即B」之類的表達模式，「即」字不
　能作單純地作「同一」解，而只能是「等於」與「不等於」的矛盾統一，兩者乃詭
　譎的同一。楊儒賓：《異議的意義：近世東亞的反理學思潮》（臺北市：臺大出版中
　心，2012年），頁149-150。
21 楊祖漢：〈鄭齊斗對王陽明哲學的理解〉，收入鄭仁在、黃俊傑編：《韓國江華陽明
　學研究論集》，頁213。

　　為什麼心即理可以無不足、無窮盡？這便是鄭齊斗生理與良知說的內涵。關於生理之說，鄭齊斗言：

> 竊謂大氣元神，活潑生全，充滿無窮，神妙不測。而其流動變化生生不已者，是天之體也，為命之源〔主〕者〔是氣也，形而後有局，其未有形之時，是為元氣。元氣者，無所局。其未有形之時，所謂元氣，本一理體而已，及其有形而後，始謂之氣，謂之器，有形而後局，則雖天地亦然矣〕，元精者，真陰之體，元神者，真陽之靈〔是先天之元，太極之靈者。是既生陰陽心腎，而乃有精神之藏，魂魄之生〕。錄曰嬰兒在母腹，只是純氣，有何知識？是一點純氣，只是生理〔是其為精神真氣〕，是理之體，神之主也。醫經曰：心主脈，脈舍神〔脈者，血氣之先〕，又曰一息不運則機緘窮，一毫不續則穹壤判〔是先天一氣，先天之靈。人之脈者，是血氣之妙、神之主也，是理之形體也〕。生理之體，本謂此爾。雖然又其一箇活潑生理全體生生者，即必有真實之理〔體〕、無極之極，而於穆沖漠，至純至一之體焉者，是乃其為理之真體也是〔是所謂道者也、命者也〕。人心之神，一箇活體生理，全體惻怛者，是必有其真誠惻怛純粹至善，而至微至靜至一之體焉者，是乃其為性之本體也〔就其中本體有如是者，自然本如是，是正所謂性者也、道者也，聖人惟是而已〕。[22]

天地宇宙是流變無窮的，皆有真實之理在焉，人處其中，人心之神，也因為惻怛之心，所以能感受全體、感通世界，人與世界是當下相即

---

22 鄭齊斗：〈存言中〉，《霞谷集》，頁249。

不離的。其中關鍵便在於生理，生理是活潑無窮，神妙不測，卻又流通變化，生生不已，生理是天地之本體，也是天命之本源，就人的存在來講，這種至純至善的人心之神，便是活體之「生理」，聖人教人，就是要人掌握「生理」的圓善之境。另外李慶龍曾指出，鄭齊斗解釋生理，有許多論述是在與好友閔以升論辯中，對彼此的問題與疑惑所作出的解答，帶有一種隨機式的「權答」，故內容有所偏至，側重點也不同，[23] 所以他又會說：「一團生氣之元，一點靈昭之精，其一箇生理〔即精神生氣為一身之生理〕者，宅竅於方寸，團圓於中極，其植根在腎，開華在面，而其充即滿於一身，彌乎天地，其靈通不測，妙用不窮，可以主宰萬理，真所謂周流六虛，變動不居也。其為體也，實有粹然本有之衷，莫不各有所則，此即為其生身命根，所謂性也。」[24] 鄭齊斗此處言生理，是以人為模型，利用方寸、腎、面等身體器官與部位，擴而充之，漸及天地萬物，與萬物相即相感，所以才能由「一團生氣之元」、「一點靈昭之精」起始，於一身，彌乎天地。

鄭齊斗把生理解釋成活體，又說生理是至善純粹、於穆沖漠，如此定義「生理」的狀態與境界義，其實也就是在說良知。在他的思想裡，生理與良知是同義複詞，相同內涵的不同表述，就像鄭齊斗自己所說的：「人之言語，各因其所指，雖有不得已而異名者，豈可從而拘執而彼此之若是也。」[25] 其實良知與生理同義同旨，用意都在說明作為修身工夫的「心即理」，具有極為關鍵的地位。他認為良知：

---

23 （韓）李慶龍：〈十七世紀後陽明學時期和霞谷學的定位〉，收入鄭仁在、黃俊傑編：《韓國江華陽明學研究論集》，頁41。

24 鄭齊斗：〈存言上〉，《霞谷集》，頁234。

25 鄭齊斗：〈與閔彥暉論辨言正術書〉，《霞谷集》，頁21。

陽明之說曰良知是心之本體；又曰良知之誠愛惻隱處便是仁。
其言良知者，蓋以其心體之能有知〔人之生理〕者之全體名之
耳，非只以念慮察識之一端言之也，蓋人之生理，能有所明
覺，自能周流通達而不昧者，乃能惻隱、能羞惡、能辭讓、是
非，無所不能者，是其固有之德。而所謂良知者也，亦即所謂
仁者也，如程子所謂滿腔子是惻隱之心者，正是其體也，若無
此良知，頑然如木石無知，則其誰能惻隱者乎〔所可論正在此
段〕，今也以其良知，不過為循其惻隱而尋繹察識者之一端，
而不察乎其惻隱之心即良知也，心體之知即生理也，則宜乎其
所論者之為燕越也。[26]

心體之知即是良知，也是生理，鄭齊斗此處是用生理「有所明覺，自
能周流通達而不昧者，乃能惻隱、能羞惡、能辭讓、是非」之義，即
前述所謂全體惻怛、周流六虛、靈通不測之義。以生理的活潑躍動來
解釋良知，說明了良知流行發用的生生不息，既是周流通達，也是充
滿無窮，神妙不測，用意都在說明由生理（或良知）發用，人與人、
人與萬物皆得以彼此關懷、感通的可能性。[27]

　　值得注意的是，鄭齊斗不論是講生理，還是論良知，都注重「惻
隱」（惻怛）的面向。就他看來，這就是「仁」的感受，以孟子四端
中的「惻隱」來切入良知生理說，強調對人對己，甚至是對萬事萬物
的感同身受、同情理解的不忍之心：「惻隱之心，人之生道也，良知
即亦生道者也，良知即是惻隱之心之體，惟其能惻隱，故謂之良知
耳。夫既知其心本有知能痛痒能惻隱，而惻隱痛痒，即無非是知者，

---

26 鄭齊斗：〈與閔彥暉論辨言正術書〉，《霞谷集》，頁20。

27 吳震：〈鄭齊斗思想緒論〉，收入鄭仁在、黃俊傑編：《韓國江華陽明學研究論集》，
　　頁97。

則其曰有待於知而後然云者，可知其非陽明之說也，非其人之說而責
其人不可也。夫以其全體之德謂之仁，以其本體之明謂之良知，其所
指而名者，雖如此，然其全體亦何嘗非本體也，本體亦豈外於全體
也，惟一物故也。」[28] 鄭齊斗以痛癢為喻，用意在表達這種切己的感
受，便是惻隱之心，就是良知的當下即是、就是生理的本然發現，也
就是仁理。[29] 良知之知，應從此處理解，不必再另外求知、另生一義
來尋繹、來察識痛癢惻隱的心情，故曰：「不過為循其惻隱而尋繹察
識之一端，不察乎其惻隱之心即良知也。」「則其曰有待於知而後然
云者，可知其非陽明之說也。」[30]

明顯地，這種惻隱（良知、生理）仁理式的心即理，並不是空洞
的德性德目，而是具體充滿的人文厚度與內涵，是一種生命的學問，
就像我們感覺到痛、感覺到癢，這是在人倫日用之中，剴切深微，是
非常親密的感受。就因為感同身受，我們才可能明白心與理的不假外
求，對己來說，惻隱之仁，散布到全身的每個地方，正如前面引文所
提到的方寸、腎、面等身體內外，「如程子所謂滿腔子是惻隱之心
者」；對人而言，正因為「心體明則萬理明，萬理皆由此出而無不
足、無窮盡云耳」，漸次擴展，周流不殆，所以可以遍及萬事萬物。
這一切都是自然而然，是心感應於物的，他以《孟子》所提到的「吾
弟、秦人之愛」為例，就說：「吾弟秦人之愛，非謂無吾弟秦人之身
異也，其可愛不可愛之理由其中，感觸而發，昭昭然不昧，故其愛之
或以出或以不出，心之本然，自有不得者，與惻隱羞惡一般，喜怒哀

---

28 鄭齊斗：〈與閔彥暉論辨言正術書〉，《霞谷集》，頁20-21。

29 「人身之能痛能癢者，即是良知良能也。無良知，是誰能痛能癢耶？惟其心體之
   知，自能痛能癢焉，既能痛能癢，斯能知其疾嚮之發焉，是一知而已，非有二也，
   此所謂仁理也。」鄭齊斗：〈與閔彥暉論辨言正術書〉，《霞谷集》，頁20。

30 鄭齊斗以此切入良知，也正是其良知學的特色。可見楊祖漢：〈鄭齊斗對王陽明哲
   學的理解〉，收入鄭仁在、黃俊傑編：《韓國江華陽明學研究論集》，頁225-230。

樂之發而中節亦如此，豈商度其合愛與不合愛而後出其愛之之心不愛之之心歟？若於吾弟秦人之上，討求其理，以為其當愛而愛之，以為其不當愛而不愛，則道體已分，便有外內之異作偽之端矣。如明鑑燭物，妍媸黑白，豈不是其物也？其隨妍媸黑白而出於鑑者，一出於其明體，無一毫假之於外矣。此真物各付物，各有其則者也〔雖然無妍媸黑白之物燭之，亦何所形焉？非吾弟秦人之身，此理亦何所見乎？此又物理吾心不可分二處，而格物即致知者也，然其根之一出于心則不得小有夾雜，非果於物上有可求而明者也，以致於如目之色口之味之類，無不如此，外口而言味，外目而言色，天下無之〕。」[31] 愛親敬兄等行為，是出於孝悌之心，是自然流露，不假外求，並非先是探究孝悌之理才有孝行，因為此理即是此心。所以心即理，重在由己漸次推衍到萬事萬物，但要明理卻不能在事物上求，須從心上下工夫，就因為良知與生理是活潑的活體，如果本末倒置，棄於此而求於彼，反而在事物上追究，就是枝葉了。鄭齊斗曾重制閔誠齋（1649-1698）的「良知圖」，[32] 其中有言：「故就心而言良知，以為其性情工夫之主宰耳，且其縱橫顛倒，皆說心說良知者，為其事物感應之理，皆出於心，而不在於物故也」，事物感應之理，出於心，而不是在物本身，便是標明此意。

　　這樣子講良知，突出良知的惻怛隱切處，就與王陽明之說，有了不同的著重點。在王陽明（1472-1529）看來，良知是人的內在道德判斷與評價的體系，作為意識結構中的重要部分，具有引導、監督、判斷與省思的功能，他說是非與好惡：「良知只是個是非之心，是非

---

31 鄭齊斗：〈答閔彥暉書〉，《霞谷集》，頁25。
32 鄭齊斗與閔誠齋論辯良知，閔誠齋曾繪「良知圖」，鄭齊斗認為非陽明本義，於是自己重繪了良知體用圖二張。見崔在穆：〈鄭齊斗陽明學在東亞學術中的意義〉，收入鄭仁在、黃俊傑編：《韓國江華陽明學研究論集》，頁345-353。

只是個好惡，只好惡就盡了是非，只是非就盡了萬事萬變」，[33] 是非
之心，重在道德的理性原則。不過良知也有道德的情感層面、也有著
惻隱辭讓的真誠怛惻義，王陽明就講：「孩提之童無不知愛其親，無
不知敬其兄，只是這個靈能不為私欲遮蔽，充拓得盡，便完。」[34] 愛
其親，敬其兄，充而拓之，正可見良知天理流行，處處洋溢著生機與
幸福感；又云：「見孺子入井自然知惻隱，此便是良知不假外求」，[35]
引用孟子孺子入井之說。所以王陽明論良知，其實包含了孟子四端
（惻隱、羞惡、辭讓、是非之心）。[36] 鄭齊斗從惻怛進入良知，雖與
王陽明融攝四端的說法略有差異，但仍可視為是陽明良知學的合理
引申。

　　鄭齊斗以良知與生理作為心即理的內涵，事實上也是出於他將理
與禮視為同構一體的原因，相對來說，心之條理為理，理對應到具體
的事態，即是禮，禮在人倫日用之中，是維繫人文秩序的重要關鍵。
從「心即理」再到「理即禮」，鄭齊斗的經世思想，即是建構在這樣
論證中，環環相扣。只是究竟該如何證成？什麼又是「禮」？理禮雙
彰的經世思想，又該如何確定其正當性與合理性？我們將在下節陸續
處理這些問題。

三　「理者，即禮也」——鄭齊斗的經世思想

　　鄭齊斗在〈存言下〉就直言：「理者即禮也，即此心之本體莫不

33　〔明〕王守仁：《王陽明全集》（上海市：上海古籍出版社，2006年），頁111。

34　〔明〕王守仁：《王陽明全集》，頁34。

35　〔明〕王守仁：《王陽明全集》，頁6。

36　楊祖漢：〈鄭齊斗對王陽明哲學的理解〉，收入鄭仁在、黃俊傑編：《韓國江華陽明
　　學研究論集》，頁234-237。陳來：《有無之境：王陽明哲學的精神》（北京市：北京
　　大學出版社，2006年），頁154-165。

有條理者也；義即又此心本體之條理，於事無不得其宜者也。」[37] 心之條理，是理，於事得宜者，就可以說是禮；鄭齊斗有時也會說禮是理的節文：「禮者節文之理，理之節文也」。[38] 就他看來，「心即理」的自然流露，表現在倫常性情與制度規矩的事物中，其實就是禮了，故理者，即禮也。所以又接著說：

> 物者心之感應也；事者良知之用也〔物由於心，心在於物，不可分缺〕，皆意之所著也，而非理之所出也。理者心之體而知之能也，理字只作禮字看，蓋心之有禮文於事物也，即如天之正性命於物也，吾之各盡禮義，即天之各正性命也，天命造化，與吾心天理，只是一事一理。[39]

理與禮，相較來說，前者屬心即理的良知層次，後者則是人倫日用名物度數。但如前節所言，「即」字促成了兩者的不離不雜，理即禮，都是心感應於物、良知用於事的表現，是「文於事物」，如天賦性命於萬物，吾人各盡禮義，正如天之各正性命。禮，就在人倫彝常的實踐之中，既是內化於人心，也能表現於外在事物。鄭齊斗重禮，其實也就是前述「心即理」的發揮，而他講的禮，既能是個人言動視聽，也能是宗族鄉民、典章制度等層次，所以他的禮學，正是他的經世之學。

　　例如鄭齊斗在《經儀》裡，就取法鄭玄當年的做法，掇取中國經典文獻，分成通言、容貌、視、坐、立、步趨、拜揖、言語、衣服、飲食、授受、相見、升車、居處、少者儀、從宜、雜記、追輯等條

37　鄭齊斗：〈存言下〉，《霞谷集》，頁260。
38　鄭齊斗：〈存言中〉，《霞谷集》，頁252。
39　鄭齊斗：〈存言下〉，《霞谷集》，頁260。

目，分類論述相關禮儀之道，諸如外表容貌、與人對談時之眼神、走
路速度的快慢、與人相見的拜揖方式、言語的態度辭氣、衣服飲食登
車與家居的種種規範等等，都是他所看重的。這些禮節，他以引用古
人古語的方式，來說明為何是適宜正當的，例如在〈坐〉中，他引了
李退溪（李滉，1501-1570）的話，盤坐雖不若整襟危坐般嚴肅，卻
也不害義理：「退溪先生曰：盤坐雖不如危座之儼肅，似不害於義
理，可以通謂之正坐端坐。」[40] 不只如此，身為陽明學者的鄭齊斗，
在論禮制時，也不避諱引用朱熹的許多看法，〈步趨〉：「朱子曰：常
人去近處，必徐行；遠處則稍急。延平先生則不然，出近處如此，出
遠處亦只如此」、「朱子每徒行報謁，步速而意專，不左右顧，及無事
領諸生游賞則徘徊顧瞻，緩步微吟」，[41] 對朱熹平日步趨踐履之功，
似多欣賞。〈拜揖〉裡也說：「朱子曰：古人坐也是跪，故其拜容
易。」[42] 整篇談拜揖，如男拜尚左手，女拜尚右手，都是立基在朱子
看法上來說的。其它諸如〈言語〉、〈相見〉、〈升車〉等等，也可見其
引用朱熹。不過他贊同朱熹的說法，是就具體的行為上來講，可是朱
熹的問題仍在於行為背後的思想根源，這仍舊是因為鄭齊斗「心即
理」的立場所致，他在〈答閔彥暉書〉與〈存言上〉便說：

> 朱子謂象山以讀書講理為外而廢之，此告子義外也，是以其外
> 而廢之者為外也，陸氏謂朱子以物理為在外而講求，此即義外
> 也，是以其外而合之者為外也。朱子以理為在物而求之，其意
> 固將以合之矣，然其為體則已為二途矣。然其所言心即理者，
> 正是由內達外，自本而末云耳，惟其本於心而明其天，則以達

乎天地萬物之用，則豈非所謂集義者，而孟子所以辨內外於告子者耶？夫陽明之謂心即理，心在物為理，無內外一而已者，只是此耳。

朱子以其所有條通者謂之理，雖可以謂之該通於事物，然而是即不過在物之虛條空道耳。茫蕩然無可以為本領宗主者也。[43]

鄭齊斗指出，朱熹（1130-1200）認為理在物中，心要求理，就得在物中求（格物致知），用意雖在於將心與理合一，事實上已將心與理二分，鄭齊斗認為這是錯的，理不能在事物上求，而須從心上下工夫。心即理，是心在物為理，是一而非二，亦無內外之分，以上述禮儀來說，〈步趨〉、〈拜揖〉、〈升車〉所引朱子語，雖為鄭齊斗所同意的，可是這是朱熹在事物中所求之理，仍不免於心有隔。畢竟就他看來，朱熹事先求禮儀之理，再依理而行，這就落於「義外」之下乘，不過是「在物之虛條空道耳」，就像上節引文所說的「若於吾弟、秦人之上，討求其理，以為其當愛而愛之，以為其不當愛而不愛，則道體已分，便有外內之異、作偽之端矣。」敬愛辭愛就在心中，並不是外在有個空懸的孝悌之理，朱熹不能見此，故當「義外」已成，有內外之分時，就可能會有作偽的流弊，徒使禮成為虛文，欠缺禮意，這也是鄭齊斗屢屢強調「天理之正」、「誠心務實」的原因。[44]

就因為禮是心即理的表現，「知禮在於心理」，[45] 禮就不是徒具外在形式的規則儀式，而是內外兼得。換言之，「心即理」的自然流

---

43 鄭齊斗：〈答閔彥暉書〉、〈存言上〉，《霞谷集》，頁29、235。

44 這是鄭齊斗對朱熹的理解，自然有其立場使然。朱熹說格物，當然不會沒有道德性命的感受與需求，相關論述甚多，茲不具引，主要可見錢穆：《朱子新學案》第2冊（北京市：九州出版社，2011年），頁621-668。

45 鄭齊斗：《論語說》，《霞谷集》，頁390。

露，表現在禮中，可說是仁心惻隱的體現實踐，運用到社會國家上，便得以整齊風俗，化成人文。他指出這正是陽明之學的精義：「王氏所謂物者非外於吾心也，乃吾心之日用可見之地，而吾知之所在者也。」[46]「皆一理也，故盡乎己則能盡乎人，盡乎人則能盡乎物，此所以陽明合一之說，陽明之說如此者，正惟陽明之學如此故耳。」[47]陽明之學是否真是如此，或可再論，其實鄭齊斗之所以指出王陽明學問的特性，是為了建構他理想中的修身與經世，於是從己到人到物，就成了所謂的禮法禮制：

> 鄉之有禮，厥惟古矣，自家塾而進，其興也在鄉，自邦國而降，其風也在鄉，是以自古聖人制禮，迨我國家有興，莫不以是為大，其於作人之方，化民之道，顧不重歟！無論三代禮經，國朝五禮儀之作，州縣飲財之禮，在嘉禮中，特為表著，節目燦然，於休盛哉！[48]

此處鄭齊斗藉由言鄉飲酒禮，來說明禮對於移風化民的重要。關於其他禮學的具體性作法，他在與他人書信中，亦有提及：「獻酌之禮，詣尊所，實酒于注，執事二人，執注執盞諸主人左右，斟酒于盞者，家禮也，主人跪香案前，執事斟酒，奉盞跪進主人者，國禮五禮儀也。此為我國士大夫通行之禮，遵行國禮，先王之制故也。」[49]獻酒之禮，並不是將酒倒進酒杯便成，而是有各種細節的規範與步驟；又例如他認為士大家族舉行壽禮以前，依照家族的長幼輩分，也應該有

---

46 鄭齊斗：〈學辯〉，《霞谷集》，頁227。
47 鄭齊斗：〈與閔彥暉論辨言正術書〉，《霞谷集》，頁21。
48 鄭齊斗：〈府學行鄉飲酒禮序〉，《霞谷集》，頁213。
49 鄭齊斗：〈答李栢齡別紙〉，《霞谷集》，頁90。

一番嚴謹的進退順序與儀式:「禮之拘於王法者,雖不得擅立,義之
伸於敬宗者,自可以盡道。今此祭會之禮、尊宗之義,正可表著。是
所謂大一統者,與三達尊之道,並立而通行。今者敘拜一節,宗子當
主阼階之位南面之壽,而諸祖之長則不得主南面之位也,拜敘今擬其
儀,若曰:主人於阼階下揖,請諸祖父升,諸祖父由西階升,共為一
列,立於西序,東向北上,主人升阼階西向,諸祖之次長者以下,轉
向就兩楹之間,西向北上,再拜最長者一人。長者揖之,諸祖以下還
就西序初位,主人遂西向再拜諸祖訖。諸祖遂權就北壁坐,南向東上
〔地狹故如此,若無祖行則無權就北壁〕。主人復降揖,請諸父升,
諸父升北面再拜諸祖訖,退立於西序,主人西向再拜諸父。諸父皆
坐,主人復降揖,升諸兄,諸兄升東上,北向再拜諸祖,又西向再拜
諸父訖。諸兄進立於兩楹之間少西東向,主人再拜諸兄,諸兄揖之
訖。諸兄趨就東序,立於主人之右少退北上,然後諸弟升,共為一
列,拜諸祖拜諸父,又拜東序宗子位訖。退坐於東序諸兄之下,主人
之左少退,諸子諸孫又以次升,拜如前訖,退立於南行西上北向。庶
孽云云,於是諸祖先出,諸父次之,諸兄又次之,退避室中,遂行上
壽禮。」[50] 此段雖是純粹敘述進退順序之儀式,但如前所言,禮之儀
態規矩,並非只是外在規範形式而已,否則就落入他所批判的「義
外」、「在物之虛條空道耳」。換句話說,合理而立禮,因此禮理相用
互為表裡,愛親敬兄、宗族老輩是本身情意的流露,孝悌之心,自然
而然,有此仁愛慈善的情意,所以才有尊卑長幼之序,故祭會之禮的
制定,諸如升堂登揭入坐等序次,便是順應著這些情感來制定,以表
現人文風俗之美,可謂「化民之道」。除此之外,鄭齊斗亦論及服
制、昏禮、喪禮、祭禮、論先祖廟遷等等,也多有自己的見解,這些
禮,事實上也就是理,就是他在〈存言下〉所說的:「聖人之道無

---

50 鄭齊斗:〈答鄭景由別紙〉,《霞谷集》,頁66-67。

他，惟是彝倫名教禮法之事也，故學問之事無他，亦惟在於日用人情事物之間而已，惟常於父子兄弟夫婦長幼親戚朋友之際，君臣上下邦國民物之中，作止語嘿視聽云為日用飲食之間，察其公私義利之辨，致其本心天理之體，盡其仁義禮智之性而已。」[51] 鄭齊斗所提及的獻酬之禮、祭會之禮、服制、昏禮等等，皆可見於日用飲食之間、彝倫名教禮法之事、君臣上下邦國民物之中、親友輩分倫理之際，[52] 而為學之道，便在於良知之教，故本心盡理，修己以安人，經世而致用，便是鄭齊斗一貫的想法。

擴大來講，禮既有體國經野、開物成務的宏闊，自然也能有設官分職、因弊立法的細膩，這就是鄭齊斗所謂的王道，他在與朴世采的問答中，便說：「審王道云云，曰王道則上下十二篇，無不包括在中，當為一篇大綱，不獨為目而已，若曰審道術而論辨王伯貴賤之義，要以定其取舍，明其準的，以為當世立極，而為今日第一義，如何？」[53] 這個第一義，不只是罷內司、用寬猛、破朋黨、抑嬈倖、責己、鄉黨經界、水利、軍制、選器械、行營、水戰、學校等十二項，

---

51 鄭齊斗也是在這個角度上，批判佛老，說他們：「佛氏亦有明心之法，然徒守其明明昭昭之靈覺不昧者，而遏絕其天理之全體，則是雖有其心體之空寂，而亡於性道之統體。老氏亦有養神之功，然徒事玄玄默默之恬澹虛無，而遺廢其天理之大全，則是雖有其氣之清虛，而離乎義理之主帥。」兩者都不能明天理之全，自然也都無益於世。〈存言下〉，《霞谷集》，頁261。

52 稍晚於鄭齊斗的中國凌廷堪等人，提倡「以禮代理」之說。凌廷堪認為，宋明理學講求的理，過於形而上，流於空泛，相較之下，「禮」才是實學所在，性情表達必須藉由禮，修身克己亦端賴於禮，故禮是端正內心的原則，是溝通人我互動的方式，也是倫常禮制的實踐，更是國家典章制度的展現。這就與鄭齊斗所言有異有同，鄭齊斗雖然也認同禮的實踐性質，但他始終是以心即理的角度來講禮，禮與理是雙彰雙顯的，並無以誰取代誰之意。關於「以禮代理」，可見張壽安：《以禮代理—凌廷堪與清中葉儒學思想之轉變》（臺北市：中央研究院近代史研究所，1994年），頁261。

53 鄭齊斗：〈答朴南溪疏草問目〉，《霞谷集》，頁15。

畢竟這只是鄭齊斗說的綱目而已，每項之下他又多有論說，如論寬猛，重點在於辨公私而以誠實為本；水利部分，則指出水車多無效，應該就水源處築堤儲水以作灌溉之用，不過這些地方常常被占用，以至廢壞難行；講軍制，他認為別隊以下，諸色軍各自為政，極為害事；選器械，弊病在濫費過多，選購軍器本為增強國力，但貪污舞弊，以致於效果不彰……等等。另外在〈劄錄〉中，也多體現對於治國的構想，諸如下詔集一國之群策、徵訪人材、罷私人內寺、出內府私財、官司屯田、罷公賤、焚軍籍、定朝儀、改官制久任、立里長、整籍戶口、絕僧徒、收戶市、定士民業、定農民作編伍、恤五窮、正量田、限民田、正民賦稅、收雜稅、定山澤、廢畜牧馬政、農民可自造農器，亦可自由買賣、移定貢物、分縣社、罷科舉等等，幾乎包括國家各種層面的制度。[54] 以田制來講，他主張要正量田，並認為由里長來處理這項工作最是恰當，因為若依照戶籍以及該地廣狹，則里長（五里立一里長）最為瞭解，如有奸詐等情事，處理不公，自然也該懲處，而民田也不可太多，以免造成土地兼併的問題，若買賣或分後世子孫者，也該於官府處登記，作帖牌以為信。至於在田賦部分，除主稅與官稅之外，還要置立社倉，按時繳納，以備天災等不時之需。[55]

可是這些制度、這些禮要切於實際，不能虛浮無根，要針對社會弊病，改善民生，淳化民風，就必須因時應變，不能拘泥於古制，當然也不能一昧遷就現世的權力，為某些既得利益者服務。鄭齊斗論禮，之所以常有「因時造化」、[56]「為禮觀之，禮亦有變矣」、[57]「故

---

54 鄭齊斗也有立官制的構想，並且與《周禮》關係密切。龔鵬程：〈韓國陽明學者鄭齊斗的經世思想〉，收入氏著：《儒學反思錄二集》，頁234-236。

55 鄭齊斗：〈劄錄〉，《霞谷集》，頁552、554。

56 鄭齊斗：〈答朴南溪疏草問目〉，《霞谷集》，頁15。

57 鄭齊斗：〈閔汝猷書〉，《霞谷集》，頁87。

惟一時救弊之政者，亦惟在隨時以議制，任人以應變，要不失為救時
之方而已」，[58] 即是本於此意。

可是，依時應世，也可能流於權謀與劣行，他之所以批評朱熹物
中求理會變成「外內之異、作偽之端」，便是出於這層顧慮，因為理
在物中，我們就容易因為事物的輕重緩急、牽涉糾葛，而改變自己的
立場，因而粉飾塗抹，以致於合理化自己的言行。不只朱子學如此，
他也認為陽明良知之說甚精，以天地為一體，以天下為一家，若能掌
握良知，天下欲不治，亦不可得，但致良知之弊，也有任情縱欲的可
能，都可能讓「禮」失去了初衷。[59] 若然如此，又該如何判斷禮的正
當性？他的回答是：「禮樂刑政，無預於作聖之功，苟合於理當於
心，則雖非古聖，可以作為，只以誠心務實」，[60] 誠心務實，合理於
心，則可以去偽，因此鄭齊斗也以「天理之正」來判斷：

> 牛可耕，馬可馳，雞司晨，犬司吠，固所謂物理，然亦有理與
> 非理而已矣。謂牛可耕而耕之於不當耕，謂馬可馳而馳之於不
> 當馳，攘鄰人之雞，戕西旅之獒者，尚可謂之理乎？牛有時乎
> 有騎者，馬有時乎有載者，雞有時而烹，犬有時而皮，馬牛之
> 適有歸放，雞豚之或有不察，獨不可謂之理乎？凡於此等，必
> 察真至之義，極夫天理之正而後，方可謂之理也。夫所謂真至
> 之義，天理之正，果在乎馬牛雞犬而可求者邪？故天地萬物，
> 凡可與於人事者，其理元未嘗有一切之定在物上，人可得以學
> 之也，其逐件條制，隨時命物，實惟在於吾之一心，豈有外於
> 心而佗求之理哉？若徒見可耕可馳之在牛在馬，就而求之則實

---

58 鄭齊斗：〈答崔汝和書〉，《霞谷集》，頁49。
59 鄭齊斗：〈存言中〉，《霞谷集》，頁264。
60 鄭齊斗：〈存言中〉，《霞谷集》，頁264。

亦茫蕩無歸，正涉逐物之病，某恐聖賢所為性理之學，不在是
也。告子謂彼長而我長之，非有長於我也〔正是牛耕馬馳之意
也〕，孟子引長馬之長長人之長，出於心之區別者喻之，且曰
長者義乎？長之者義乎？此所謂天理也，其義之分明已如此，
則何故必以為外在也？先儒云羈靮之生，由於馬。斯固至論
〔此明其非出於人之私智之謂〕，然因此而謂羈靮之理，不在
於心不可。何則知馬之可以羈靮而羈靮之者誰邪？夫羈靮而制
馬則心之理得也，如或有不中不明，妄羈靮而御牛者矣，是果
有係於馬牛而然乎？[61]

牛可耕，馬可馳，雞司晨，犬司吠，這是我們所熟悉的物理。可是既
然有理，往往也就有非理，理與非理，理如前者所述，後者諸如牛可
耕卻不當耕，馬可馳卻不當馳，甚至偷竊鄰人之雞、玩物喪志等等，
可以說是非理。可是世事並非如此黑白分明，牛有時不耕而是拿來騎
乘，馬有時也拿來載重，雞甚至也常用來烹煮，這些不也是理嗎？若
是理，則牛可耕，馬可馳之類，是否也是理？兩者的理，是否矛盾？
或可共存？言人人殊，理又該如何判定？鄭齊斗認為，我們因接觸物
而求理是沒問題的，只是天下事物無窮無盡，不可能逐物逐條而求，
這是不切實際的，就如徒見牛可耕馬可馳，就以為這是理，殊不知此
乃「求之則實亦茫蕩無歸」。況且理如果莫衷一是，對道德實踐也會
有妨礙，所以他主張「必察真至之義，極夫天理之正」，才能稱為
理，就因為理不該在物上求，理在心中，所以當我們面對天下事物
時，就要返求於心，逐件條制，隨時命物，理會因為外在世態的不同
而保有彈性，可是這種彈性空間又不能流於偏邪，而是必須符合天理

---

61 鄭齊斗：〈與閔彥暉論辨言正術書〉，《霞谷集》，頁18-19。

之正、真至之義的，他說「義」是「於事無不得其宜者也」，[62] 即該
由此理解。他又引用告子的話：「彼長而我長之，非有長於我也。」[63]
告子是以外在的理（彼長而長之）來判斷，這就像鄭齊斗所說的牛耕
馬馳之意，徒見一理而未見其他，孟子則反是，所以孟子才以長人之
長與長馬之長回應，目的在於說明「義內」──義是出於自己的憑證與
判斷，如此才能於事於物皆得其宜。明白此理，理應該從心求，心能
即理，才可以依道而行，得事物之義，不致於顛倒是非、指鹿為馬，
把套在馬上的絡頭與韁繩，誤用在牛身上：「羈靮而制馬，則心之理
得也，如或有不中不明，妄羈靮而御牛者矣，是果有係於馬牛而然
乎？」我們見微知著，表現在具體的事務政策上，心即理，理即禮，
這種禮儀之理，才能合情合理，才不會「迂遠而闊於事情」。

　　鄭齊斗又曾引朱熹所謂「枉尺直尋」、「膠柱鼓瑟」，來說明這樣
的道理：「朱子斷之曰義理事物，其輕重固有大分。然於其中又各有
輕重之別，聖賢於此斟酌，固不肯枉尺而直尋〔從利而廢義〕，亦未
嘗膠柱而調瑟〔執一而無權〕斷之一視之當然而已〔朱子說止此〕。
蓋以此為處事之權衡，實義理至要處也。凡天下道理，若只有箇不
肯枉尺而已，則又安用更說未嘗膠柱邪？……若只知有經而莫知有
權，則可不謂之膠柱乎？雖然世或有揣摩事宜，斟酌經權者，則又
必疑之為枉尺，何哉？」[64] 就他看來，「枉尺直尋」、「膠柱鼓瑟」常

---

62 鄭齊斗：〈存言下〉，《霞谷集》，頁260。
63 〔宋〕朱熹：《四書章句集注》，頁326。
64 鄭齊斗：〈上朴南溪書〉，《霞谷集》，頁10。朱熹原文為：「此章言義理事物，其輕
　　重固有大分，然於其中，又各自有輕重之別。聖賢於此，錯綜斟酌，毫髮不差，固
　　不肯枉尺而直尋，亦未嘗膠柱而調瑟，所以斷之，一視於理之當然而已矣。」是根
　　據《孟子》「禮與食孰重」所作的疏義。〔宋〕朱熹：《四書章句集注》，頁338-339。
　　當然朱熹論經權，並不如此簡單，他之所以不同意陳亮的王霸論，正也是因為經權
　　的問題。可見劉芝慶：〈陳亮經學述義〉，《東華漢學》17期（2013年6月），頁93-
　　105，收入本書。

常是衝突的，有時過於權變，常導致從利而廢義，若只有經而沒有權，則又不免膠柱鼓瑟。從這樣的角度出發，兩者的動態平衡便有賴於「心即理」的實踐，鄭齊斗說：「夫治天下固大，治事物固小，然其以此心制之則一也。治天下只是此心，治事物只是此心，不以其小事而有餘，不以其大事而不足。無他，此心之外無天下，此心之外無事物也。」[65] 便是他經世思想的高度濃縮，文句中不斷重複的「心」，當然不是獨斷獨行的絕對心靈專制，而是必須經由自我反省與節制、[66] 涉世歷練、讀書學習[67] 等磨練薰陶之後，心之有條理，理之成禮，又能切合實際，察真至之義、極天理之正，所得來的結論，治天下如此，治事物亦如是。

四 結論

鄭齊斗以心即理為基始，以良知之生理的內涵，圓善其說，又藉由理禮雙彰，來完成他的經世之學。從外部來看，禮固然是具體事務，只是如果缺乏真實誠摯的內涵，沒有體貼親切的感受，不免只是虛文，甚至可能是迂闊、不切實際的。反過來講，若通過惻隱惻怛的感受，回溯到「心即理」的流露與實踐，則禮就是實學，是充滿人文意蘊、切合於世間彝倫的規範原則。禮之表現為具體制度，自然可以

---

65 鄭齊斗：〈雜著〉，《霞谷集》，頁216。

66 「讀書存心，時時省察自治，不獨以世俗憂患自處而已也。」鄭齊斗：〈答從子書〉，《霞谷集》，頁108。

67 鄭齊斗讀書廣博，由博反約而養心，文中已多有所論。他也認為讀書人要多經歷險阻，有更多的生命體會，才可以讓自己更貼近聖賢境界，他以孟子「天將降大任於斯人也」為例：「年少時經歷險阻，亦未為無補，古訓以動心忍性，增益其所不能，為聖賢之所從事，況汝輩末學，其可以不勉乎！」〈答從子書〉，《霞谷集》，頁108。

因權、因「天理之正」、「真至之義」，斟酌損益而以時俱進、與民變革，不必拘泥；只是以「心即理」發露的真實感，其良知與生理的圓善完滿來說，從德性的覺醒再到制禮作樂、治平天下，修身而治國，經世而致用，則禮由內而外，從心理修養到體國經野，就成為密不可分的關係，便是亙古之常道，也正是鄭齊斗一貫的想法，正像他所說：「名物度數，律曆象數，必學而后知，聖人亦未必能之。禮樂刑政，必學而后知，其本則中和之德仁義之心，實為禮樂也。」[68] 相較之下，名物度數、律曆象數等知識，必須經由學習而得之，鄭齊斗當然也不會忽略其重要性。禮樂刑政，自然也有知識的部分，可是若從惻隱的情境來看，仁義之心實為禮樂，是仁心同理的感受，亦必學而後知者，此處所謂的學，正是「心即理」，鄭齊斗經世之學的出發點，即在於此。

　　不過，鄭齊斗雖身負經世之志，對政治社會等問題多有擘劃設想，最終卻未見用於世，這顯然是鄭齊斗自覺的選擇，就他自己的說法，是世間難行其道：「逮乎末年，見黨論潰裂，私意橫流，則不復有所論說，每稱如今時弊，雖有美法良制，將安所施措也？」[69] 黨論嚴重，爭奪不已，確實讓有心人難以施展抱負，他也不禁感嘆：「世之為士，常患有才無命，有文不遇，德有詘而賢無祿，不可勝究。所謂命者不可必而理者不可晰也，吾於聖諧，尤不能不以是而重惜。」[70] 李聖諧為鄭齊斗從弟，此篇雖為祭從弟文，只是有才無命，有文不遇，觀人亦觀己，「世之為士，常患有才無命」，又何嘗不是自傷？當然他也不是沒有機會，淮陽水旱便曾是他大有表現的場所：「當是時，淮陽荐離水旱，流亡相隨，屬先生（按：鄭齊斗）便宜振之，政無申

68　鄭齊斗：〈存言中〉，《霞谷集》，頁256。

69　（朝鮮）沈鐥：〈行狀〉，《霞谷集》，頁286。

70　鄭齊斗：〈祭內從弟李君聖諧文〉，《霞谷集》，頁180。

令，筆不及人，不出而化教洽於境，治三月，扶攜還業千餘人，皆曰父子相保，妻孥不相離，伊誰之賜？及歸壺榼者數十里不絕，既又鑄銅鐵為碑以頌」，[71] 略施身手，政績已然不俗，有人就形容他是「通儒全才」、「夫窮經致用，經世佐王，自是儒者之本分，俗儒於此，大抵闕如，惟先正則不然」、「先輩知德之論，咸以經世佐王之姿歸之」，[72] 如此美辭，皆事出有因，恐非虛語讕言。只是如前所言，以當時大環境來說，在黨論潰裂、私意橫流，學術觀點亦不容於世的當下，依照〈年譜〉所記，鄭齊斗晚年雖有許多出仕為官的機會，卻仍堅辭不出。畢竟，外在氛圍的不允許，難以兼善天下，知我者謂我心憂，也只好獨善其身，潛心著書講學，將胸中經世籌設化為文字。[73] 或許無可奈何，也嘆有才無命，又感「雖有美法良制，將安所施措也？」即便如此，我們咀嚼文義而文果在心，仍可發現他學問中濃厚的經世傾向與特質─雖然，他還是自覺地難以用世，並且齎志以歿的。

---

71 鄭齊斗：〈紀鄭先生淮陽治事〉，《霞谷集》，頁300。

72 鄭齊斗：〈請設書院儒疏〉、〈再疏〉，《霞谷集》，頁303、304。

73 鄭齊斗屢推辭屢受薦，宦海沈浮，究其原因，學術上的壓力，自然是主因之一。詳參張崑將：〈東亞陽明學者對〈知言養氣〉章的解釋之比較〉，收入氏著：《陽明學在東亞：詮釋、交流與行動》（臺北市：臺大出版中心，2011年），頁57-59。

「文章要有本領」
——方東樹論漢宋之爭

一 前言

清代中葉以後，當時學術界對於「漢宋之爭」的討論，論者多矣。兩方或以漢學攻宋學，評其空疏、游談，宋學立場者則認為漢學昧於大義、不明義理。其中方東樹（植之，1772-1851）撰有《漢學商兌》，自承「竊以孔子沒後，千五百餘歲，經學義脈，至宋儒講辨，始得聖人之真」，[1] 以宋學、特別是程朱的立場，批判漢學家，痛斥漢學之風，有害世道人心。

自近代以來，關於方東樹《漢學商兌》[2] 的研究，為數不少。根據潘振泰與田富美等人的看法，對方東樹其人其書予以負面的評價的，認為此書多謾罵，缺乏深入分析，如蕭一山、朱維錚等人；給予贊許者，雖也承認《漢學商兌》有人身攻擊之處，某些說法也確中漢學考證之弊，是一有系統批判漢學的著作，使當時學界對漢學進行反

---

1 〔清〕方東樹：《漢學商兌》，收入朱維錚主編，江藩、方東樹著：《漢學師承記（外二種）》（香港：三聯書店，1998年），頁236。

2 關於《漢學商兌》的成書時間，學者們看法略有不同。鄭福照定為道光四年（1824），梁啟超則認為是嘉慶年間左右，錢穆則考訂為道光六年（1826），朱維錚則認為應早於道光六年。除此之外《漢學商兌》還有3卷、4卷的說法。可參田富美：〈方東樹反乾嘉漢學之探析〉，《銘傳大學2008年中國文學學理與應用學術研討會》（銘傳大學應用中文系主辦，2008年），頁3。陳曉紅：〈方東樹著述考略〉，《古籍整理研究學刊》第3期（2010年5月），頁21-22。

省，如錢穆、王汎森、張淑紅等人。[3]值得注意的，學者們也指出方東樹所指責的漢學家們，是有針對性的，並非將漢學一視同仁，張麗珠便認為方東樹主要所反對者，是批評程、朱的漢學家，像是戴震、阮元等人，這些人才是他真正的打擊對象，至於循訓詁形聲以求的純粹漢學家與考據學，「那只是次要的懷璧其罪，一併誅之而已」。[4]再者，正如錢穆與朱維錚所分析，《漢學商兌》是針對江藩《國朝漢學師承記》《國朝經師經義目錄》而發，[5]更進一步要細究的，是前者駁斥的「漢學」與後者讚揚的「漢學」，內涵並不完全相同，田富美就分析江藩所謂的「漢學」，是指專主治學的考據工夫，而方東樹所稱之「漢學」則概括了義理思想與考據工夫，兩者範疇不盡相同。[6]

誠如上述，關於方東樹對漢宋之爭的看法與立場，學界累積成果頗多。學者們的主要關注點雖仍在《漢學商兌》一書，也偶有引用方東樹的其它著作，諸如《書林揚觶》、《儀衛軒文集》等書，顯示學者們所用的材料皆已擴大，連帶地也使得對方東樹的瞭解更為深入、全面。本文的研究，擬在眾多學術成果之上，繼續探討方東樹論漢宋之爭的問題，指出方東樹批判漢學，固然是其宋學（程、朱）本位所致，可是方東樹作為姚鼐弟子，桐城派的大將，說文法、論義理、重經世，對「文章之學」的重視，也是方東樹反對漢學家的原因之一。

3　相關文獻回顧可參潘振泰：〈清代「漢宋之爭」的宋學觀點初探——以方東樹的《漢學商兌》為例〉，《政大歷史學報》第20期（2003年5月），頁213-217。田富美：〈方東樹反乾嘉漢學之探析〉，頁3-4。

4　張麗珠：《清代的義理學轉型》（臺北市：里仁書局，2006年），頁118-119。

5　錢穆：《中國近三百年學術史（下）》（臺北市：臺灣商務印書館，2005年），頁573-576。朱維錚則另外剖析方東樹與阮元、江藩等人的學術人際關係，還有方東樹的人格特質。朱維錚：《求索真文明——晚清學術史論》（上海市：上海古籍出版社，1996年），頁13-37。

6　田富美：〈方東樹反乾嘉漢學之探析〉，頁11-13、24-29。

反過來說，漢學家也常批判桐城派的文章，方東樹正是以彼之道還施彼身，認為真正不明文章大義者，其實是漢學家自己。[7]這種立場，事實上又與方東樹對詩學的重視有關，方東樹的詩文觀點，可見其《昭昧詹言》，只是研究者多就文學層面切入，或析述其詩學涵養，或論其證桐城文法，尚未見據此推論漢宋學術，故本文以「文章」的角度，初為發凡，再配合《漢學商兌》、《書林揚觶》、《考槃集文錄》[8]等書，冀能藉此對方東樹論漢宋學的研究，增加一些材料與理解。

二　文是道的自然流出

文派以桐城為名，始於姚鼐，[9]系譜中諸如戴名世、方苞、劉大魁、姚鼐等都是安徽桐城人。桐城派作為一個文學流派，能人輩出，各人主張不盡相同，固不可同等視之。[10]當然本文並非專門研究桐城派，不擬一一分析其間差異，正如陳平原所言，桐城派在道統上尊崇

7　因此本文的研究，多是梳理方東樹自身對於「文章」的觀點，冀能增進學界對於方東樹的認識，至於方東樹所言合理與否，倒不是本文關注的焦點，故並未刻意於正文中針對討論，而是在腳注與結論處陳述說明。

8　據陳曉紅的考證，《考槃集文錄》撰成後並未立即刊行，《儀衛軒文集》則是《考槃集文錄》的選本，先行印刻。陳曉紅：〈方東樹著述考略〉，頁23-24。
　　應該要說明的是，就本文立場來看（以「文章之道」來看漢宋之爭），這些書成書時間雖不一致，但方東樹的觀點並未有前後矛盾、改弦易轍的情況出現，因此若以整體觀之，則可以對方東樹攻擊漢學的原因有更多元的理解。

9　王達敏：《姚鼐與乾嘉學派》（北京市：學苑出版社，2007年），頁103-107。陳平原：《從文人之文到學者之文》（北京市：三聯書店，2004年），頁201-208。

10　學者往往又以「桐城文派」稱之，吳孟夏曾引吳敏樹之說，認為：「他（吳敏樹）認為「桐城派」是一個「文派」。按我的理解，它是一種文藝散文的流派，而不是一個學派。」吳孟夏：《桐城文派論述》（合肥市：安徽教育出版社，2001年），頁2。關於戴名世、方苞、劉大魁、姚鼐等人文論的異同，可參該書第四至七章。亦可參王達敏：《姚鼐與乾嘉學派》，頁107-113。陳平原：《中國散文小說史》（臺北市：二魚文化，2005年），頁183-188。

程朱，在文統上繼承唐宋八大家，講義法、講「神氣音節」、講「神理氣味格律聲色」，是桐城派的特色。同是桐城文章，諸人風格或許有異，大致上都能做到清通暢達、雅馴簡潔。[11]方東樹論詩文之道，顯然也是就這個傳統脈絡來講的，他在道光十九年（1839）所作的《昭昧詹言》，便充分說明了這個主張，他首先認為道在文中，詩文是可以見道的，他引韓愈說法為例：

> 韓公云：「為古文豈獨取其句讀不類於今者耶？思古人而不得見，學古道則欲兼通其辭，通其辭者，本志乎古道者也。」公之意以辭為筌蹄。世論公為「因文見道」，觀此則公實「因道求文」，而併得其文焉。顧求句讀不類於今，非學文之本，而已為三味秘密。……，今欲學詩文者，當審斯二義。[12]

在《昭昧詹言》裡，方東樹多以詩文並舉，因為他認為文章與詩是相通的，文法可共用，詩與文是不可分割的。[13]引文中他雖舉出韓愈的見解，但筆下一轉，與其說文辭為筌蹄，因文見道，不如換個方式來說，文是道的自然展現，有了道，自然就有文，「自然」是指不必刻意地殫精竭慮，雕琢刻畫，造作為文，而是如水順流而下，沛然不止，如意隨發，〈復羅月川太守書〉：「蓋昔賢平日讀書考道，胸中蓄理至多，及臨事臨文，舉而書之，若泉之達、火之然（燃），江河之

---

11 陳平原：《中國散文小說史》，頁176。

12 〔清〕方東樹：《昭昧詹言》（北京市：人民文學出版社，2006年），頁15。

13 「故嘗謂詩與古文一也，不解文事，必不能當詩家著錄」、「詩賦乃文之有韻者耳，亦文也。」〔清〕方東樹：《昭昧詹言》，頁376、502。

　方東樹以古文義法論詩，並非孤明先發，其實是承繼姚鼐而來。吳孟夏：《桐城文派論述》，頁136。張俐盈：〈方東樹《昭昧詹言》論陶詩〉，《東華漢學》第10期（2009年12月），頁229。

決，沛然無所不注，所以義愈明，思愈密，而其文層見疊出而不可
窮。」[14]平日讀書學思並重，為文時自然如泉之達火之燃，沛然莫之
能禦，所以方東樹才說：「觀此則公實『因道求文』，而併得其文
焉」，因道求文，有道就有文。[15]他又引朱熹的話為證，「文章要有本
領」，認為：

> 朱子曰：「文章要有本領，此存乎識與道理，有源頭則自然著
> 實，否則沒要緊。」又曰：「須靠實，說得有條理，不要架空
> 細巧。」論議明白，曉然可知。愚謂詩亦然，否則沒要緊，無
> 歸宿，何關有無。[16]

他非常贊同朱熹的話，文章要有識見與道理，要「靠實」、條理不
紊，才能議論明白，曉然可知，文如此，詩亦然。而究其「源頭」所
在，方東樹認為必須要作者與作品是合一的，要文如其人才可以，作
者必須涵養甚深，所以修身養性才可能寫好文章，故曰：「詩之為
學，性情而已」[17]「詩文與行己，非有二事。以此為學道格物之一
功，則求通其詞，求通其義，自不容己。」[18]更進一步來講，修辭立

---

14 〔清〕方東樹：《考槃集文錄》（清光緒20年刻12卷本），頁151。

15 朱子顯然也有類似的看法：「才卿問：『韓文〈李漢序〉頭一句甚好。』曰：『公道
好，某看來有病。』陳曰：『《文章，貫道之器》』，且如六經是文，其中所道皆是這道
理，如何有病？』曰：『不然。這文皆是從道中流出，豈有文反能貫道之理！文是
文，道是道，文只如喫飯時下飯耳，若以文貫道，卻是把本為末。以末為本，可
乎？』」所不同者，是方東樹沒有朱熹對「文者，貫道之器」的強烈批評意識，而
是巧妙地倒轉了韓愈的說法，將「因文見道」轉換成「因道求文」。〔宋〕黎靖德
編：《朱子語類》（北京市：中華書局，2007年），頁3305。

16 〔清〕方東樹：《昭昧詹言》，頁2。

17 〔清〕方東樹：《昭昧詹言》，頁1。

18 〔清〕方東樹：《昭昧詹言》，頁2。

其誠，所以修身為學，若有一私一毫偽意，則文章之本便有所欠缺，這樣的詩文，就不能稱作是好的作品。[19]

修身，不止是心性的修養而已，還包括了讀書、歷練，識物情、長見識、廣博覽、增聞見，都是寫好文章的必備要素，「大約胸襟高，立志高，見地高，則命意自高。講論精，功力深，則自能崇格。讀書多，取材富，則能隸事。聞見廣，閱歷深，則能締情，要之尤貴於立誠。立誠則語真，自無客氣浮情、膚詞長語、寡情不歸之病。」[20]這裡強調的是學問眼界與胸襟的重要性：「至於意境高古雄深，則存乎其人之學問道義胸襟」，[21]也正因為能立誠、道德學養皆深，感通契會，所以才可能對古人有同情的理解，深入古文肌理，感心切事，涵養自身，最後則融為己用。所以他主張先對古人文字作一番知人世論的工夫，精通冥會，求通其辭其意，以知其懷抱：

> 古人文字淵奧，非精思冥會，不能遽通。

> 求通其辭，求通其意也。求通其意，必論世以知其懷抱，然後再研其語句之工拙得失所在。[22]

古人文字淵奧，有時難以遽通，所以要通其辭意，甚至還要「研其語句之工拙得失所在」，這句話講的就是文法、就是評點之學。桐城派一向重視此道，[23]方東樹也不例外，他在〈書歸震川史記圈點評例

19　〔清〕方東樹：《昭昧詹言》，頁3。
20　〔清〕方東樹：《昭昧詹言》，頁381。
21　〔清〕方東樹：《昭昧詹言》，頁214。
22　〔清〕方東樹：《昭昧詹言》，頁7。
23　桐城派評點之學及其得失，可參尤信雄：《桐城文派學述》（臺北市：文津出版社，1989年），頁114-122。

後〉就說：「古人著書為文，精神議議固在於語言文字，而其所以成
文義用或在語言文字之外，則又有識精者為之圈點，抹識批評，此所
謂筌蹏也。能解於意表而得古人已亡不傳之心，所以可貴也。」[24]以
圈點、抹識批評來探求語言文字之法。由此可知，藉由評點古文辭句
來探求文法，以知文脈文理，從語言文字的精神議論，進而追究語言
文字之外的涵蘊意義，「所謂本領，不徒向文字上求也」，[25]從知其然
到知其所以然，探求古人古文之心，是以方東樹論文最重文法：「字
句文法，雖詩文末事，而欲求精其學，非先於此下實下功夫不得。」[26]
他談文法，當然不止是知古人語句工拙而已，更重要的是要運用在詩
文上，[27]例如他運用近代八股文、小說評點中的「草蛇灰線法」，並且
有意引申，意指變化多端，神化不測，卻又隱隱然有其章法，如丸之
走盤，只是規矩化為無跡而已；[28]「橫雲斷山法」，則以平鋪直賦、氣
渾韻動取勝，「橫雲斷山之說，此以退之〈畫記〉入詩者也。後人

---

24 〔清〕方東樹：《考槃集文錄》，頁144。

25 〔清〕方東樹：《昭昧詹言》，頁214。

26 〔清〕方東樹：《昭昧詹言》，頁15。

27 方東樹在《昭昧詹言》裡，常常就王士禎《古詩選》與姚鼐《今體詩鈔》所錄，各
論詩法，兩者纂集時間雖相差百餘年，但姚鼐《今體詩鈔》已明言是盡漁洋之
遺志，因此同樣都作為姚鼐講詩論法的教本。方東樹一則可以推闡師說，藉此「正
雅祛邪」、「維持詩學」，使詩道歸於淳正。可參吳宏一：《清代文學批評論集》（臺北
市：聯經出版事業公司，1998年），頁299-301。楊淑華：《方東樹《昭昧詹言》及其
詩學定位》（臺南市：國立成功大學中國文學系博士論文，2004年），頁22-25、
第7章。

28 「漢魏人大抵皆草蛇灰線，神化不測，不令人見。苟尋繹而通之，無不血脈貫注生
氣，天成如鑄，不容分毫移動」、「固是要交代點逗分明，而敘述又須變化，切忌正
說實說，平敘挨講，則成呆滯鈍根死氣。或總挈、或倒找、或橫截、或補點，不出
離合錯綜，草蛇灰線，千頭萬緒，在乎一心之運化而已。」〔清〕方東樹：《昭昧詹
言》，頁27、376。

能學其法，不能有其妙。」[29]此外又尚有「逆捲法」[30]、主活法而戒死法等等，皆可見方東樹強調文法的重要性。[31]

養性情、廣讀書、識文法，都是方東樹認為要寫好文章的重要因素。這種文章，才是作者知「道」得「道」之後，自然流露而成文的好文章。因此就鑑賞一面來講，讀古文而知古人之心，因文見道；就創作一面來說，則是反躬力行，廣學多方，不偏不廢，道發而為文，如此自然能寫出好文章，他說：

> 思之既通，則見其情文併合，辭理扼要，變化曲折，甘苦難易之分齊，愜心滿意。直是可歌可泣，可興可觀，可以事父與君，可以勵志風俗，味之彌旨而不可厭。[32]

此段雖專言解古人之意，意指解讀古人文法，但也是對本身文章的期許。能解古人之心，就能懂古人之心，融會貫通，轉為己用，這就是方東樹一再言之的文章之道：「既自家有才有學識，又必深有得於古

---

29 相對於「草蛇灰線法」，「橫雲斷山法」是屬於比較直截簡潔的，方東樹稱之為「直底」：「亦有平鋪直賦，而其氣體自高峻不可及。……大約古人之文，無不是直底。後人都要曲，曲則不能雄，但非直率無運轉耳。讀《小戎》詩可識橫空盤硬、拉雜造辦之法。」〔清〕方東樹：《昭昧詹言》，頁27-28。

30 關於「草蛇灰線」、「橫雲斷山」、「逆捲」等法的實例分析，可參楊淑華：《方東樹《昭昧詹言》及其詩學定位》，頁214-223。

31 根據楊淑華的研究，方東樹在運用「文法」這個辭彙時，定義是比較自由而不嚴謹的，有時「文法」、「章法」、「古文法」並稱，有時以「古文法」泛稱詩文結構變化，有時又將「章法」、「句法」實指篇中結構與修辭效用。楊淑華：《方東樹《昭昧詹言》及其詩學定位》，頁211。

本文主旨並非討論方東樹的文學主張與技巧，因此「文法」一詞，採廣義解釋，即詩文的篇章結構規則。

32 〔清〕方東樹：《昭昧詹言》，頁7。

人，真傳一脈，方為作者。」[33]這種文章才能有益於世，事父與君，為經國之大業，可以改風易俗，人文化成：

> 立言必關世教，或自寫其襟懷，或酬答往來，或感物而賦，皆不詭乎正道，方不悖於興觀羣怨，事父事君之教。故小物亦可寄情，遊戲亦可遣興，但其歸宿必有勸戒之意，言方有得。[34]

文章有助於世教，既能興觀羣怨，也可寄情遣興，這都是指文章的效用與成果，但文章要能到此境地，則前置工夫必不能少。前述所言，即是文章寫成的預備階段，無此階段，文章也就沒有教化功能。若然如此，則儘管著書愈勤，收名愈急，卻是文不成文，慘不忍睹，方東樹稱之為「無道術之積」。〈櫟社雜篇自序〉：

> 周秦以來諸子各以英資茂實，獵道裂術散以為文，咸自久於世……，然莫不本於壹而出之。後世之士專欲工文章而不務本道術，敵跙致役乎文游心竄句，紛紜於百氏之場，於是其人與其言始離而為二……。噫！吾觀後世文士著書愈勤，收名愈急，其能嶷然不入於雜焉者，何其少也！平日無道術之積，及其為文也，又不求其至信乎！膚淺者無所明其理，寒澀者無所昌其辭……。[35]

《書林揚觶》也說：

33　〔清〕方東樹：《昭昧詹言》，頁14。

34　〔清〕方東樹：《昭昧詹言》，頁502。

35　〔清〕方東樹：《考槃集文錄》，頁74。

藏書滿家好而讀之，著書滿家刊而傳之，誠為學士之雅素。然
陳編萬卷，浩如煙海，苟學不知要，敝精耗神與之，畢世驗之
身心性命，試之國計民生，無些生益處。身死之日，徒以此書
還之于世，留贈後人，與好貨財置服器，何異！此祇謂之嗜
好，不可謂之學……。[36]

文中方東樹所指者，是「後代文士」，[37]雖非專指漢學家，可是漢學家
專於文章、藏書著書，又豈會少了？何況他們同樣也屬於「後代文
士」的一環。只是漢學家因為欠缺上述的工夫，不能在寫作文章、上
下古今之前，有此預備的前置作業，所以他們的文章闇於見道，偏離
義理，只重個人才識而無關社會國家，做人與作品分而為二，不值得
推崇。更有甚者，身死之日，此書不過還之於世，而留贈後人，或許
還不算太差，但論作用，不過就跟富豪留下錢財以供後人幫他買些禮
器服飾一樣，這種著作文章，又有何益？方東樹文中雖未明指對象，
但觀其對漢學家的批評，顯然都是就這方面來講的，因為就方東樹看
來，漢學家自己不會寫文章，竟然班門弄斧，批評桐城諸人的文章，
未免荒謬，例如錢大昕就說方苞的文章，波瀾意度頗有韓、歐之規
模，較之世俗冗蔓雜揉之作，不可同日而語，可惜方苞雖主張古文義
法，自己卻讀書不多，不甚了了，「惜乎其未喻古文之義法爾」，得之
心於用之文者，不過是古文之糟粕而已，對古文之神理，根本未能契

---

36 〔清〕方東樹：《書林揚觶》，收入嚴靈峰編：《書目類編》第92冊（臺北市：成文
   出版社，1978年），總頁41516-41517。

37 本文中常以「文章著作」連用，意指方東樹理想中義理考證兼具的辭章作品。方東
   樹曾在《書林揚觶》分辨文章與著書的不同，「文士以修詞為美，著書以立意為
   宗」，此處的文章著書，是以作者寫作的心態著眼，文章重在修辭藝術，著作重在
   立意議論，這與本文所謂的「文章著作」，定義並不相同，讀且切勿誤會。〔清〕方
   東樹：《書林揚觶》，總頁41500。

入。[38]江藩也批評說:「近日之為古文者,規仿韓、柳,模擬歐、曾,徒事空言,不本經術,污潦水之不盈,弱條之花先萎,背中而走,豈能與君之文相提並論哉!」[39]江藩更是稱讚凌廷堪文章,「出其緒餘,為古文詞,經禮樂,綜人倫,通古今,述美惡,大則憲章典謨,俾讚王道,小則文義清政,申紓性靈,嗚乎!文章之能事畢矣。」根本不是桐城之流可望其項背。

這些說法,認為桐城派徒事空言、不本經術、未明義法,都不是方東樹能同意的,方東樹更要指出,漢學家的文章才是空疏,無俾於實際,也不能真正深入古文義法,更別說運用在文章上了。再者,漢學家們所謂的經術經學,其實也是大有可疑的,漢學家真正懂得治經嗎?就方東樹的角度來講,恐怕未必。故下節我們仍將以文章之道的角度,轉入方東樹對漢學家的種種批評。

三 不懂文章的漢學家

眾多研究者已指出,方東樹尊宋頌宋,與桐城派的立場有關,只是其間又有分別,他主要是看重程朱,對陸王則有較多的批評。[40]正如王汎森所言,在這樣的傾向之下,方東樹批評清儒之學愈走愈窄,這些著作,儘管考據愈精,離道卻愈遠。如果說清初顧炎武的文章還算仍有「本領根源」,到了閻若璩,已是氣象矜忿迫隘,體例傖陋,「悻悻然小丈夫之所發」,後來惠棟、戴震、臧琳等人,又更窄更

38 〔清〕錢大昕:〈與友人書〉,《潛研堂文集》(北京市:中華書局,2009年),頁606-608。引文見頁606。

39 〔清〕江藩:〈校禮堂文集序〉,收入〔清〕凌廷堪:《校禮堂文集》(北京市:中華書局,1998年),頁3。

40 王汎森:《中國近代思想與學術的系譜》(臺北市:聯經出版事業公司,2005年),頁5-6。胡楚生:《清代學術史研究》(臺北市:臺灣學生書局,1988年),頁258。

小，不明事理，不問是非，只專與宋儒為敵。[41]值得注意的是，方東樹不止是針對上述諸人的學問態度而已，他更指明的是他們的文章著作，批判這些人的辭章文字，〈漢學商兌序〉：

> 近世有為漢學攷證者，著書以關宋儒，攻朱子為本……，自是以來，漢學大盛，新編林立，聲氣扇和，專與宋儒為水火。而其人類皆以鴻名博學為士林所重，馳聘筆舌，弗穿百家，遂使數十年間承學之士，耳目心思為之大障。[42]

這些人馳聘筆舌，著書以關宋儒，但其實他們既不知治經之真義，又不瞭解程朱的重要性，他們的文章也無益於世，〈漢學商兌後序〉：「畢世治經，無一言幾於道，無一念及於用，以為經之事盡於此耳矣，經之意盡於此耳矣」。[43]治經治了一輩子，竟然無一近於道，無一言及於用，這種文章著作，又有何意義？

這些漢學家[44]畢生以治經為念，兢兢業業，孜孜矻矻，現在方東樹卻反過來說他們不懂治經，不明經義。理由仍在於漢學家實在不懂得文章這門技藝，因為經學並不是死氣沉沉的版本校對，也不是枯燥乏味的文字校勘，不是材料實證、輯佚的死本領，而是元氣勃發、充滿了人文氣息與生命脈動的聖賢之書，因此應該要以詩文的靈性生命來進入經書的世界，反歸於己，滋潤身心，最後發諸於自己的文章著作。這種詩文的明慧靈性非常重要，既是讀經的入手處，但其實也是

---

41 王汎森：《中國近代思想與學術的系譜》，頁7。
42 〔清〕方東樹：《考槃集文錄》，頁92-93。
43 〔清〕方東樹：《考槃集文錄》，頁94。
44 張麗珠已明確指出，方東樹主要是針對批評程、朱的漢學家，像是戴震、阮元等人，這些人才是他真正的對手，本節標題「不懂文章的漢學家」，即是承此。張麗珠：《清代的義理學轉型》，頁118-119。

從讀經體悟而來，是彼此互動的相輔相成，因此讀經既可習得此理，
此理又是深入經文的法門，所以才要藉由不斷地寫詩作文與研讀經書
來瀹發其心、持養其氣，[45]否則的話，天機積鑿，文思窒礙，就只能
是與身心無關的知識而已。方東樹以陶淵明、韓愈、杜甫為例，認為
陶潛之學，根柢在經術，「淵明之學，自經術來，〈榮木〉之憂，逝水
之歎也；〈貧士〉之詠，簞瓢之樂也；〈飲酒〉末章，東周可為，充
虞路問之意，豈老莊玄虛之士可望耶？」[46]「經所以載道也，達道則
無苟妄，而無不任真矣，故歸宿孔子及諸儒。言己非徒獨自任真，
亦欲彌縫斯世，此陶公絕大本量處，非他詩人所能及」[47]、「杜集、
韓集皆可當作一部經書讀」[48]、「讀杜、韓兩家，皆當以李習之論六
經之語求之，乃見其全量本領作用」，陶淵明之所以任真，復得返自
然，杜韓詩文集之所以優於他人，都在於他們的學問，深於經術，
通經而用於詩，陶潛〈榮木〉，得自《論語》「子在川上」之嘆，〈詠
貧士〉組詩，亦可與顏淵之樂同觀，此當非其他詩人、經術之士所
能及。究其原因所在，當然是因為陶潛等人有詩人的慧心靈氣，才能
真正深入經書，桴鼓相應而匠心獨具，發文為詩。換種方式來講，經
書是要潛心領會、琢磨體知的，要有這種體會，就得要有詩文的神解
精識才可以，但這種靈動又自讀經書求得，「詩文貴有雄直之氣，但
又恐太放，故當深求古法，倒折逆挽，截止橫空，斷續離合諸勢。惟
有得於經，則自臻其勝」，[49]彼此形成一種良性的深入互解，如鳥之雙

---

45 在方東樹的文論中，「氣」是很重要的概念，也是他評點詩文的論據之一。可參吳
　　強、邱瑰華：〈方東樹以「氣」論詩〉與倪奇、劉飛：〈以「氣」論詩與方東樹的詩
　　學思想〉，收入安徽大學桐城派研究所編：《桐城派與明清學術文化》（合肥市：安
　　徽大學出版社，2007年），頁316-323、324-340。

46 〔清〕方東樹：《昭昧詹言》，頁101。

47 〔清〕方東樹：《昭昧詹言》，頁118。

48 〔清〕方東樹：《昭昧詹言》，頁216。

49 〔清〕方東樹：《昭昧詹言》，頁222。

翼，缺一不可，其中最具代表性的展現就是文法，像他標舉詩文的文
法──神化不測，不令人見的草蛇灰線法，提出：「題面題緒，作恉
歸宿，必交代清楚，又忌太分明，此是一大事」，又說作者與凡庸俗
手，一高一低，便可由此見曉，那麼此法該從何領會？他的答案是：
「試取《詩》、《書》及《大學》、《中庸》經傳沈潛玩味，自當有解悟
處」，從經書中體會文氣脈動、習得詩文的生機勃發、沛然盎然之
處，「苟尋繹而通之，無不血脈貫注生氣，天成如鑄，不容分毫移
動」[50]。在此我們不妨藉用伊塔羅‧卡爾維諾（Italo Calvino）的創作
理念，作更進一步的說明，就卡爾維諾看來，他意識到他所存在的世
界，充滿了各種沉重的、遲鈍的、晦暗的寫作特質，為了擺脫這種困
境，他認為必須以輕盈的態式來承擔，所以他要談詩論藝，他強調文
學家與世界的關係，就不能是拒絕觀看本身命定生活的現實，而是要
去接受、去消解，當作是自己的獨特感受與負荷，正如他分析米蘭‧
昆德拉（Milan Kundera）《生命中不可承受之輕》所說：「我們所選
擇並珍惜的生命中的每一項輕盈事物，不久就會顯示出它真實的重
量，令人無法承受。或許，只有智慧的活潑靈動才得以躲避這種判
決。」[51]是的，就是這種智慧的活潑靈動，才得以擺脫世界的黯淡、
卑瑣與了無生氣，把沉重化為輕盈，將真實的重量抵銷，而卡爾維諾
理想中的作家，顯然就具有這種特質。這裡當然不是說方東樹與卡爾
維諾的文學觀是一樣的，本文也無意比較兩者異同，只是就方東樹看
來，詩文的感受，正是可以躲過專講經學、只重考證的後果，那種滯
礙才識、遠離身心的學問生命，那種過度沉重、失去生機躍動的學術
靈魂──雖然他所處的世界，不幸卻又充斥了這樣的考證文章與學術

---

50 〔清〕方東樹：《昭昧詹言》，頁27。
51 （義）伊塔羅‧卡爾維諾（Italo Calvino）：《給下一輪太平盛世的備忘錄》（臺北
市：時報文化出版企業公司，1996年），頁20。

風潮。由此而觀，漢學家其學雖也本於經術，但因為缺乏詩文的別識心裁，不明文法，所以文章缺乏生氣，以致於瑣碎餖飣，「詩文者，生氣也，若滿紙如剪綵雕刻無生氣，乃應試館閣體耳，於作家無分」，[52]此處方東樹所指之對象，看似為應試的館閣文字，其實漢學家考核字句音義，細碎狹隘、文理不通，又何嘗不是滿紙剪綵雕刻？所以他說漢學家論文，鄙視韓、歐，可是觀其所著之文，乃至於其所推崇者，「類如屠酤計帳」，[53]實不可取。他又責備漢學家有六蔽，其五為：「不知是為駁雜細碎，迂晦不安，乃大儒所棄餘，而不屑者有之也」「若今漢學家說經，穿鑿僻妄」，[54]駁雜、迂晦、僻妄、穿鑿、細碎，如此種種，都是就漢學家的學問生命與文章缺失來講的。

因此文章一道，並非只能限於考證。更重要的是，文學文章反而可以補救專講考證者的不足，對學人身心的完善會有很大的幫助，方東樹認為詩文：「然使非義豐理富，隨事得理，灼然見作詩之意，何以合於興、觀、羣、怨，足以感人，而使千載之下誦者流連諷詠而不置也！比如容光觀瀾，隨處觸發，而測之益深，自可窺其蘊蓄」，[55]義豐理富、興觀羣怨，可以感化己身，這種文章才是方東樹看重的，也是他反對漢學家專重考證的原因，鄭吉雄說得好：

> 乾嘉考據學需要極端發抒理性、克制感性的工夫，這種訓練很容易使人陷於孤陋偏蔽，甚至流為固執自是，儒者始失去瀟灑的丰采。龔（自珍）、魏（源）、包（世臣）、方（東樹）諸君提倡文藝創作與涵養，旨在摧破此一局限。[56]

---

52 〔清〕方東樹：《昭昧詹言》，頁25。
53 〔清〕方東樹：《漢學商兌》，頁384。
54 〔清〕方東樹：《漢學商兌》，頁386。
55 〔清〕方東樹：《昭昧詹言》，頁381。
56 鄭吉雄：《清儒名著述評》（臺北市：大安出版社，2001年），頁286。

鄭吉雄原則性地指出此一趨向，雖然要言不煩，可是方東樹究竟如何提倡文藝創作與涵養，限於該書體例，未能作出說明，文藝與經學的關係，也少見談及，不免可惜，本文初嘗發凡，即是希望能作出更詳盡細膩的論證與引申。其實與方東樹約略同時代的焦循（1763-1820），也看出了經學與文學的互輔關係：「且經學須深思冥會，或至仰塞沈困，機不可轉，詩詞足以移其情，而轉豁其樞機，則有益於經學不淺」[57]，焦循雖將經學解為：「經學者，以經文為主，以百家子史、天文術算、陰陽五行、六書七音等為之輔，彙而通之，析而辨之，求其訓故，核其制度，明其道義，得聖賢立言之指，以正立身經世之法，以己之性靈合諸古聖之性靈，合諸古聖之性靈，並貫通於千百家著書立言者之性靈」，[58]在焦循的認知裡，「經學」是以經書為主，子集史等書亦在其內，也包括了解釋的方式與效用（如考證學、以己之性靈通古聖之性靈、立身經世），定義甚為廣泛，但他同樣指出了文學有助於經學的地方。[59]只是不同於焦循、龔自珍等人，方東樹身為桐城派文士，詩文創作與涵養，本就是他安身立命之處，他以這種角度看出了考證的局限，看到了經學與文學的密不可分，他認為文學創作的心靈運作與論詩寫文的涵養積累，皆有助於考證、有助於經學的理解。

---

57 〔清〕焦循：《雕菰集》（臺北市：世界書局，1977年），頁154。

58 〔清〕焦循：《雕菰集》，頁213。

59 焦循亦言：「惟經學可言性靈，無性靈不可以言經學」，焦循之論性靈，雖源於袁枚，但並非完全襲用其說。何澤恆：《焦循研究》（臺北市：大安出版社，1990年），頁369-378。

根據李貴生的研究，焦循的「性靈」指人的性情能轉變教化，與性善同義。至於經學、性靈與文學的關係，焦循是將性靈限制在經學範圍中，有性靈必有經學，文學不必有性靈，但卻無妨有性靈，有時則能助於性靈，故能輔經學之不足；反之，「詞章之有性靈者，必由於經學，而徒取詞章者，不足語此也」，詞章文學能有性靈，正因其與經學貫通，彼此相成。李貴生：〈論焦循性靈說及其與經學、文學之關係〉，《漢學研究》第19卷第2期（2001年12月），頁389-397。

　　值得注意的是，某些漢學家談詩文，也非如方東樹所講，都是細碎狹隘、東貼西補的餖飣文章，沈大成就說「詩必由於識，積焉而有得於心之謂學，形於言者之謂文」，[60]錢大昕也說詩有四長，才、學、識、情，放筆千言，揮灑自如，是才；含經咀史，無一字無來歷，是學；轉益多師，遠鄙俗滌淫哇，為詩識；境往神留，語近意深，為詩情。有才無情，不能謂真才，有才情而無學識，亦不可謂大才，[61]儘管如此，不論是沈大成講的詩由於識，還是錢大昕說詩有四長，都不是方東樹講的詩文之正道，畢竟就方東樹看來，他們離唐歐等古文義法，離程朱的理學義理，都大有距離。[62]

　　更何況漢學家沾沾自喜的考證，其實也不是萬能的，若專就考證這門技術來看，通過字義音韻訓詁的方式，在文獻中翻來覆去，用此證彼，或以內證互用，來探究詞句的解釋、古書的真偽、作者的確認、版本的辨別等等。可是方東樹質問，古今先師相傳，音有楚、夏，文有脫誤，出有先後，傳本各有專祖，若然如此，又該怎麼判定考證的根據標準？「不明乎此，而強執異本、異文，以訓詁齊之，其

60　〔清〕沈大成：《學福齋集》，收入《續修四庫全書別集類》第1428冊（上海市：上海古籍出版社，1995年。據復旦大學圖書館藏清乾隆39年刻本影印），頁46。

61　〔清〕錢大昕：〈春星草堂詩集序〉，《潛研堂文集》，頁441。

62　方東樹這個講法，更是有別於以考據辭章為尚的漢學家，如朱珔便說：「余竊謂文之體不一，散體本與駢體殊科，而散體又各別。有議論之文，揣摩理勢，近乎子；有敘述之文，網羅事跡，近乎史，二者每分道揚鑣。惟考訂之文，名物訓詁，近乎經，則尤足尚」，就朱珔看來，考證訓詁之文，因為近經，所以最值得推崇，更優於近史近子的文體。關於漢學家論文章之體，以及對經學文章的讚揚，可參劉奕：《乾嘉經學家文學思想研究》（上海市：上海古籍出版社，2012年），頁92-93。
　　另外，漢學家當然不可能如方東樹所言，對文章技藝缺乏認識，事實上許多漢學家同時也是駢文大家，駢文的寫作方式，講究形式之美與藝術技巧，更被許多漢學家視為載道的合適文體。而駢散之爭，以及漢學家否定桐城派的古文，都是當時頗具爭議的問題。可見顏建華：《清代乾嘉駢文研究》（北京市：光明日報出版社，2011年），第7章、第8章。

可乎？又古人一字異訓，言各有當，漢學家說經，不顧當處上下文
義，第執一以通之，乖違悖戾，而曰義理本於訓詁，其可信乎？」[63]
訓詁既不可盡信，聲韻也是如此：「文字終古不改，音聲有時而變。
五方言語，且不相通，況數千年之久乎！而昧者乃執隋、唐之韻以讀
古經，有所不合，謂之叶韻，謬矣。」[64]另就文字學來看，漢學家多
以《說文解字》來考證字的本義，不過《說文解字》也有諸如文字脫
漏、解說不妥的問題，若據以為說，恐亦未安。[65]所以方東樹認為經
學家的小學工夫，有十五種謬誤，其謬十：

> 今以小學說經者，既多執一訓以通之。又假借、轉注以通之，
> 又以偏旁從某得聲而通之，又以古今音緩、音急之異通
> 之……，又以古音同部通之，又以隸變通之，又以師師相傳舊
> 解通之，又以後人妄增刪改致誤通之。顛倒減省，離析合併，
> 展轉百變，任意穿鑿，支離轇轕，不顧義理之安，於是舉凡古
> 今滯難不可通之義，而無不可通之。就其合處所得，誠亦有
> 功，但求之太鑿，其傅會僻違，歧惑學者，失亦不少。[66]

以小學為治學工具，探求經義，本不以為非。但若追鑿過甚，則不免
流於方東樹所說的弊病，況且小學並非考證的唯一法門，除小學之
外，還應該要從語氣、上下脈絡來探求文義才對，「蓋古人義理，往
往即於語氣見之，此文章妙旨最精之說，陋儒不解也」[67]，方東樹以

---

63 〔清〕方東樹：《漢學商兌》，頁311-312。
64 〔清〕方東樹：《漢學商兌》，頁328。
65 〔清〕方東樹：《漢學商兌》，頁339。
66 〔清〕方東樹：《漢學商兌》，頁337-338。
67 〔清〕方東樹：《漢學商兌》，頁363。

《毛傳》「不譁譁」一句為例,「正形容的是時出師氣象,即詩人措語之妙。言但耳聞馬鳴,目見旆旌,肅然不聞人聲,故以不譁譁雙釋二句（按:即《詩經・小雅・車攻》「蕭蕭馬鳴,悠悠旆旌」二句)」,[68]「不譁譁」正是得古人語氣義理的明證,漢學家卻不明於此,生吞活剝,以致於未能詮解語勢。[69]

因此,若然漢學家只重考證,不重其它,未能措意於辭章義理,對古文義法,也不甚明瞭,這種文章著作如何能取信於人?既未能服人,也不能得古人義理,又如何能移風易俗,有益於經國社會?美國學者艾爾曼（Benjamin A. Elman)便認為方東樹批評考證學,是因為中國正面臨一場道德危機,起因在於考證學者缺乏自我修養與社會意識。[70]此言甚是。所以即便漢學家非常博學、名氣極大,「而其人類皆以鴻名博學為士林所重」,[71]但學不見道,對自己身心多無影響,只能是枉費精神,方東樹說:

> 漢學諸人,言言有據,字字有考,只向紙上與古人爭訓詁形聲,傳注駁雜,援據羣集證佐,數百千條。反之身己心行,推之民人家國,了無益處,徒使人狂惑失守,不得所用。然則雖實事求是,而乃虛之至者也![72]

---

68 〔清〕方東樹:《漢學商兌》,頁363。
69 「今世妄庸鉅子,未嘗能解一語,而漫執筆擬學,生吞活剝,非但意詞粗淺,即語勢亦全未解也。」〔清〕方東樹:《昭昧詹言》,頁83。
70 Benjamin A. Elman, *From Philosophy to Philology: Intellectual and Social Aspects of Change in Late Imperial China* (Cambridge, Mass.: Harvard University press, 1984), pp.243-244.
71 〔清〕方東樹:《漢學商兌》,頁235。
72 〔清〕方東樹:《漢學商兌》,頁276。

漢學家過度注重考證，將其視作為學論文的唯一法門，甚至誤將治學「方法」視為「目的」，只向紙上與古人爭訓詁形聲，結果無助於身己心行，無益於民人家國，實屬大誤。這種考證，對漢學家來說，或許是「實事求是」，只是就方東樹來講，這才是虛而不實。更何況考證未必就能得到定論，即便是言言有據，字字有考，也不一定絕對正確。畢竟考證有其限度，並非無所不能，所以他才舉出桐城派的主張：考證辭章義理，都很重要，不可或缺，「夫義理、考證、文章，本是一事，合之則一貫，離之則偏蔽」，若真要強分高低，相較之下，仍舊以義理為長，「考證、文章，皆為欲明義理也」，[73]因此文章首重，固在義理而不在考證也。甚至也可以這樣講，掌握了道，明白了義理，發之為文，如泉之始達，火之始燃，是再也自然不過的事了。程、朱就是最好的代表人物，方東樹在〈辨道論〉說：

> 以孔子為歸，以六經為宗，以德為本，以理為主，以道為門。旁開聖則，蠢迪檢押，廣而不肆，周而不泰，學問之道有在於是者，程朱以之。[74]

程朱繼往開來，為往聖繼絕學，因此他們的著述流傳，影響極大，並且在文章中時時可見道、見諸義理：

> 漢唐以來儒者說道理亦頗有見地，確實足以發明微言至道，但擇焉不精，語焉不詳，或偏而不全，醇疵相糅，至關鍵緊要處多說得寬緩不分明，由其見處不徹，根本工夫未豁，獨至宋代

---

73 〔清〕方東樹：《漢學商兌》，頁360。

74 〔清〕方東樹：《考槃集文錄》，頁3。

程子、朱子出，然後孔氏述業浸以光顯，五經、《語》、《孟》
所載宏綱大用，奧義微辭發揮底蘊，始終有序，進則陳之君，
退則語于公卿，或酬酢朋游，或講之及門，其著述所傳精深高
遠，斯文不墜，後學有宗，所以繼鄒魯而明道統也。[75]

程朱的著作之所以精深高遠，流衍後世，除了歸於孔子，以經書為宗
之外，還有就是考證義理兼具。像朱熹就不偏廢二者，方東樹說朱熹
為學，「諄諄於漢魏諸儒」，正音讀、通訓詁、考制度、釋名物，皆當
求之注疏，並且考據核證，絕不可略。[76]由此得見，程朱等宋儒也是
深明考證學的：

窃以訓詁、名物、制度，實為學者所不可闕之學，然宋儒實未
嘗廢之。但義理、考證，必兩邊用功始得。若為宋學者，不讀
漢魏諸如傳注，則無以考其得失，即無以知宋儒所以或用其
說，或易其說之是。[77]

既然連方東樹尊崇的程朱也不偏廢考證，因此對於文章的內涵來
說，考證當然是必須的，只是不必如漢學家這麼執著、自以為是，
不知變通而已。所以方東樹在批評漢學家的文章濫用考證的同時，
他也不斷地展現不斷展現自己的考證素養，例如他以「一字二訓」
的方式考證《論語‧顏淵》中的「己」字，可以分訓為「私欲」與

---

75 〔清〕方東樹：《書林揚觶》，總頁41422-41423。
76 〔清〕方東樹：《漢學商兌》，頁393。關於朱熹的考證與徵引方式，陳逢源曾以
　　《四書章句集注》為例，證明朱熹論學兼具義理與訓詁。陳逢源：《朱熹與四書章
　　句集注》（臺北市：里仁書局，2006年），頁257-330。
77 〔清〕方東樹：《漢學商兌》，頁405。

「己身」，又例如他考證「仁」，以反對阮元依鄭氏「相人偶」之
說，[78]此皆可見方東樹入室操戈，運用考證學，以彼之道，還諸彼身
的作法。[79]

當然，即便是宋儒亦不廢考證，程朱考證義理兼具，所以不該一
味批評宋儒空疏不實。只是方東樹也承認清代考證之密之強，後出轉
精，高出宋儒之上，實為絕學，值得學習：「小學、音韻，是漢學諸
公絕業，所謂此自是其勝場，安可與爭鋒者。平心而論，實為漢宋以
來所未有。」[80]可是，考證只是筌筏，執指見月，切勿以指為月，考
證並不是義理本身，文章也不能只有考證。所以他才主張兩者兼具，
但即便是不可偏廢，也應該要有先後之別，意即說經者要以義理為
主，而以考證為輔：

> 吾嘗論學莫大於說經，亦莫難於說經，說經者必以義理為主，
> 而輔之以攷證，稍偏焉，皆失之。[81]

當然，探究經典真義，亦非考證所能盡。所以除了小學工夫之外，還
要注意上下文脈、文句語氣，要從辭章之內文意，進而理解文字以外
的寓意，明白古人著書之心，遙契千載，冥會萬古：

> 總而言之，主義理者，斷無有舍經廢訓詁之事；主訓詁者，實

---

78 潘振泰：〈清代「漢宋之爭」的宋學觀點初探──以方東樹的《漢學商兌》為例〉，
   頁222、228-229。

79 艾爾曼認為方東樹的《漢學商兌》，運用嚴密的文獻考證來反駁漢學家，是清代江
   南宋學受到學術典範改變，受到考證學衝擊，進而運用考證學的例證。Benjamin A.
   Elman, *From Philosophy to Philology*, pp.60-61.

80 〔清〕方東樹：《漢學商兌》，頁383。

81 〔清〕方東樹：《考槃集文錄》，頁89。

不能皆當於義理，何以明之？蓋義理有時實在語言文字之外者。故孟子曰：「以意逆志，不以文害辭，辭害意也。」[82]

相較於可用文字音韻棣定釐清的「表層意旨」，這種意在言外的「深層意旨」，毋寧是一種「默會識之」的境界，[83]這非人人能達到，也不是才思敏捷、博學多聞就一定可以理解，〈答人論文書〉：「世之為文者，不乏高才博學，率未能反覆精誦以求喻夫古人之甘苦曲折，甘古曲折之未喻，無惑乎其以輕心掉之而出之恆易也」[84]，甘苦曲折，非精思冥會，不能遽通；言外之音，非知人論世，不能達其旨，前引《昭昧詹言》「古人文字淵奧，非精思冥會，不能遽通。」「求通其辭，求通其意也。求通其意，必論世以知其懷抱」[85]，即是此義，方東樹之所以屢言義理先於考證、文章不能只講考證，亦可由此而索解。

最後，如上節所言，就因為文是道的自然流出，有德者必有言，所以作者人品才等於文章作品，人與文不可離為二，像是陶淵明任真，所以作品放達，程朱修己治人，所以著作精深高遠。因此方東樹理想中的文章，往往是文如其人，品格愈高而文格愈高：

> 古人著書，皆自見其心胸面目。聖賢不論矣，如屈子、莊子、史遷、阮公、陶公、杜公、韓公皆然。偽者作詩文另是一人，作人又另是一人，雖其著書，大恢重編，而考其人之本末，另是一物，此書文所以愈多而愈不足重也。

82　〔清〕方東樹：《漢學商兌》，頁321。

83　「表層意旨」與「深層意旨」為黃俊傑語，可參黃俊傑：《東亞儒學史的新視野》（臺北市：臺大出版中心，2006年），頁95-96。

84　〔清〕方東樹：《考槃集文錄》，頁157。

85　〔清〕方東樹：《昭昧詹言》，頁7。

> 有德者必有言，詩雖吟詠短章，足當著書，可以覘其人之德
> 性、學識、操持之本末，古今不過數人而已，阮公、陶公、
> 杜、韓也。[86]

作文與做人分隔，是書文愈多而愈被輕視的原因。漢學家文章之不足
重，便在於文章與其身心修養是無關的，對他們而言，考據文章，只
是一種職業與技術的展現而已。[87]方東樹評論這些人：「反之身己心
行，……了無益處」、「苟學不知要，敝精神耗神與之，畢世驗之身心
性命，……無些生益處」，所批判者，便是不知文章之道，不懂得修
心養性的現象。因為修辭立其誠，是寫文章的重要關鍵，漢學家最欠
缺的，便是這種正心誠意的工夫，他一再強調：

> 修辭立誠，未有無本而能立言者。且學無止境，道無終極，凡
> 居身居學，纔有一毫偽意，即不實。纔有一毫盈滿意，便止而
> 不長進。勤勤不息，自然不同。故曰：其用功深者，其收名也
> 遠。[88]

居身居學，勤勤不息，故功深者，收名也遠。如此一來，修辭自然能
立其誠，而文從道出，因道以求文，就更是順理成章的事了。

---

86 〔清〕方東樹：《昭昧詹言》，頁82、97。

87 艾爾曼分析江南考證學的盛行，他認為當時許多士人把考據學視為是謀生、取名的
手段，考證學不但是知識的學術的，同時也是利益的功名的，因此考證學所牽涉
的，是「知識性認同」與「職業性認同」的雙重現象。Benjamin A. Elman, *From
Philosophy to Philology*, pp.172-173.

88 〔清〕方東樹：《昭昧詹言》，頁3。

四　結論

　　作為桐城派的大將，講義理、尊程朱、說文法、講經世，是方東樹念茲在茲的大事，[89]而文章一道，更是上述內涵的具體呈現。只是身當考證學盛行之日，方東樹面對這種學術思潮與環境，他不可能不對這種現象作出觀察與反省，在這些批評文字裡，有他與阮元、江藩的人際因素，有他對學術立場的堅持，也與他的個人性格、處世原則有關，是非恩怨，人情世故，學術真理，並皆摻雜其中。而學界對方東樹的交遊網路、性格特徵，乃至於尊程宗朱的觀點，都已有許多扎實而詳盡的研究。本文另闢蹊徑，以桐城派「重文」的角度，指出方東樹對文章這門技藝的看法，簡言之，方東樹理想中的文章，用他所推崇的朱熹、並曾引用過的話，就是「文章要有本領」，這種「本領」，是文與道俱、是文如其人、是義理辭章考據合一、是有益人心

---

89 但不代表方東樹對朱熹、桐城派諸人的觀點就毫無保留地贊成與推崇，如朱熹認為〈招魂〉為宋玉所作，方東樹便不認同，但這無礙他對朱熹的尊敬：「余生平遵信朱子，如天地父母之不敢倍，而獨於此不能無異，以為縱朱子偶此小差，亦無傷朱子之大，故遂著之，以俟來哲。」又例如他對姚范、劉大櫆、姚鼐三人才性與學術成就的看法，亦各有異，對他們也有些批評。他就說姚范雖深通古人精理，但他自己的作品卻不能達此境界；姚鼐才氣低於劉大櫆，筆力雄渾，遠不及劉，但就作品的清深真意來看，卻又在劉大櫆之上；而劉大櫆固然才高，筆勢縱橫闊大，但其情往往不能感人，陳義亦不深，甚至說他不能成家開宗，有詩而無人：「姜塢（姚范）所論，極超詣深微，可謂得三昧真筌，直與古作者通魂授意，但其所自造，猶是凡響塵境。惜翁才不逮海峰，故其奇态縱橫，鋒刃雄健，皆不能及，而清深諧則，無客氣假象，能造古人之室，而得其潔韻真義，轉在海峰之上。海峰能得古人超妙，但本源不深，徒恃才敏，輕心以掉，速化剽襲，不免有詩無人，故不能成家開宗，衣被百世也。」「海峰才自高，筆勢縱橫闊大，取意取境無不雅，吾鄉前後諸賢，無一能望其項背，誠不世之才。然其情不能令人感動，寫景不能變易人耳目，陳義不深而多詖激。此其由本源不深，意識浮虛，而其詞又習熟滑易，多襲古人形貌。」〔清〕方東樹：《昭昧詹言》，頁348、46-47。

世道、是善用文法，有跡可循、是得古人之心的境界。文章之道，正
是他的安身立命所在，「若夫興起人之善氣，遏抑人之淫心，陶搢
紳，藻天地，載德與功，以風動天下傳之無窮，則莫如文！」[90]文
章，就是方東樹的人文關懷與生命寄託。

方東樹從文章的角度出發，來看某些漢學家與考證學，覺得他們
過分注重文字形音、名物制度的考訂，文不見道，而且若將考證作為
一種知識的探求，則又欠缺內心世界的修養，徒有外在而精神貧乏，
只是將考證作為技術，甚至是與生命追求無關的事業，這種人與文離
的狀況，是方東樹最不能忍受的。當然，以現有的研究來看，方東樹
的批評未必能完全成立，許多漢學家也講究文章技藝，更是駢文能
手，[91]再者如鄭吉雄與林啟屏、張麗珠更指出，漢學家並非沒有「求
道」的企盼，也非不講義理，他們的考證學，不只是追求語源或語
義，而是在此基礎上更進一步發揮「古訓」（經典中的教訓）的教
義，聖人既在經典中透過文句來說明義理，那麼解釋文字，才能進而
體察作者的意旨。換言之，關於文獻的知識，是可以藉由考證從文句
聯繫到生命與思想、義理的實踐。[92]除此之外，考證學者也不是只講

---

90 〔清〕方東樹：《考槃集文錄》，頁167。

91 例如顏建華就指出惠棟的文章，淵雅古樸，麗而不浮，學術與文章兼而擅之，自成
一家言，不過桐城派亦不廢駢偶，也常有佳作。顏建華：《清代乾嘉駢文研究》，頁
179、185-191。

92 鄭吉雄：《戴東原經典詮釋的思想史探索》（臺北市：臺大出版中心，2008年），頁
248-254。林啟屏也指出，對乾嘉學者的自我認同而言，他們並沒有「義理」層面的
認同困擾，因為他們雖不喜言「超越面向」，但卻努追求「具體實踐」，並以實學的
精神，將價值意識具體化。林啟屏：《儒家思想中的具體性思維》（臺北市：臺灣學
生書局，2004年），頁149-161、200。張麗珠則是以「清代新義理學」為名，認為乾
嘉學術也講義理，不同於理學的道德形上學，清代義理學則是發揚經驗面價值、情
性論。相關論述散見其「清代新義理學三書」，張麗珠：《清代的義理學轉型》、《清
代義理學新貌》（臺北市：里仁書局，1999年）、《清代的新義理學——傳統與現代
的交會》（臺北市：里仁書局，2003年）。

考證而已，他們同時也是文人雅士，談詩論文，皆能為之，葛兆光就認為這些漢學家：

> 他們在書齋中鑽研經典中的知識性問題，用「學術話語」贏得生前身後名，在公開場合社交場合以道德修養的說教示人，以「社會話語」與周圍的世界彼此協調，當然，他們也少不了私人生活的樂趣，歌樓酒館，園林畫船，在那裡，他們以「私人話語」在世俗世界中偷得浮生閑趣。

> 清鄭獻甫《補學軒文集》卷一《著書說》裡打過一個比方，說宋人語錄式的話語是「畫鬼」，無論畫得好不好都可以矇人，清代考據式的話語是「畫人」，稍有不像就不敢拿出來給人看，而文人寫詩詞，就好比「畫意」，無論好不好都敢自誇一通，雖然確認一個人的學問知識要靠可以比較評判的「畫人」技術，但清代許多人包括考據家是三種話語都會說的。[93]

就葛兆光看來，漢學家既有「學術話語」與「社會話語」，當然還有私領域的「私人話語」，他們既能以考據為學，也可以舞詩弄詞，藝通多方，非沾一味。這種面向，固然有可能正是方東樹所批評「文與人分」的情況，卻也表現出漢學家並非個個都是老學究、並非人人都只知考證學而不懂其它，他們是擅長多種話語的。

當然，方東樹的批評不能完全準確，也雜入許多人身攻擊，不過他對考證局限的看法，亦有其道理，[94]而他以文章的觀點來評判漢學

---

93 葛兆光：《域外中國學十論》（上海市：復旦大學出版社，2002年），頁9。
94 梁啟超就說：「方東樹《漢學商兌》，卻為清代一極有價值之書」、「其針砭漢學家處，卻多切中其病。」梁啟超：《清代學術概論》（上海市：上海古籍出版社，2004

家的作品、著作，也正是他作為桐城派一份子的具體表現。本文便是
以這種立場出發，進入方東樹的文學與經學的思維世界，並分析方東
樹論漢宋之爭的原因與內涵，期能對方東樹的學術觀點，作出更多的
理解面向。

年），頁69。錢穆也說：「其議論所到，實亦頗足為漢學箴砭者。」錢穆：《中國近
三百年學術史（下）》，頁574。

論康有為與廖平二人學術思想的關係
——從《廣藝舟雙楫》談起

一　前言

　　康有為與廖平學術淵源之爭，為學術史之公案。對此公案，言人人殊，議論紛紜。而此公案重要性，除了還原歷史外，事實上亦牽涉二人本身思想轉變的來源，其淵流為何，牽一髮而動全身，對於康廖本身的人格或思想來說，更是關係甚大。所以此案往往為學者所重，對其交往情況亦多加考證，繁引史蹟，以證己說，故此公案之辨，實為史家必爭。

　　但是論此公案的學者，往往將《新學偽經考》與《孔制改制考》並談。一是說康有為《新學偽經考》祖述廖平《闢劉篇》、《孔子改制考》祖述《知聖篇》，都認為二書受廖啟發；再不然就是說康有為有自己的思考脈絡，兩書雖與廖暗合，但未必是受廖平影響。本文認為康有為《新學偽經考》並未抄襲廖平，因為他當時根本沒見過《闢劉篇》，康廖之合，只能說是學術史上的巧合。但康在一八九七年出版的《孔子改制考》，受廖平影響則顯然可證，因為康有為《孔子改制考》的重要觀點已明顯與羊城之會時不同，這種不同正是康廖二人會面時的主要爭論，羊城之會後，康有為論說便漸漸傾向於廖平的觀點。

　　本文環繞著兩個問題進行分析：

（1）《新學偽經考》為康有為原有之說，並未受廖平影響，康之
　　　思路可上承《廣藝舟雙楫》。

（2）《孔子改制考》受廖平啟發甚多，康廖會面後，廖平對康有
　　　為的主要影響亦在此書。

　　在章節安排部分，第二節論及各家學者對此公案的看法。第三節
則是從《教學通義》、《廣藝舟雙楫》分析康有為的思想變化。第四節
重點則是放在羊城之會時二人見面情況。第五節論述《孔子改制考》
與《知聖篇》的關係。第六節則提出若干結論性的看法。

二　各家學者對此公案之討論

　　廖平（1852-1932）在光緒三十二年（1906）曾言：「外今所（祖
述）之《改制考》，即祖述《知聖篇》，《偽經考》即祖述《闢劉
篇》」。[1]廖平認為，康有為的《新學偽經考》[2]（以下簡稱《新》）與
《孔子改制考》（以下簡稱《孔》），其觀點皆是承繼他而來，康有為
（1858-1927）初對此指控並未辯駁，始後方在一九一七年〈重刻偽
經考後序〉言道：[3]

　　　今世亦有好學深思之士，談今古之辨。或闇有相合者。惜其一
　　　面尊今文而攻古文，一面尊信偽《周官》以為皇帝王霸之運，

1　廖平：〈四益館經學四變記〉，收入李耀仙主編：《廖平選集》上冊（成都市：巴蜀
　　書社，1998年），頁549。

2　《新學偽經考》名稱曾有更動，萬木草堂（廣州）光緒十七年（1891）初刻本，此
　　為《新學偽經考》。萬木草堂（北京）重刻本，更名《偽經考》。

3　康有為著，朱維錚、廖梅校：《新學偽經考》（香港：三聯書店，1998年），頁401-
　　402。

矛盾自陷，界珍自亂。其他所在多有，脈絡不清，條理不晰，
其為半明半味之識，與前儒雜揉古今者無異。何以明真教而後
導士？或者不察，聽其所言，則察其尊偽《周禮》一事，而知
其道不相謀，翻其反而也。

康有為與廖平學術上的關係，各說各話，至此懸而未定，學者對此公
案論述亦復不少。一般來講，主要可分為兩大部分，其中又有異同，
試列述如下。

　　一是「康繼廖說」，又可再分兩種：分別是康有為「抄襲」或受
廖平「影響」，兩者使用語言或有不同，意思則相近。代表者人物當
為梁啟超（1876-1929）與錢穆。梁啟超在《清代學術概論》說：[4]

今文學運動之中心，曰南海康有為。然有為蓋斯學之集成者，
非其創作者也。有為早年，酷好《周禮》，嘗貫穴之著《政學
通議》，後見廖平所著書，乃盡棄其舊說。平，王闓運弟
子。……。平受其學，著《四益館經學叢書》十數種，頗知守
今文家法。晚年受張之洞賄逼，復著書自駁。其人固不足道，
然有為之思想，受其影響，不可誣也。

梁為康入室弟子，與康有為極親近，故其所述有一定之公信力。[5]而

────────────

4　梁啟超：《清代學術概論》（上海市：上海古籍出版社，2004年），頁77。
5　值得一提的，盡棄其舊說，指的是康有為酷好《周禮》一事，即便如此，梁啟超仍
　認為其師有自己的見解與目的，此與廖平大有不同，康的見解創獲則是化成人文、
　經世致用，但此見解之學術依據是由廖平而來。梁啟超：《論中國學術變遷之大勢》
　（臺北市：臺灣古籍出版社，2005年），頁171。
　梁啟超這兩種說法其實並沒有矛盾，只是梁在《清代學術概論》、《論中國學術思想
　變遷之大勢》中的切入點不同而已，故前者言其受其影響盡棄舊說，後者言其在特
　殊目的上有創獲。見註19。

與康、梁同時代之人亦有類似看法，葉德輝（1863-1927）說：[6]

> 嘗考康有為之學出於蜀人廖平，而廖平為湘綺樓下樓弟子，湘綺嘗言，廖平深思而不好學。

章太炎（1868-1936）在〈清故龍安府學教授廖君墓誌銘〉則是說：[7]

> 余始聞南海康有為作《新學偽經考》、《孔子改制考》議論多宗君⋯⋯。

> 君之學凡六變，⋯⋯；而康氏收於君者，特其第二變也。

> 君學有根柢，於古近經說無不窺，非若康氏之剽竊者。

錢穆（1895-1990）對此亦有考辨，他認為康有為說法前後不一，如《新》前序言：「竊怪兩千年來⋯⋯，無一人焉發奸覆露，雪先聖之沉冤⋯⋯。不量縣薄，催廓偽說，犂庭掃穴，魑魅奔逸⋯⋯，其與孔氏之道，庶幾禦侮云爾」，[8]言猶在耳，不料日後卻於〈重刻偽經考後序〉又言其受劉逢祿、魏源、龔自珍啟發，因此數人「疑攻劉歆之作偽多矣，吾蓄疑於心久矣」。[9]錢穆批評康有為前後矛盾，自打嘴

---

6 〈葉吏部答友人書〉，收入〔清〕蘇輿編：《翼教叢編》（上海市：上海書店，2002年），頁176。

7 章太炎：〈清故龍安府學教授廖君墓誌銘〉，收入廖幼平編：《廖季平先生年譜》（成都市：巴蜀書社，1985年），頁94-95。

8 康有為著，朱維錚、廖梅校：《新學偽經考》，頁2-3。

9 康有為著，朱維錚、廖梅校：《新學偽經考》，頁400。

巴，[10]加上廖平的自述，所以錢穆認定康有為抄襲廖平。儘管如此，錢穆同時也指出廖平屢變其說，又故自矜誇，因此其言亦不可盡信。[11]

其他學者或湯志鈞、黃開國等人，在梁、錢基礎下繼續推衍，他們使用的語言與錢穆略有不同，實則意思相近，錢穆大多使用「剽竊」，而其它學者或言「深受啟發」、「深受影響」，用語容有不同，但就看待康有為與廖平學術關係上則同一。如黃開國雖認為康有為著書目的與廖平不同，前者是政治性，後者是學術性的，在此之外，兩人論述亦有些差別，其授承關係非常密切：[12]

> 還有一個重要的原因是：《偽經考》具有一個政治目的，充當了康氏主張變法的先導，……，故其影響特大……。《古學考》沒有什麼政治目的，純是學術探討，故其影響面較小，……，可是我們今天要衡量這兩部書的價值，就不能局限於他們的影響，還當考察它們的內容及其授承關係。古人祭川，先河後海，推之為學，其理亦然。

---

10 「其回翔瞻顧，誠如季平所謂「進退未能自安者」、「則長素當時，應不知有廖平其人，不知有知聖、闢劉其書，且不知有劉、魏、龔諸氏而可。不然，知聖、闢劉之篇，固足以助我之孤鳴矣，此無怪乎季平之喋喋而道也」。錢穆：《中國近三百年學術史》下冊（臺北市：臺灣商務印書館，1996年），頁719-720。

11 錢穆引廖平《經學甲編》卷二：「丁亥（1887），作《今古學考》」，下頭有錢穆小字按語：「廖氏古學考序，自稱其今古學刊於丙戌（1886），此又云作於丁亥，必有一誤」。廖平接著又寫道：「戊子（1888）成為二篇，述今學為《知聖篇》，古學為《闢劉篇》」，錢穆續下按語：「據此則知聖、闢劉兩書均已成，何以又云：『己丑（1889）在蘇見俞蔭甫，曰俟書成再議』乎？抑猶未為定稿乎？大抵廖平既屢變其說，又故自矜誇，所言容有不盡信者。」錢穆：《中國近三百年學術史》下冊，頁716。

12 黃開國：《廖平評傳》（南昌市：百花洲文藝出版社，1993年），頁277。

湯志鈞的看法頗為類似，他認為：「康有為之《新學偽經考》、《孔子改制考》，實啟自廖平，此固康有為所深諱，而廖平則齗齗不已者」，[13] 康受廖啟示而成《新》、《孔》，自不待言。但康是借用今文經學以議政，基本上是學術與政治的結合。廖平則否，主要是爭經書之真偽、是在學術上爭孔子的真傳，因此二人之間，自有不同，但不管如何，「康有為受到廖平影響，是無可否認的」。[14]

除此之外，朱維錚表示此學術史公案一時間不會停止，但仍認可梁啟超之說，若梁說不誤，則可謂廖平至少充當了康有為理論的助產士。朱維錚說：[15]

> 康有為《新學偽經考》、《孔子改制考》，究竟是否剽竊廖平的《闢劉》、《知聖》二篇，無疑是晚清學術史上最大的版權官司。孰是孰非，史學家們聚訟紛呶，或許將繼續到下一世紀。歷史是最大的審判官，我們用不著替歷史作出仲裁，但梁啟超的證詞值得重視。他一再說，康有為著成《教學通議》後，「見廖平所著書，乃盡棄其舊說」。假如沒有更原始的材料予以否證，那麼廖平至少充當了康有為理論體系的助產士，是可以肯定的。

另外一種說法則是「獨創說」與「未定說」，代表人物為房德鄰與蕭公權。房德鄰先引用錢穆說法，指出廖平前後說法的不一致，推論康廖二人見面時，《知聖篇》、《闢劉篇》尚未完成，廖對康的影響不過是當時的談論而已。再者，廖康見面約在一八八九年到一八九〇

---

13 湯志鈞：《戊戌變法人物傳稿》（臺北市：漢京文化事業公司，2004年），頁193。

14 湯志鈞：《康有為傳》（臺北市：臺灣商務印書館，1997年），頁45-51。

15 朱維錚：《求索真文明——晚清學術史論》（上海市：古籍出版社，1996年），頁219。

年初,即錢穆所謂「己(丑)、庚(寅)冬春之際」,[16]但康有為在羊城之會前已表現出轉向今文學的經向,因為早在一八八六年出版的《教學通義》中康有為已有類似《新》、《孔》的說法,諸如不信秦火以後儒學經典流失、懷疑《周禮》的真實性、已有宣揚孔子改制的言論等等,此皆非固守古文經派者所敢言。[17]因此康廖見面之前,康基本上雖為一古文經學者,但並不嚴守古文之分,相反的,康有為在許多地方已有今文經的傾向,所以房德鄰不同意梁啟超說康見廖後「乃盡棄其舊說」。況且廖平《闢劉篇》經修改後於一八九七年刊行(即《古學考》),晚於《新》六年。《知聖篇》經修改後於一九〇一年刊行,晚於《孔》四年,因此不能把廖平修改後的著作視為康有為思想的源流。畢竟現有兩篇既非原稿,其思想追溯或許並非康源於廖,而是反過來,廖受康影響亦未可知。[18]房德鄰一反「康繼廖」說,提出自己的見解:[19]

> 不能認為廖、康書中相同或相近的內容就一定是康繼廖說。其中有些是康繼廖說,有些是康自創,有些是廖繼康說,有些是

---

16 錢穆:《中國近三百年學術史》下冊,頁715。

17 房德鄰:《儒學的危機與嬗變──康有為與近代儒學》(臺北市:文津出版社,1992年),頁11-16。

18 彭明輝延續此說,也不認為一定就是廖影響康。同時亦參酌黃開國、蕭公權、陳其泰、朱維錚的觀點,綜合各家說法之後,他對於《闢劉篇》是否成於一八八八年頗有疑問,但正式刊行是一八九四年(光緒二十年)沒錯,且康有為《新》刊於一八九一(光緒十七年),早了三年,因此二人誰影響誰或未可知。他又認為或許康看過《今古學考》後,引廖平為學問知己,康受其影響一變為尊古抑今,但康廖會面時,廖並未將《闢劉篇》、《知聖篇》見示,因此時二書未成,故廖二書並未直接祖述廖,反而是廖平日後刊行的《古學考》,有些地方直接引用康有為觀點。可見彭明輝:《晚清的經世史學》(臺北市:麥田出版公司,2002年),頁161-170。

19 房德鄰:《儒學的危機與嬗變──康有為與近代儒學》,頁25-26。

前人的說法或經學史上的常識，為康、廖所採取，不能一概
而論。

蕭公權（1897-1981）同樣也對此公案作了探討，他認為不能完全否
定康有為獨創的說法，相較於影響或剽竊說，蕭公權比較傾向於獨創
的可能。首先，康有為讀書甚多，不下於廖，自也可能得到相同的結
論。再者，質疑古文經的真實性亦非自廖始，公羊學者早已言之，如
龔自珍、魏源，甚至康的老師朱次琦（1807-1881）在捨鄭玄之說
時，亦可能對引導康對古文經採取批評的態度，又或者康於光緒五年
（1879）初識西學時，即使未即深入，也可能導致康對羣經作出不尋
常的解釋。

　　以上，特別是後面兩點，基本上只是可能性推測，雖未有定論，
故可聊備一說。接下來則是比較篤定的見解，蕭公權引用了梁啟超與
蒙文通（1894-1968）的說法，前者指出廖之公羊學研究有益於康，
但僅只於春秋公羊此一主題，且二人目標大不相同，廖僅止於學術，
康則主要是變法，此乃康之創獲。[20]後者則分辨不同脈絡的今文經
學，廖學源於漢代魯學，此學以《穀梁傳》為起點，主要依賴《周
禮》來解釋今文經；康之學源於齊學，此學以《公羊傳》為起點，依

---

20 康廖二人目的不同，是否就可視為康有為之創獲呢？我想這是切入角度的問題，就
　政治變法的角度來看，康確實超出了廖未及之處，但就經世致用、化成人文所依據
　學術觀點來看，那就可以反過來講，康與廖有太多相似處了，此即梁啟超所謂「然
　所治同，而所以治者不同」之意也。梁啟超說：「康先生之治公羊治今文，其淵源
　頗出自井研，不可誣也。然所治同，而所以治者不同。」「三世之義立，則以進化
　之理，釋經世之志，遍讀群書，而無所於閡，而導人以向後之希望，現在之義物。
　夫三世之義，自何邵公以來，久暗冥焉。南海之倡此，在達爾文主義未輸入中國以
　前，不可謂非一大發明也。南海以其所懷抱，思以易天下，而知國人之思想束縛既
　久，不可以猝易，則以其所尊信之人為鵠，就其所能解者導而之，此南海說經之微
　意也」。梁啟超：《論中國學術思想變遷之大勢》，頁171。

賴緯書解經。因此康雖可能襲用廖說，畢竟仍不屬於同一學派。

　　蕭公權最後下了非常謹慎的結論：[21]

> 　　在此可有兩種結論。其一，康獨自得出與廖相似的見解；其二，康襲用廖說，但用之於極不相同的目的。假如後說為是，康應該受到採用別人之說而不申明的批評。但前已述及，康氏在書中提及的僅少數人，如孔子、董仲舒與朱次琦——這些人的見解他幾可完全接受。他很少提及其他的人，雖用他們之說，但僅贊同一部分，如張載、王守仁，以及一些清代的公羊學者，特別是龔珍和魏源二人……，康拒提廖平，因他不以廖平為他的先驅，雖接受廖平的一些見解，但不以他為「真理」的共同發現者，假如這是抄襲，則康不僅冒犯了廖平，而且也冒犯了所有他未提及的學者。

　　以上為論此公案學者的主要觀點，其餘論此公案者，尚有陳其泰、小野川秀美、陳文豪、崔泰勳等人，其看法亦可歸屬於上述兩派，但其細節推論又各有不同，相關考證我們將在第二、三章陸續引用與考辨，此章不再另行標出。

　　由上述論述可知，不管是獨創說好、影響說也罷，基本上可用史料大致都已廣被各學者多方引用，因此若要再論案，除非有新出史料，否則勢必得使用其已刊行、卻未被其他學者引證的資料，而此資料若能證明康廖羊城之會（1889-1890冬春之際）前康有為的思想觀點，則大佳。本文認為這樣的資料，就是康有為於一八八八年完成的《廣藝舟雙楫》（以下簡稱《廣》）。

---

21 蕭公權著，汪榮祖譯：《康有為思想研究》（臺北市：聯經出版事業公司，1988年），頁64-66。

　　一般論此書者，多以藝術史、書法史視之，例如余紹宋（1883-
1949）《書畫書錄解題》，將其視為書法史之「通論」類，[22]又或是比
較與包世臣（1775-1855）《藝舟雙楫》之異同。[23]當然，《廣》確實是
以碑刻書法為中心，卻非僅止於此，其中有些觀念實可貫通至
《新》，而這樣的觀點在《新》中佔有頗重要的地位。因此，本文嘗
試以《廣》為切入點，來探討康廖的學術史公案，而這樣的切入點會
比以一八八六年《教學通義》、一八九一年《長興學記》等書來說明
羊城之會前康的思想更好，原因在第二節會有相關考證。只是此說並
非孤明先發，龔鵬程《書藝叢談》已先有言之，龔鵬程基本上除了論
及《廣》與包世臣《藝舟雙楫》之異，也探討了康廖的問題，多有啟
發性，對本文影響頗多，只是論述未免簡略，留下許多懸而未解的問
題。另外他對於廖康二人之羊城之會著墨甚少，且大多觀點皆延續
錢穆而來，對此並未深考，[24]也留下一些未解疑問，本文對此將嘗試
解決。

　　學術之道，往往是站在前人的肩膀上，或再作補充或另闢它徑，
本文亦復如此，本文企圖在已有的論述上，重新找出一個論述的切入
點，希望能對此公案作出不同於前的詮釋角度。因此除了原始資料
外，亦多方採用各前輩學者之論著，其中又受錢穆、黃俊傑、龔鵬程
三位先生影響甚大，錢穆對此公案作了完整的梳理，立下了論述的規
模與層次，使後人得以再作拓展，其功最大。而在閱讀黃俊傑《孟學

22 「包世臣著《藝舟雙楫》已錄入雜識類中，此編以其中有論書者，因為廣之，故以
　　名書。」余紹宋：《書畫書錄解題》（石家莊市：新華書店，2003年），頁263-264。
23 〔清〕劉聲木，《萇楚齋隨筆》（北京市：中華書局，1998年），頁184-185。〈論劉墉
　　書法〉條：「包氏《藝舟雙楫》本兼論文，故謂之「雙楫」，庶於立名無乖。南海康
　　有為撰《廣藝舟雙楫》六卷，只專論字一項，何來此「雙楫」乎。無論其言之是
　　否，立名已為不順。晚年重印，更名曰《書鏡》，或自悔立名之未安乎。」
24 龔鵬程：《書藝叢談》（濟南市：山東畫報出版社，2007年），頁136-162。

思想史論（卷二）》的過程中，黃俊傑以漸進的改良主義，作為康有為闡釋孟子的重要立場，此立場又源於《春秋》公羊的三世說、西方之演化論（evolutionism，特別是嚴復所譯《天演論》），[25]這樣的歷史進化觀，在《廣》則稱之為「通變」，「通變」（或曰「歷史進化觀」）貫穿康的許多著作，本文第二節即以此觀點探討康有為思想的延續性。另外，龔鵬程《書藝叢談》別出心裁，在各家論述之外，採用《廣》作為切入點，亦是本文的重要參考著作。

三　康有為的思想變化

由於康廖二人著作相似之處甚多，加上廖平的敘述，一般學者皆相信康著作深受廖影響，只是康有為出於不同目的而加以改造，持此說者甚多，我們在第一節中已有探討。可是廖平本身學術變化多端，[26]其言又屢有反覆，因此若要全依廖平說法定案，恐有不公，如果要重新檢視此一學術史公案作，勢必要先探討康廖羊城之會前各自的思想。

為了論述方便，我們可將二人重要著作以表格表示：

---

25 黃俊傑：《孟學思想史論（卷二）》（臺北市：中央研究院文哲研究所，2006年），頁371-418。

26 此即廖平的經學六變，關於六變的情況資料，廖平有丙午（1906）本《四益館經學初四變記》，另，《孔經哲學發微》又收有己酉（1909）本《四益館經學初變記》。其弟子黃鎔、柏毓東又分別有《五變記箋述》和《六變記》，以上均收於李耀仙編《廖平選集（上）》。除此之外，廖平之孫廖宗澤亦有《六譯先生年譜》，收於廖幼平編《廖季平先生年譜》。

康有為	廖平	
《教學通義》	《今古學考》	1886
	《闢劉篇》、《知聖篇》初成	1888
《廣藝舟雙楫》		1888-1889
羊城之會 （二人於此時會面過兩次）	羊城之會 （廖平拿《知聖篇》給康有為看）	1889年底至1890年初
梁啟超入康有為門下		1890
《長興學記》 《新學偽經考》		1891
《孔子改制考》	《古今考》刊行 （《闢劉篇》修改後成書）	1897
	《知聖篇》修改成書	1901

　　關於廖平學術的變化，羊城之會前廖平則是歷經一、二變此時的廖平，已由今古平分的經學一變，改為尊今偽古的經學二變。[27]尊經抑古，即是認為古學是劉歆偽說與今學是孔子真傳。[28]而持康繼廖說的學者們，都認為廖平經學二變的內容影響了康有為日後的學術傾向。

　　至於康有為方面就複雜得多，就反對康繼廖說之學者而言，若能在此之前發現康有為已有今文學說的證據，則可證明康繼廖說為非。確實，也的確有學者發現羊城之會前的康有為已有今文學傾向，而這

---

27 關於經學二變時間起始問題，黃開國、李耀先、陳文豪等人認為是光緒十三年（1887），也有說法是光緒十四年（1888）或光緒十二年（1886）。在此我們並不處理這個問題，畢竟我們只要知道在羊城之會前廖平之思想狀況便可，而上述三說皆始於羊城之會（1889-1890冬春）之前。關於經學二變的始末，相關考證可參陳文豪：《廖平思想研究》，頁140-143；崔泰勳：《論康有為思想與廖平的關係》（臺北市：國立臺北臺灣大學中文研究所碩士論文，2002），頁35。
28 李耀仙：《廖平選集》上冊，頁312-314；548-549。

樣的傾向表現在一八八六年的《教學通義》（以下簡稱《教》）中。

（一）《教學通義》的成書與內容

我們曾在第一章引用梁啟超的話：[29]

> 今文學運動之中心，曰南海康有為。然有為蓋斯學之集成者，
> 非其創作者也。有為早年，酷好《周禮》，嘗貫穴之著《政學
> 通議》，後見廖平所著書，乃盡棄其舊說。

朱維錚認為除非有更原始的資料可供推翻，否則的話，梁啟超此說是相當值得重視的。[30]可是也有幾個問題值得思考：梁啟超雖身為康有為弟子，即便他曾與陳千秋等人編纂《新》、《孔》等書，[31]但梁啟超於光緒十六（1890）年入康有為門下，對之前康有為思想歷程未必瞭解，此其一。第二，梁啟超有沒有可能說錯、或弄錯呢？像梁啟超文中提起的《政學通議》，事實上是《教學通義》才對，此已有學者辨之。又例如梁啟超說廖平「晚年受張之洞賄逼，復著書自駁」，[32]此說

---

29 梁啟超：《清代學術概論》（上海市：上海古籍出版社，2004年），頁77。

30 朱維錚：《求索真文明——晚清學術史論》，頁219。朱維錚使用的是《教學通議》，而劉巍又另外指出《教學通義》有兩個版本，「一是收入《中國文化研究集刊》第3輯的題為《教學通議》的本子；二是收入《康有為全集》第1集的題為《教學通義》的本子。從該書扉頁所收「圖三《教學通義》手稿的書影看來，題名應以《教學通義》為是」。劉巍：〈《教學通義》與康有為的早期經學路向及其轉向——兼及康氏與廖平的學術糾葛〉，《歷史研究》，2005年第4期，頁51。

31 梁啟超〈南海先生七十壽言〉：「先生著《新學偽經考》方成，吾儕分任校讎，其著《孔子改制考》及《春秋董氏學》，則發凡起例吾儕分纂焉。吾儕坐是獲所啟發，各斐然有著述之志」。收入陳漢才校注：《長興學記》（廣東：新華東店，1991年），頁85。

32 梁啟超另外又說：「（廖平）……而其說亦屢變。初言古文為周公，今文學孔子；次言今文為孔子真，古文為劉之偽；最後乃言今文為小統，古文為大統。其最後說，

當時已有人反對，如章太炎在替廖平寫的墓誌銘就批評道：[33]

> 清大學士張之洞尤重君，及君以《六經》說周禮，之洞遺書，
> 以為「風疾馬良，去道愈遠」。而有為之徒見君前後異論，謂
> 君受之洞賄，著書有駁，此豈足以污君者哉？

至於梁啟超所言「受張之洞賄逼」、「懼禍而支離之」，陳文豪已有辯
駁。陳文豪雖未引用章太炎語，但梁啟超以為廖平經學三變是「則戊
戌以後，懼禍而支離之也」，據陳文豪的考證，三變並不始於戊戌
（1898）以後，而是始於光緒二十三年冬（1897），所以梁說不能成
立。至於張之洞「賄逼」，起因於張之洞不滿廖經學二變的內容，不
喜廖攻擊《周禮》，而且也認為《知聖篇》流弊甚多，廖宗澤《六譯
先生年譜》光緒二十三（1897）年條下：[34]

> 秋，宋育仁述張之洞語曰：「風疾馬良，去道愈遠。解鈴繫
> 鈴，惟在自悟。」並命改訂經學條例，不可講今古學及〈王
> 制〉并攻駁《周禮》。先生為之忘寢餐者累月。

宋育仁（1858-1931）轉述張之洞（1837-1909）之語，要求廖平自改
其說，廖平有回信宋育仁，此即〈與宋芸子書〉，信中表明不願屈就
師意，但廖平畢竟顧念師生之情，雖不為所動，只是明知張師不滿，

則戊戌（1898）以後，懼禍而支離之也。蚤歲實有所心得，儼然有開拓千古、推倒
一時之慨，晚節則幾於自賣其學，進退失據矣！」梁啟超：《論中國學術思想變遷
之大勢》，頁170。

33 章太炎：〈清故龍安府學教授廖君墓誌銘〉，收入廖幼平編：《廖季平先生年譜》，頁
95。

34 廖宗澤：《六譯先生年譜》，收入廖幼平編：《廖季平先生年譜》。

心中難免惴惴，故未敢直接向張之洞回覆心意，遲至同年冬季，廖平思路轉變，由二變轉向三變，才提筆上書張之洞，即便信中語氣謙抑，但仍堅持己見，不願刪改。[35]

從以上討論可知，即便梁啟超的說法值得正視，卻不能保證他的說法就絕對正確，因此梁所謂「盡棄其舊說」云云，就有了重新考察的可能。

現在把焦點放回到前面所提的《教學通義》，《教》成於光緒十二年（1886），[36]早於羊城之會前，因此若能在此書發現康有為思想延續性的蛛絲馬跡，無疑地，則可替此公案作出翻案。

那麼，這本書內容思想為何？或許我們該這麼說，這本書足以代表康有為羊城之會前的思想狀況嗎？雖然已有學者從這條線索分析，但本文認為這種分析是危險的。首先：此書目的在於明教學之義，以作經世濟民之用。[37]內容古今並重，並不特尊今古某家某說，如他在〈六經第九〉中說周公之制，有六德、六行、六藝、百官之

---

35 廖宗澤，《六譯先生年譜》同年條下：「（廖平）致宋育仁書曰：……，鄙人不惜二十年精力扶而新之，且并解經而全新之，其事甚勞，用心尤苦，審諸情理，宜可矜哀。若以門互有異，則學問之道，何能囿以一途？至人宏通，萬不任此。」「……，今以尊鄭之故，強人就我，而不許鄙人以經說經，聽獄斯獄，亦殊未明允……」、「十一月，上張之洞書，情辭較為謙抑，但仍堅持己見，不願刪改」。收於廖幼平編：《廖季平先生年譜》，頁54-55。另參陳文豪：《廖平思想研究》，頁168-173。

36 康有為：《康南海自編年譜》光緒十二年條：「又著《教學通議》成」，收於《止叟年譜。康南海自編年譜。沈敬裕公年譜》（臺北市：廣文書局，1971年），頁16。

37 康有為，《教學通義》：「今天下治之不舉，由教學之不修也。今天下學士如林，教官塞廷，教學惡為不修？患其不師古也。今天下禮制、訓詁、文詞皆尚古，惡為不師古？曰：師古之糟粕，不得其精義也。善言古者，必切於今；善言教者，必通於治。今之民，猶古之民，不待易世也；今之治，猶古之治也，不必膠法……，王者取法，必施於世，生民托命，生聖其諦」。收入姜義華等編：《康有為全集》第一冊（上海市：上海古籍出版社，1987年），頁80-81。

專學等等，「此周公所以位天位，育萬物，盡人性，智周天下，道濟生民，範圍而不能過，曲成而無有遺」，至於孔子，其以布衣之身，不得位但行教事，「經雖出於孔子，而其典章皆周公經綸之迹，後世以是為學，豈不美哉！」[38] 顯然此時康有為書中仍以「尊周公，崇周禮」為特徵，[39] 此為古文經說。另外，《春秋》為孔子憂亂賊、明制作、立王道之書，是故筆則筆、削則削，微言大義所在乎此，而《公羊》、《穀梁》，是子夏所傳，則為孔子微言，此為康有為引用今文家說。[40] 除此之外，康有為又認為「禮家殊說，諸經皆是，若〈王制〉、《周禮》、《左傳》、《孟子》，牴牾尤甚」，[41] 因此主張將歷來禮制因損沿革定為《禮案》一書，目的是考知古今，以推禮制損益，以此為經世、為化民，在此康有為並無強分今古文高下之意，[42] 因此與其說康有為是以今或古學立場撰此說，不如說康的目的是教民興學、化民成俗，然後充分運用古今經學。

再者，此書也有事後修改的可能，因為有些說法前後矛盾，〈六經（上）禮第十八〉：「《周禮》所以範圍後世而尊之無窮者，誠美備也」、「《周禮》制度精密，朱子稱為盛水不漏，非周公不能作，而不能知禮之本原，且於家禮、鄉禮無所考，修身善世之義未及著。」[43] 但卻又在〈國學第五〉說「《周禮》容有劉歆竄潤，……」，[44] 固然

---

38 康有為：《教學通義》，收入姜義華等編：《康有為全集》第一冊，頁117-122。

39 汪榮祖：《康有為》（臺北市：東大圖書公司，1998年），頁21。

40 康有為：《教學通義》，收入姜義華等編：《康有為全集》第一冊，頁124-126。另，同書138-139頁，康有為又云：「惟於孔子改制之學，未知深思，析義過微，而經世之業少，注解過多」、「孔子改制之意未明，朱子編禮之書遲而不就，此亦古今之大會也」，此類說法亦屬今文經家說。

41 康有為：《教學通義》，收入姜義華等編：《康有為全集》第一冊，頁145-146。

42 汪榮祖：《康有為》，頁21。

43 康有為：《教學通義》，收入姜義華等編：《康有為全集》第一冊，頁142、149。

44 康有為：《教學通義》，收入姜義華等編：《康有為全集》第一冊，頁99。

「竄潤」與「偽撰」有很大的不同，此亦不能說明康有為此時已有「劉歆偽新學」的觀念，[45] 況且還有另一個問題，〈尊朱第十四〉竟有「自變亂於漢歆……，廢墜亡滅二千年乎」云云的語句，明顯於前說不符，因此此書可能有事後添改的部分。

對此，朱維錚曾指出《教》古今雜糅、不別漢宋的特色，且提出事後修改的判斷：[46]

書中已在抨擊劉歆，說是治經先要辨別今古之學。「古學者，周公之制今學者，孔子改制之作也。」但那非但是廖平在一八八年發表《古今學考》的見解，而且全書雜糅古今、不分漢宋的多篇內容極不相稱。

《教學通議》即應朱維錚，由方行、顧廷龍先生從上海圖書館特藏部覓出手稿發表，題目依手稿封面原署《教學通議》，標點分段均由朱維錚改定，文前考證性的編按也是朱維錚所加。編者按說明，此手稿原題，按梁啟超《政學通議》非是，內容

---

45 房德鄰據此以為康有為「他在《教通通議》中尊周公，崇周制，但並不崇《周禮》。他對《周禮》心存懷疑，明確指出『《周禮》容有劉歆竄潤』。」房德鄰：《儒學的危機與嬗變》，頁13。

　房德鄰說法值得商確，康有為在此書中尊崇《周禮》，本文已有史料可證，況且劉歆只是「竄潤」，並無進一步推論其偽撰古文，如〈七學第八〉：「漢人略識古文者，惟孔安國、張敞、向歆父子」、「……然藏之秘府……自非向、歆、班固尹敏之儔，任校書之職，誰得見之？」〈立學第十二〉：「劉歆立三雍，增置古文博士」，此皆未言劉歆偽撰，反而對其校古文、增置博士官多有肯定。康有為：《教學通義》，收入姜義華等編：《康有為全集》第一冊，頁119-117、129。相關考證可參陳文豪：《廖平思想研究》，頁259-260。

46 一、二段引自朱維錚：《求索真文明——晚清學術史論》，頁218、207。第三段引自朱維錚：《音調未定的傳統》（瀋陽市：遼寧教育出版社，1995年），頁276。

可證康有為早年的確「酷好《周禮》」，但涉及經學，前宗劉
歆，後斥劉歆，必非同時所撰……。

也是康有為佚稿的《教學通議》刊布，更證實此人在一八九〇
年得到廖平指授前後，才實現由經古文學而改宗經今文學。

《教》是否是康見廖後修改，此說過於大膽，且無確據可證此說，[47]
只能存疑。朱氏說法未必就是定論，目前已有學者提出質疑，像劉巍
就認為《教》並無太大矛盾。[48]二人是非如何，或未可知，但不管是
朱氏還是劉氏，事實上都說明了《教》不能做為康有為一八八六年時

---

47 其實朱維錚並未提出詳細考證，只是不斷地重複結論：「假如本稿是一氣呵成，就
　是說沒有在康有為在一八九〇年會晤廖平以後再加修改，那末同一篇論點如此前後
　牴牾，將無法得到合理解釋」。「（梁啟超說康見廖盡棄舊說）這絕非誣師之言。但
　梁啟超也顯然沒有見過此稿，否則他必將補充說，康有為企圖用廖平《今古學考》
　的觀點對此稿加以修改，只因愈改愈顯示新舊觀點不相容，於是不得不棄此稿，而
　另撰《新學偽經考》。」朱維錚：〈教學通議編者按〉，收入《中國文化研究集刊》
　第三輯（上海市：復旦大學出版社，1986年），頁343。
48 劉巍認為實在不必對《教學通議・尊朱》的「自變亂於漢歆」作過度的詮釋，然後
　以此推斷《教學通議》不一致，「其實所謂『變亂』云者，或指劉歆利用古文經來
　助王莽行政，即前文所謂『《周禮》容有劉歆竄潤』之類，與後來的『遍為群經』
　之說，豈可同日而語？否則如《長興學記》所說，『宋儒』『亦為劉歆所豐蔀』，或
　如《新學偽經考》所說，朱子為劉歆所『欺紿』，他豈能成為『孔子後一人而
　已』？朱子又如何值得『尊』呢？……，我們不清楚學者所謂《教學通議》『前宗
　劉歆，後斥劉歆』的確切指謂，尤其『特別在後半部，又指責劉歆作偽』的證據何
　在。就筆者見到的情況來看，康氏在《教學通議》中對劉歆的看法前後文並無大矛
　盾，大體不出傳統見解」。劉巍：〈《教學通議》與康有為的早期經學路向及其轉
　向——兼及康氏與廖平的學術糾葛〉，頁49-68，引文見頁55-56。除此之外，劉巍亦
　指出康有為早年尊崇周公是受章學誠「六經皆史」的發，亦受常州公學派影響，何
　況《教學通議》用意在於治經用世，今古文之分，顯然是不太重要的。只是劉巍後
　文卻以《長興學記》及相關史料來說明康有為今學立場的確立，顯然地，劉巍忽略
　了《廣藝舟雙楫》的重要性。

已有「新學偽經」說的代表。

可是，不管如何，《教》中的一個觀念，始終存在，並陸續出現在康有為之後的著作。善言古者，必切於今，此即「通變」，[49]這樣的立場，從《教》到《廣》再到《新》、《孔》，甚至是以後的《春秋董氏說》、《孟子微》等書，此宗旨始終延續。不同的是，到了一八八八年作《廣》一書的康，已有了劉歆偽古文的觀點，此說則是下開《新》，而後來「通變」的內涵更加上了西方之演化論（evolutionism，特別是嚴復所譯《天演論》），這樣的融合則表現在《孟子微》一書中。

（二）從《廣藝舟雙楫》到《新學偽經考》

由於《教》存有許多問題，因此若以此書作為康未繼廖的證據，則言人人殊，各有所取。但我們又不必因此認定康有為確實抄襲，因為我們大可在它書中找出康有為思想延續的證據，而這本書就是《廣藝舟雙楫》。

康有為在光緒十四（1888）年赴京，一來參加鄉試，二來讀書頗有所得，想順便遊歷京師，增廣見聞，《康南海先生自編年譜》中說：[50]

49　此說幾乎俯拾即是，如：「由今之學，不變今之法，而欲與之立國牧民，未之有矣」、「今言教學，皆不泥乎古，以可行於今者為用」、「朱子曰：『禮，時為大，使聖賢者有作，必不從古之禮，祇是以古禮減殺，從今世俗之禮，令稍有防範，節文不至太簡而已。』又曰：『夏、商、周之禮不同，百世以下有聖人作，必不踏計舊本子，必須斬新別作』又曰：『禮壞樂崩兩千餘年，若以大數觀之，後來必有大人出來盡數拆洗一番』」、「後世制度既殊，情文絕異，惟有酌古今之宜，定質文之中，存尊卑隆殺之數，使人人可行，總會百王，上下千古，定為一書，立於學官，行於天下，習於士民，督於有司。」康有為：《教學通義》，收入姜義華等編：《康有為全集》第一冊，頁133、137、144、146。

50　康有為：《康南海自編年譜》，收入《止叟年譜。康南海自編年譜。沈敬裕公年譜》，頁17。

居鄉之簷如樓，春夏間居花埭，大通烟雨，讀佛典，時以足跡
久滯鄉間，張延秋頻招遊京師，是年鄉試，五月遂決行。是時
學有所得，超然物表，而游於人中，倜儻自喜。

不料康有為至京，張延秋便因病去世，[51]康處理完喪事之後，八月謁
明陵，出居庸關，九月游西山。適時清陵山崩，康有為把握機會，
「乃發憤上書萬言，極言時危，請及時變法」，但是卻遭「朝士大攻
之」。同年十月，康再度上書，獲得祭酒盛昱支持，不料卻因侍郎許
應騤、李文田以同是廣東人的康有為，進京不拜為由，阻擾上書。盛
昱另透過都御史祁世長上書，約以十一月初八到督察院呈遞，祁世長
並派御使屠梅君（仁守）居中連絡，沒想到過幾日竟得到通知，說祁
世長「患鼻血，眩暈而歸，許改期」，此時康欲回廣東但津海已結
冰，只好續留京師，只是祁世長卻一直因病未辦公，隔年正月，屠梅
君以言事革職，永不敘用。之後則是慈禧歸政，光緒大婚，「典禮重
疊，吉祥止止，非痛哭流涕之時，朝士久未聞此事，皆大譁，鄉人至
有創論欲相逐者。」

　　這正是康有為寫作的背景。留京期間，康有為一方面漸漸心灰意
冷，一方面亦有友人勸告：「沈子培勸勿言國事，宜以金石陶遣，時
徙居館之汗漫舫，老樹蔽天，日以讀碑為事，盡觀京師藏家之金石凡
數千種，自光緒十三年以前者，略盡睹矣，擬著一金石書，以人多為
之者，乃續包慎伯為《廣藝舟雙輯》焉」、「既不談政事，復事經說，
發古文經之偽，明今學之正，既大收漢碑，合之急就章，輯周漢文字
記，以還蒼頡篇之舊焉」。[52]

---

51 康有為因此作有〈祭張延秋侍御文〉，收入姜義華等編：《康有為全集》第一冊，頁
　　326-327。

52 以上引文皆見康有為：《康南海自編年譜》，收入《止叟年譜。康南海自編年譜。沈
　　敬裕公年譜》，頁17-19。

　　勸康有為勿言國事者，除沈乙庵（子培）之外，另有黃仲弢（紹基），康有為〈上書不達，讒謠高張，沈乙庵、黃仲弢皆勸勿談國事，乃卻歸汗漫舫以金石碑版自娛，著《廣藝舟雙楫》成，浩然有歸志〉：[53]

　　　上書驚闕下，閉戶隱越南。洗石為僮課，攤碑與客談。著書銷日月，憂國自江潭。日步回廊曲，應從面壁參。

詩題有「著《廣藝舟雙楫》成，浩然有歸志」的字句，此與《廣》自敘所言不同，[54]有可能前者是指文稿已成，只是尚未彙集整理，又或是仍待修改，因此不妨放寬成書時間下限，推測此書由寫作至成期間約由光緒十四年底至十五年底（1888-1889）。另，康有為於光緒十五年九月出京，[55]康有為有詩〈去國吟〉記之，與《廣》有關者為第四首：[56]

　　　古今碑刻三千紙，行裝捆大如牛腰。澹如樓中七檜下，攤碑淪茗且聽潮。

那麼，康著《廣》，真的只是以「金石陶遣」嗎？[57]《廣》是否只是談

---

53 陳永正編注：《康南海詩文選》（廣州市：人民出版社，1983年），頁73。

54 《廣藝舟楫雙。敘目》：「永惟作始於戊（1888）子之臘，……，歸歟己丑（1889）之臘，整理舊稿於西樵山北銀塘鄉之澹如樓，……。凡十七日至除夕書訖，光緒十五年也」。康有為著，崔爾平校：《廣藝舟雙楫》（上海市：上海書店，2006年），頁17。

55 康有為：《康南海自編年譜》，光緒十五年條下：「九月出京，冒雨游西湖……」，收入《止叟年譜。康南海自編年譜。沈敬裕公年譜》，頁21。

56 陳永正編注：《康南海詩文選》（廣州市：人民出版社，1983年），頁92。

57 此書雖說是續包世臣《藝舟雙楫》，但基本上包康二人旨趣著重頗有不同，大體來

帖學之衰、碑學之興呢？恐怕未必。他在自敘裡開頭就說：[58]

> 可著聖道，可發王制，可洞人理，可窮物變，則刻鏤其精，冥
> 縡其形為之也。不劬於聖道、王制、人理、物變，魁儒勿道也。

除此之外，康有為在《康南海自編年譜》說將續包世臣《藝舟雙
楫》，接下就說：「既不談政事，復事經說，發古文經之偽，明今學之
正，既大收漢碑，合之急就章，輯周漢文字記，以還蒼頡篇之舊
焉」。以此觀之，將古今文經連接文字鍾鼎一起並談，並將之與聖
道、王制、人理、物變合論，這也是本書的意涵之一。

但若要以《廣》來論證康廖會見前，康有已劉歆偽古文之說，仍
有幾個問題有待解決，那就是《廣》雖成書在一八八八至一八八九年
間，實際上卻刻於光緒十七年（1891），月分不詳，而《新》則是刻於
同年七月，[59]因此我們無法判斷《廣》究竟早刻於《新》、或是晚？因
為若是晚刻，有可能會在出版時已有增改。可是接下來的問題，證明
不管是早刻或晚刻，似乎都讓這個問題顯得不太重要，因為我們發現
現存《廣》已非一八八八至一八八九年的原稿，《廣‧原書第一》：[60]

說，包世臣書法得力處，在帖不在碑，而康有為則是尊碑輕帖，本漢卑唐。可參龔
鵬程：《書藝叢談》，頁141-146。

58 康有為著，崔爾平校：《廣藝舟雙楫》，頁13。

59 康有為：《康南海自編年譜》，光緒十七年條下：「七月，《新學偽經攷》刻成」，收
入《止叟年譜。康南海自編年譜。沈敬裕公年譜》，頁23。康有有撰，張伯楨校：
《萬木草堂叢書目錄》，「《書鏡》，即《廣藝舟雙輯》，光緒辛卯刻，凡十八
印……」、「《偽經考》，光緒辛卯刻於廣州」，收入《叢書集成續編》第68冊（上海
市：上海書店，1994年），頁1111、1112

60 康有為著，崔爾平校：《廣藝舟雙楫》，頁23。

> 古文為劉歆偽造，雜采鐘鼎為之。余有《新學偽經考》辨之已詳。

　　《新》成於一八九一年，但據上文考證，《廣》初稿應成於一八八八至一八八九年，但現存版本竟有「余有《新學偽經考》辨之已詳」的小字。推測原因的可能是：現存的《廣》早經康有為添改，已非原稿，既非原稿，則《廣》早刻或晚刻於《新》都此已不再重要，畢竟不管是早晚，《廣》都有可能於再版時修改內容。[61]

　　不過與《教》不同的，《廣》即便是經過修改，呈現的非但不像《教》的混雜矛盾，而且剛好相反。因為《廣》的修改，是在原有的基礎上添枝加葉，讓已經頗為完整的論點更為完備，就「後出轉精」的角度來看，論點的完善性當然不能與《新》相比，但不管如此，《廣》的一些觀點延續至《新》是沒有問題的。因此不管《廣》是早刻晚刻，或是後經修改，此皆與本主題要論述之重點無甚大關係。

　　以下將分別考述《廣》的論點，並且論證哪些說法延續至《新》。

　　康有為在《廣》中，處處表現出「通變」的思想，中國思想中本已有此傳統，晚清公羊學派更是專講於此。[62]康有為這樣的觀點也表

---

61 康有有撰，張伯楨校：《萬木草堂叢書目錄》，「《書鏡》，即《廣藝舟雙楫》，光緒辛卯刻，凡十八印……」，收入《叢書集成續編》第68冊，頁1112。此書出版後，凡十八印，因此有所增訂修改是很正常的。

62 其中劉逢祿（1776-1829）屬關鍵人物，學界一般看法，皆認為劉逢祿身處時代已與其外祖莊存與（1719-1788）頗有不同，此時公羊學說的宗旨亦不再以大一統為主，而是主張求變，這種變的哲學從劉逢祿以後，經龔自珍、魏源、廖平、康有為皆主此說。見陳其泰：《清代公羊學》（北京市：新華書店，1997年），第三到七章；王汎森：《古史辨運動的興起》（臺北市：允晨文化實業公司，1987年），頁132-142；彭明輝：〈今文學的復興及其變奏〉、〈探問經史以求新索〉，收入氏著：《晚清的經世史學》。

現在書中，首先他認為文字是雖由「人之靈」、「人之智」[63]所創，可是文字不可能永遠不變，但文字之變屬自然而至，其靈不能自己，非人力刻意所能為，〈原書第一〉：[64]

> 以人之靈而成創為文字，則不獨一創已也。其靈不能自己，則必數焉變，故由蟲篆而變籀，由籀而變秦分，即小篆。由秦分而變漢分，自漢分而變真書，變行草，皆人靈不能自己也。

〈分辨第五〉：[65]

> 蓋自秦隸變漢隸，減省方折，出於風氣變遷之自然。……。自蒼頡來雖有省改，要由變遷，非有人改作也。

就因為自然而變方為大道，[66]而人力刻意所為，則大不妥當，因此金太祖、李元昊的人為做作，其文字皆不能流傳。[67]不止文字如此，書法之興衰，亦可由此觀，康有為認為帖學之衰，碑學之興，也是一種自然演變，〈尊碑第二〉：[68]

---

63 「文字何以生也，生於人之智也」。康有為著，崔爾平校：《廣藝舟雙楫》，頁21。

64 康有為著，崔爾平校：《廣藝舟雙楫》，頁22。

65 康有為著，崔爾平校：《廣藝舟雙楫》，頁65。

66 康有為認為文字自然而變，中外皆然，但因為外國文字以聲為主，故合音為字，其音不備，多有牽強，因此未若中國文字完善美備。康有為著，崔爾平校：《廣藝舟雙楫》，頁26-28。

67 「金太祖命完顏希尹依仿楷書，因契丹字合本國語為國書；西夏李元昊命野利仁榮演書，成十二卷，體類八分。此則本原於形，非自然而變者。本無精義自立，故國亡而書隨之也。」康有為著，崔爾平校：《廣藝舟雙楫》，頁26。

68 康有為著，崔爾平校：《廣藝舟雙楫》，頁32。

> 晉人之書流傳曰帖，其真跡至明猶有存者，故宋、元、明人之
> 為帖學宜也。夫紙壽不過千年，流及國朝、則不獨六朝遺墨不
> 可復睹，即唐人鈎本，已等鳳毛矣。故今日所傳諸帖，無論何
> 家，無論何帖，大抵宋、明人重鈎屢翻之本。名雖羲、獻，面
> 目全非，精神尤不待論。……，流敗既甚，師帖者絕不見工。
> 物極必反，天理固然。道光之後，碑學中興，蓋事勢推遷，不
> 能自已也。

晉人流傳下來的書帖，在宋元明尚可見，故其時習帖則宜，但到了清
朝，不但六朝遺墨不可復聞，就連唐人鈎填本亦屬稀少，因此帖學之
衰，碑學中興，實乃勢所必至。

康有為既主張變，但這又產生了一個問題，求變通變，用意為
何？事物初創具，足以應用即是，為什麼還要變呢？就好像文字取形
可識便可，又何必再有鍾、衛、王、羊？詩可言志便可，又何必再求
聲韻諧律？

這就得說到關於變的內涵與意義，康有為認為，所謂的變，文字
由繁到簡，是一種變；由粗到精，由淺到深，也是一種變。綜合觀
之，其實就是一種漸近的改良主義，變化往往以漸不以驟，不可躐
等，[69]所以他在說〈原書第一〉說：[70]

> 夫變之道有二，不獨出於人心之不容已也，亦由人情之競趨簡

---

69 此說在康以後的著作中仍有發揮，始終延續，所不同者，是後來康有為又受到嚴復
所譯《天演論》的影響，特別是「適者生存」、「優勝劣敗」、「自然淘汰」等說，其
「通變」之內容已不止於中國古今而已，而是企圖調融中西思想，且與其「大同之
世」的政治思想多呼應，並表現在《孟子微》一書中。可參黃俊傑：《孟學詮釋史
論》卷二，頁391-402。

70 康有為著，崔爾平校：《廣藝舟雙楫》，頁27、29-30。

易焉。繁難者，人所共畏也，簡易者，人所共喜也。……，隸
草之變，而行之獨久者，便易故也。

綜合論之，書學與治法，勢變略同。周以前為一體勢，漢為一
體勢，魏、晉至今為一體勢，皆千數百年一變，後之必有變
也，可以前事驗之也。

或曰：書自結繩以前，民用雖篆草百變，立義皆同。由斯以
談，但取成形，令人可識，何事誇鐘、衛，講王、羊，經營點
畫之微，研悅筆劃之麗，令祁祁學子玩時日於臨寫之中，敗心
志於碑帖之內乎？應之曰：衣以揜體也，則裋褐足蔽，何事采
章之觀？食以果腹也，則糗藜足飫，何取珍羞之美？……，詩
以言志，何事律則欲諧？文以載道，胡為辭則欲巧？蓋凡立一
義，必有精粗，凡營一室，必有深淺，此天理之自然，匪人為
之好事。

由於變實在太重要了，變者勝，不變者必敗，[71]是故文字之變，其原
則不能不知，「隸草之變，而行之獨久者，便易故也」，文字演變的規
律則是由繁至簡，中西皆然，[72]這樣的觀點延續至《新》：[73]

---

71 「蓋天下世變既成，人心趨變，以變為主；則變者必勝，不變者必敗，而書亦其一
　端也」。康有為著，崔爾平校：《廣藝舟雙楫》，頁118。
72 「歐洲通行之字，亦合聲為之。英國字母二十六，法國二十五，俄、德又各殊，然
　其始亦非能合聲為字也。至其古者，有阿拉伯文字，變為猶太文字焉；有敘利亞文
　字、巴比倫文字、埃及文字、希利尼文字，變為拉丁文字焉；又變為今法、英通行
　之文字焉。此亦如中國籀、篆、分、行、草之展轉相變也。且彼又有篆分正斜、大
　小草之異，亦其變之不能自己也。」康有為著，崔爾平校：《廣藝舟雙楫》，頁26-
　27。

> 凡文字之先必繁，其變也必簡，故篆繁而隸簡，楷真繁而行草簡。人事趨於巧便，此天智之自然也。……，今泰西文自巴比倫而變為猶太，再變為希臘，又變為拉丁，然後為為今法文，英文又從法文而變之，以音紀字，至簡者也。拉丁之文稍繁焉。侍郎郭嵩燾此其地，得其三千年古文字，皆是象形，與中國鐘鼎略同。

舉郭嵩燾為例，此說亦見於《廣藝舟雙楫·原書第一》：[74]

> 近年埃及國掘地，得三千年古文字，郭侍郎嵩濤使經其地，購得數十拓本。文字酷類中國科斗蟲篆，率皆象形，以此知文字之始於象形也。

另外，康有為也認為，今文經是以隸書寫成，古文經卻是用秦以前的古文寫成，類似於周代籀文，因此劉歆、許慎都說古文是中國最早的文字。但兩者實際上頗有不同，若觀孔子所用文字，應為秦漢間篆書，[75]像《蒼頡篇》所收者即為秦篆，之後李斯採用並頒行天下，篆

值得一提的，康有為此處以中西方舉例，求其相同，這種強調真理普遍性的作法，乃時代風氣使然。可參葛兆光：〈一個普遍真理觀念的歷史旅行——以陸九淵「心同理同」說為例談觀念史的研究方法〉，收入氏著：《古代中國的歷史、思想與宗教》（北京市：北京師範大學出版社，2006年），頁195。另外在課程教學方面，康有為同時在長興學舍的講綱中打破，中西學科的藩籬，企圖為中西學術找尋共通之道。可參劉龍心：《學術與制度：學科體制與現代中國史學的建立》（臺北市：遠流出版公司，2002年），頁36-37。

73 康有為著，朱維錚、廖梅校：《新學偽經考》，頁108。

74 康有為著，崔爾平校：《廣藝舟雙楫》，頁21。

75 梁啟超說新學偽經考之要點：「三、孔子所用字，即秦漢間篆書，即以「文」論，亦絕無今古之目」。見梁啟超：《清代學術概論》，頁78。

書事實上又源自於籀文，一脈相承，康有為稱此為「籀體」，此即其
於《新》所說之意：「孔子書六經用籀體。自申公、伏生、高堂生、
田何、胡母生以來之文字，未有云變，非如歆所謂古文也。」[76]因此
並無劉歆等人所稱的今、古文之別。[77]何況鐘鼎古文又雜採春秋戰國
書體，詭形奇制，這些書體又與《蒼頡篇》頗有不同，因此劉歆等人
說古文是中國最早之文字，是不可靠的，所以康有為早在《廣》中就
已提出「古文為劉歆偽造，雜采鐘鼎為之」的說法：[78]

> 古文為劉歆偽造，雜采鐘鼎為之……，蓋齊魯間文字，孔子用
> 之，後學行焉，遂定於一。若鐘鼎所采，自是春秋戰國時各國
> 書體，故詭形奇制，與《蒼頡篇》不同也。許慎《說文敍》謂
> 諸侯力政，不統於王，言語異聲，文字異形。今法、德、俄文
> 字皆異，可以推古矣。但以之亂經，則非孔子文字，不能不
> 辨。若論筆墨，則鐘鼎雖偽，自不能廢耳。

同樣的說法也出現《新》：「篆與籀文相承，無從有古文」，[79]因為劉歆
主張古文為最早之文字，康有為據此推斷劉歆故意打壓籀文，[80]接著

---

76 康有為著，朱維錚、廖梅校：《新學偽經考》，頁202。

77 房德鄰：《儒學的危機與嬗變》，頁29。

78 康有為著，崔爾平校：《廣藝舟雙楫》，頁23。又，此說正符合康有為自編年譜所
言：「乃續包慎伯為《廣藝舟雙輯》焉。……，發古文經之偽，明今學之正，既大
收漢碑，合之急就章，輯周漢文字記，以還《蒼頡篇》之舊焉」，康有為：《康南海
自編年譜》，收入《止叟年譜。康南海自編年譜。沈敬裕公年譜》，頁19。

79 康有為著，朱維錚、廖梅校：《新學偽經考》，頁57。

80 「《史籀》十五篇，蓋猶是周人小學之書，唯與歆所偽之壁中古文異體；故歆稱蕭何
律之六體及甄豐之校六書，皆有古文、奇字而無籀，其抑之可見。蓋秦篆文字出於
《史籀篇》，《史籀》為周之文而為漢今文之祖，歆之抑之，亦猶言《易》而尊費氏
而抑施、孟，言《春秋》則右左氏而左公、穀也。《蒼頡》雖為秦篆，然上原《史
籀》，當為文字正體」。康有為著，朱維錚、廖梅校：《新學偽經考》，頁106-107。

又在〈漢書藝文志辨偽第三下〉說：[81]

> 《志》稱《史籀篇》者，周時史官教學童書也，與孔氏壁中古
> 文異體，則非劉歆偽體，為周時真字，子思作《中庸》，猶曰
> 「今天下書同文」，則是自春秋至戰國，絕無異體異文。凡史
> 載筆，士載言，藏天子之府，載諸侯之策，皆籀書也。其體則
> 今《石鼓》及《說文》所存籀文是也。子思云然，則孔子之書
> 《六經》，藏之於孔子之堂，分寫於齊、魯之儒皆是。秦之為
> 篆，不過體勢加長，筆劃略減，如南北朝書體之少異。蓋時地
> 少移，因籀文之轉變，而李斯因其國俗之舊頒行天下耳。

此意即秉承《廣》之觀點也。

就因為康有為秉持文字由難至簡的自然發展，[82]所以認定此為劉
歆偽造古文之證據。畢竟就康有為看來，文字發展由繁至簡，如果真
如劉歆等人所言，古文早於其它文字，那麼古文應繁、籀文為簡才
對，不料事實剛好相反，他引桂馥說法：「故小篆於籀文則多減，於
古文則多增」，像「云」，此為古文，小篆加雨為「雲」，竟是由簡入
繁，與康有為所持「公式」不符；例如「𡴭」，古文，小篆加水為

---

81 康有為著，朱維錚、廖梅校：《新學偽經考》，頁109。另，此段與《廣藝舟雙楫‧
分辨第五》頗有類同，辨詳後。

82 康有為這個說法也影響了梁啟超，梁啟超在《論中國學術思想變遷之大勢》裡論及
周末學術大盛，原因有七，其一則為「由於為字趨簡也」，梁啟超認為：「中國文
字，衍形不衍音，故進化之難，原因在於此者不少。但衍形之中，亦多變異，而改
易最劇者，惟周末為甚」、「其實日趨簡易者，人群進化之公例，積之者已非一日，
而必非秦所能驟創也。文字既簡，則書籍漸盛。墨子載書五車以游諸侯，莊子亦言
『惠施多方，其書五車』。學者之研究日易，而發達亦因之以速，勢使然也」。可參
梁啟超：《論中國學術思想變遷之大勢》，頁24-25。

「淵」，由簡入繁；又例如「 𥝌 」，古文，小篆加人為「保」，也
是由簡入繁，此皆與康有為所持「公式」不符，因此古文為偽。[83]

如前所言，劉歆同時亦偽造鐘鼎古文，此說在《新》中不勝枚
舉，《廣》裡也有同樣的說法，但康卻又說：「若論筆墨，則鐘鼎雖
偽，自不能廢耳」[84]，鐘鼎古文既為劉歆偽造，為何又不能廢？原來
康有為認為，就藝術美學的原因來看，鐘鼎古文仍有其價值，但就考
據經義而言，則應辟之，〈體變第四〉：[85]

> 鐘鼎古文雖為劉歆所造，而所采多春秋戰國舊物，故奇古可
> 愛。考據經義則辟之，至於筆畫之工，則不能以人廢也。

〈說分第六〉：[86]

> 漢人隸法，莫不茂密雄厚，崔子玉、許叔重並善小篆，張懷瓘
> 稱其「師模李斯，甚得其妙」。曹喜、蔡邕、邯鄲、韋、衛，
> 目睹古文，古文雖為劉歆偽作，然此非考經學，但論筆墨，所出既古，
> 亦不能廢，見聞濡染，莫非奇古。

可是反過來講，康有為主張通變，從這個角度來看，劉歆也是變，為
何康有為還要反對呢？原來劉歆之變，號為新學，實乃刻意偽造，既

---

83 康有為著，朱維錚、廖梅校：《新學偽經考》，頁108-109。
84 康有為著，崔爾平校：《廣藝舟雙楫》，頁23。
85 康有為著，崔爾平校：《廣藝舟雙楫》，頁53。又，〈說分第六〉：「鐘鼎為偽文，然
   劉歆所采甚古，考古則當辨之，學書則不妨采之。右軍欲引八分隸入真書中，吾亦
   欲采鐘鼎古文體意入小篆中，則新理獨得矣！」康有為著，崔爾平校：《廣藝舟雙
   楫》，頁75。
86 康有為著，崔爾平校：《廣藝舟雙楫》，頁71。

非自然而變，亦非漸進以改，而是有其目的所在，〈漢書劉歆王莽傳辨偽第六〉：[87]

> 然歆之偽《左氏》在成、哀之世，偽《逸禮》、偽《古文書》、偽《毛詩》，次第為之，時莽未有篡之隙也，則歆之畜志篡孔學久矣。遭逢莽篡，因點竄其偽經以迎媚之。歆既獎成莽之篡漢矣，莽推行歆學，又微召為歆學者千餘人詣公車，立諸偽經於學官，莽又獎成歆之篡孔矣。篡漢，則莽為君，歆為臣，莽善用歆。篡孔則歆為師，莽為弟，歆實善用莽；歆、莽交相為也。至於後世，則亡新之亡久矣；而歆經大行，其祚二千年，則歆之篡過於莽矣。而歆身為新臣，號為「新學」，莽亦與焉，故合歆、莽二傳而辯之，以明新學之偽經云。

〈漢書藝文志辨偽第三上〉亦言：[88]

> 歆既好奇字，又任校書，深窺此旨，藉作奸邪，乃造作文字，偽造鐘鼎，託之三代 傳之後世。徵應既多，傳授自廣。以奇字而欺人，借古文為影射。《左氏春秋》，乃其竄謂之始；共王壞壁，肆其烏有之辭。見傳記有引未修之書篇，託為《逸書》以藏身；窺士禮之不達於天子，偽造《逸禮》以創制。遭逢莽篡，適典文章，內獎闇干，以成其富貴之謀；外藉威柄，以行其竊偽之學。上承名父之頁，加以絕人之才，故能遍偽諸經，旁及天文、圖讖、鐘律、月令、兵法，莫不謂竄，作為《爾雅》、《八體六技》之書以及鐘鼎，以輔古文之體。

---

87 康有為著，朱維錚、廖梅校：《新學偽經考》，頁147。
88 康有為著，朱維錚、廖梅校：《新學偽經考》，頁61-62。

此說與廖平《古學考》相比，說法又略有不同，但就康上承《廣》的
觀點來看，其延續之脈絡相當清楚。[89]

最後，我們試著比較《廣‧分變第五》與《新‧漢書藝文志辨偽
第三下》兩篇，我們發現一些段落文字幾乎完全相同，試比較如下
（粗斜體為作者所加，以區別二書差異）。

廣藝舟雙楫‧分辨第五	新學偽經考‧漢書藝文志辨偽第三下
（1-1） 文字之流變皆因自然，非有人之造也。南北地隔則音殊，古今時隔則音亦殊，蓋無時不變，無地不變，此天理然。當其時地相接，則轉變之漸可考焉。文字亦然，《漢志》稱《史籀篇》者，周時史官教學童書也，與孔氏壁中古文異體，則非劉歆偽體，為周時真字也。	（1-2） 按：文字之流變皆因自然，非有人之造也。南北地隔則音殊，古今時隔則音亦殊，蓋無時不變，無地不變，此天理**也**。當其時地相接，則轉變之漸可考焉。文字亦然，《**志**》稱《史籀篇》者，周時史官教學童書也，與孔氏壁中古文異體，則非劉歆偽體，為周時真字，**斷斷也。子思作《中庸》，猶曰「今天下書同文」，則是自春秋至戰國，絕無異體異文。凡史載筆，士載言，藏天子之府，戴諸侯之策，皆籀書也。**
（2-1） 其體則今《石鼓》及《說文》所存籀文是也。然則孔子之書《六經》，藏之於孔子之堂，分寫於齊、魯之儒皆是。秦之為篆，不過	（2-2） 其體則今《石鼓》及《說文》所存籀文是也。**子思云然**，則孔子之書《六經》，藏之於孔子之堂，分寫於齊、魯之儒皆是。秦之為篆，不過體勢加

---

89 例如廖平認為《周禮》是劉歆偽作，但未言全部古文經皆是劉歆所造，康有為則
 否，他認為劉歆偽造古文與古文經書，二人說法之異同。可參崔泰勳：《論康有為
 思想與廖平的關係》，頁112-120。

廣藝舟雙楫·分辨第五	新學偽經考·漢書藝文志辨偽第三下
體勢加長，筆劃略減，如南北朝書體之少異。蓋時地少移，因籀文之轉變，而李斯因其國俗之舊頒行天下耳。觀《石鼓》文字與秦篆不同者無幾，王筠所謂其、盤、災、敢、棄，知文同籀法是也。	長，筆劃略減，如南北朝書體之少異。蓋時地少移，因籀文之轉變，而李斯因其國俗之舊頒行天下耳。觀《石鼓》文字與秦篆不同者無幾，*不止*王筠所謂其、盤、災、敢、棄，知文同籀法，*知經文上承籀法也。王筠深於六書，故能發出；深於許慎而能攻許慎，如柳子厚深於《國語》而作《非國語》，揚雄深於《離騷》而作《反騷》。所謂蠹生於木而還食其木也。*
（3-1） 今秦篆猶存者，有《琅琊刻石》《泰山刻石》《會稽刻石》《碣石門刻石》，皆李斯所作，以為正體，體並圓長，而秦權、秦量即變方匾。漢人承之而加少變，體在篆、隸間。以石考之，若《趙王上壽刻石》，為趙王遂廿二年，當文帝後元六年；《魯王泮池刻石》當宣帝五鳳二年，體已變矣，然絕無後漢之隸也。至《厲王中殿刻石》幾於隸體，然無年月，江藩定為江都厲王，尚不足據。左方文字莫辨，《補訪碑錄》審為「元鳳」二字，《金石萃編》疑為「保」「歲」「庶」歲庶等字，則「元鳳」固不確也。《金石聚》有《鳳凰畫象題字》，體近隸書，《金石聚》以為元	（3-2） 今秦篆猶存者，有《琅琊刻石》《泰山刻石》《會稽刻石》《碣石門刻石》，皆李斯所作，以為正體，體並圓長，而秦權、秦量即變方匾。漢人承之而加少變，體在篆、隸間。以石考之，若《趙王上壽刻石》，為趙王遂廿二年，當文帝後元六年；《魯王泮池刻石》當宣帝五鳳二年，體已變矣，然絕無後漢之隸也。至《厲王中殿刻石》幾於隸體，然無年月，江藩定為江都厲王，尚不足據。左方文字莫辨，《補訪碑錄》審為「元鳳」二字，*而*《金石萃編》疑為「保」「歲」「庶」歲庶等字，則「元鳳」固不確也。《金石聚》有《鳳凰畫象題字》，體近隸書，《金石聚》以為元狩年作，江陰繆荃蓀謂當從《補訪碑錄》釋為「元康」，則晉

廣藝舟雙楫・分辨第五	新學偽經考・漢書藝文志辨偽第三下
狩年作，江陰繆荃蓀謂當從《補訪碑錄》釋為「元康」，則晉武帝時隸也。《麃孝禹碑》為河平三年，則同治庚午新出土者，亦為隸，順德李文田以為偽作無疑也。《葉子侯封田刻石》為始建國天鳳三年，亦隸書，嘉慶丁丑新出土，前漢無此體，蓋亦偽作。則西漢未有隸體也。降至東漢之初，若《建平郫縣石刻》《永光三處閣道石刻》《開通褒斜道石刻》《裴岑紀功碑》《石門殘刻》《郙閣頌》《戚伯著碑》《楊淮表紀》，皆以篆筆作隸者。《北海相景君銘》，曳腳筆法猶然。若《三公山碑》《是吾碑》，皆由篆變隸、篆多隸少者。吳《天發神讖》，猶有此體。若《三老通碑》《尊楗閣記》，為建武時碑，則由篆變隸，篆多隸少者。	武帝時隸也。《麃孝禹碑》為河平三年，則同治庚午新出土者，*體*亦為隸，順德李文田以為偽作無疑也。《葉子侯封田刻石》為始建國天鳳三年，亦隸書，嘉慶丁丑新出土，前漢無此體，蓋亦偽作。則西漢未有隸體也。降至東漢之初，若《建平郫縣石刻》《永光三處閣道石刻》《開通褒斜道石刻》《裴岑紀功碑》《石門殘刻》《郙閣頌》《戚伯著碑》《楊淮表紀》，皆以篆筆作隸者。《北海相景君銘》，曳腳筆法猶然。若《三公山碑》《是吾碑》，皆由篆變隸、篆多隸少者。吳《天發神讖》，猶有此體。若《三老通碑》《尊楗閣記》，為建武時碑，則由篆變隸*而*篆多隸少者。
（4-1）以漢鐘鼎考之，唯《高廟》《都倉》《孝成》《上林》諸鼎，有秦*隸意*。[90]《汾陰》《好畤》則似秦權。至於《太官鐘》《周楊侯銅》《丞相府漏壺》《慮傂尺》，若《食官鐘銘》《綏和鐘銘》，則體皆扁繆，在篆、隸之間矣。今焦山《陶	（4-2）以漢鐘鼎考之，唯《高廟》《都倉》《孝成》《上林》諸鼎，有秦篆意。《汾陰》《好畤》則*有秦權意*。至於《太官鐘》《周楊侯銅》《丞相府漏壺》《慮傂尺》，若《食官鐘銘》《綏和鐘銘》，則體皆扁繆，在篆、隸之間矣。今焦山《陶陵鼎銘》，其體方折，

90 觀前後文，此處應為字誤，應為「有秦篆意」方是，此句至《新學偽經考》已改正，此亦可見其傳承之先後也。

廣藝舟雙楫・分辨第五	新學偽經考・漢書藝文志辨偽第三下
陵鼎銘》，其體方折，與《啟封鐙》及《王莽嘉量》同為《天發神讖》之先聲，亦無後漢之隸體者。 以瓦當考之，秦瓦如「維天降靈甲天下大萬樂當」、「冤氏塚當」、「蘭沌宮當」、「延年瓦」、「方春萌芽」等瓦，為圓篆。至於漢瓦，若「金」字、「樂」字、「延年」、「上林右空」、「千秋萬歲」、「漢并天下」、「長樂未央」、「上林甘泉」、「延壽萬歲」、「高安萬世」、「萬物咸成」、「狼千萬延」、「宣靈萬有」、「喜萬歲」、「長樂萬歲」、「長生無極」、「千秋長安」、「長生未央」、「永奉無疆」、「平樂阿宮」、「億年無疆」、「仁義自成」、「撝衣中庭」、「上林農宮」、「延年益壽」，體兼方圓。其「轉嬰柞舍」、「六畜蕃息」及「便」字瓦，則方折近《郙閣》矣。蓋西漢以前無熹平隸體，和帝以前，皆有篆意。其漢磚有竟寧、建平、秦阿房瓦「西凡廿九」、「六月宮入」字純作隸體，恐不足據。	與《啟封鐙》及《王莽嘉量》同為《天發神讖》之先聲，亦無後漢之隸體者。 以瓦當考之，秦瓦如「維天降靈甲天下大萬樂當」、「冤氏塚當」、「蘭沌宮當」、「延年瓦」、「方春萌芽」等瓦，為圓篆。至於漢瓦，若「金」字、「樂」字、「延年」、「上林右空」、「千秋萬歲」、「漢并天下」、「長樂未央」、「上林甘泉」、「延壽萬歲」、「高安萬世」、「萬物咸成」、「狼千萬延」、「宣靈萬有」、「喜萬歲」、「長樂萬歲」、「長生無極」、「千秋長安」、「長生未央」、「永奉無疆」、「平樂阿宮」、「億年無疆」、「仁義自成」、「撝衣中庭」、「上林農宮」、「延年益壽」，體兼方圓。其「轉嬰柞舍」、「六畜蕃息」及「便」字瓦，則方折近《郙閣》矣。蓋西漢以前無熹平隸體，和帝以前，皆有篆意。其漢磚有竟寧、建平、秦阿房瓦「西凡廿九」、「六月宮入」字純作隸體，恐不足據。
（5-1） 蓋自秦篆變漢隸，減省方折，出於風氣遷變之自然。許慎《說文敘》詆今學，謂：「諸生競逐說字解經，誼稱秦之隸書為倉頡時書云：	（5-2） 蓋自秦篆變漢隸，減省方折，出於風氣遷變之自然。許慎《說文敘》詆今學，謂：「諸生競逐說字解經，誼稱秦之隸書為倉頡時書云：『父子相傳，何

廣藝舟雙楫・分辨第五	新學偽經考・漢書藝文志辨偽第三下
『父子相傳，何得改易』？」蓋是漢世實事。自倉頡來，雖有省改，要由遷變，非有人改作也。*吾子行曰：「崔子玉寫《張平子碑》，多用隸法，不合《說文》，卻可入印，全是漢人篆法故也。」桂未谷曰：「《說文》所無之字，見於繆篆者，不可枚舉。繆篆與隸相通，各為一體，原不可以《說文》律之。」蓋子玉所寫之隸法，《說文》所無之繆篆，皆今學家師師相傳，舊字舊體，輾轉傳變可見也。*《志》乃謂秦時始建隸書，起於官獄多事，苟趨省易，施之於徒隸。許慎又謂程邈所作，蓋皆劉歆偽撰古文，欲黜今學，故以徒隸之書比之，以重辱之。其實古無籀、篆、隸之名，但謂之文耳，創名而抑揚之，實自歆始。且孔子《五經》中，無籀、篆、隸三字，唯偽《周官》最多，則用《莊子》《韓非子》者，又卿乘篆車，此亦歆意也。於是篆隸之名，行於二千年中，不可破矣。夫以篆、隸之名，承用之久，驟而攻之，鮮有不河漢者。吾為一證以解之，今人日作真書，興於魏、晉之世，無一人能指為誰作者，然則風氣所漸移，非關人為之改作矣。	得改易』？」蓋是漢世實事。自倉頡來，雖有省改，要由遷變，非有人改作也。《志》乃謂秦時始建隸書，起於官獄多事，苟趨省易，施之於徒隸。許慎又謂程邈所作，蓋皆劉歆偽撰古文，欲黜今學，故以徒隸之書比之，以重辱之。*門人陳千秋說。*其實古無籀、篆、隸之名，但謂之文耳，創名而抑揚之，實自歆始。且孔子《五經》中，無籀、篆、隸三字，唯偽《周官》最多，則用《莊子》《韓非子》者，又卿乘篆車，此亦歆意也。於是篆隸之名，行於二千年中，不可破矣。夫以篆、隸之名，承用之久，驟而攻之，鮮有不河漢者。吾為一證以解之，今人日作真書，興於魏、晉之世，無一人能指為誰作者，然則風氣所漸移，非關人為之改作矣。

廣藝舟雙楫‧分辨第五	新學偽經考‧漢書藝文志辨偽第三下
（6-1） 東漢之隸體，*亦自然之變*。然漢隸中有極近今真楷者，如《高君闕》「故益州舉廉丞貫」等字，「陽」、「都」字之「邑」旁，直是今真書，尤似顏真卿。考《高頤碑》為建安十四年，此闕雖無年月，當同時也。《張遷表頌》，其筆劃直可置今真楷中，《楊震碑》似褚遂良筆，蓋中平三年者。《子游殘石》《正直殘石》《孔彪碑》，亦與真書近者。至吳《葛府君碑》則純為真書矣。若吳之《谷朗碑》，晉之《郛休碑》、《枳陽府君碑》、《爨寶子碑》，北魏之《靈廟碑》、《弔比干文》、《鞠彥雲誌》、《惠感》、《鄭長猷》、《靈藏造像》，皆在隸楷之間，與漢碑之《是吾》、《三公山》、《尊楗閣》、《永光閣道刻石》在篆隸之間者正同，皆轉變之漸至可見也。不能指出作今真書之人，而能指出作漢隸者，豈不妄哉？	（6-2） 東漢之隸體，*包世臣以為蔡中郎所變*。*然《王稚子闕》、《嵩高銘》、《封龍山碑》、《乙瑛碑》挑法已成，特中郎集耳*。然漢隸中有極近今真楷者，如《高君闕》「故益州舉廉丞貫」等字，「陽」、「都」字之「邑」旁，直是今真書，尤似顏真卿。考《高頤碑》為建安十四年，此闕雖無年月，當同時也。《張遷表頌》，其筆劃直可置今真楷中，《楊震碑》似褚遂良筆，蓋中平三年者。《子游殘石》《正直殘石》《孔彪碑》，亦與真書近者。至吳《葛府君碑》則純為真書矣。若吳之《谷朗碑》，晉之《郛休碑》、《枳陽府君碑》、《爨寶子碑》，北魏之《靈廟碑》、《弔比干文》、《鞠彥雲誌》、《惠感》、《鄭長猷》、《靈藏造像》，皆在隸楷之間，與漢碑之《是吾》、《三公山》、《尊楗閣》、《永光閣道刻石》在篆隸之間者正同，皆轉變之漸至可見也。不能指出作今真書之人，而能指出作漢隸者，豈不妄哉？

　　比對兩者，我們發現除了（5-1）：「吾子行曰……」一段為《廣》所有，而《新》所無之外。其餘皆是《新》作了或多或少的增添，如（1-2）：《新》增加了「子思作《中庸》……」一段。（2-2）：對文字作些微更動，並增加了「王筠深於六書……」的小字。（4）則是在《新》裡將筆誤的《廣》「有秦隸意」改正為「有秦篆意」，（5-

2）則是添增「門人陳千秋說」一句。（6-2）：多出「包世臣以為……」一段。

其中（4）是改正錯誤。[91]（1）、（2）、（6）則是在舊有《廣》的基礎上添加，對已有文字或再舉例或再說明，些微的文字改動也是為了讓文句更嚴密更順暢。

對此可能仍有疑問，也許康有為天分極高、博學通達，《廣》即是事後修改，但有可能改得很漂亮、很完整？以事後修改的著作來考證他的思想變化，豈不危險？這樣的論點恐怕未能成立，因為我們經由兩篇的比對，可提出兩點證據說明《廣》早於《新》。

一、表格（4），觀前後文，《廣》「有秦隸意」為字誤，應為「有秦篆意」方是，此句至《新學偽經考》已改正，此正可見其延續之先後。

二、表格（5），粗斜體文字為《廣藝舟雙楫》所有，《新學偽經考》所無。吳子行是吳衍（1272-1311），崔子玉即崔瑗（77-142），桂未谷則是桂馥（1736-1805）。康有為此段文字，本與其「通變」立場相合，文字無時不變無地不變，故曰：「蓋子玉所寫之隸法，《說文》所無之繆篆，皆今學家師師相傳，舊字舊體，輾轉傳變可見也」。此段文字至作《新學偽經考》時卻發生問題，因為繆篆為王莽時所定六書之一，許慎《說文敘》說：「及王新居攝，使大司空甄豐等校文書之部。自以為應制作，頗改定古文。時有六書……。五曰繆篆，所以摹印也。六曰鳥蟲書，所以書幡信也」，而《新學偽經考》又說「今《說文》所載，古文千餘，無奇字。蓋即《八體六技》之書」、「《八

---

91 這裡又可看出一個問題：因為兩篇類似，那我們可不可以反過來說，《新》此篇可能完稿在前，此較完整，而《廣》此篇晚出，是《新》的簡略版或刪減版？此疑問並不能成立，因為這有一個大問題，若《廣》此篇為刪減版，為何不使用正確的「有秦篆意」，而使用錯誤的「有秦隸意」？

體六技》,蓋歆所偽撰」、「藉王莽之力,因此偽文寫偽經,別為《八體六技》以惑誘學士,昭其徵應」[92]。據許慎說法,八體其中之一即為「摹印」,段玉裁注:「即王莽之繆篆也」,許慎又誤於劉歆之偽而不知,以康有為的觀點來看,自是偽作無疑,況且劉歆偽造古文,乃刻意所為,非自然而變,因此就不能說「皆今學家師師相傳,舊字舊體,輾轉傳變可見也」,《廣》承認繆篆,正表示當時康有為此時思路與後來《新》相比仍有破綻、不夠完善,未若後來完備,所以這段文字在《新》中被刪除,是理所當然的事。

　　另外,相當重要的是(5-2),《新》有「門人陳千秋說」文字,此為《廣》所無,龔鵬程也發現了這個問題,但對此並無解釋。[93]之所以認為無法解釋,是因龔鵬程認為在《廣》完稿前後,可能已完成《新》的部分文稿,他認為康平時讀書多有札記,所以早在《新》成書之前,便已有《毛詩偽證》、《古文尚書偽證》、《說文偽證》……等文稿,[94]確實,此說康已在《新》中自敘已言,[95]但龔鵬程忽略了,若這樣來看,如何解釋《廣・原書第一》:「古文為劉歆偽造,雜采鐘鼎為之(余有《新學偽經考》辨之已詳)」的話?若此句為《廣》原

---

92 康有為著,朱維錚、廖梅校:《新學偽經考》,頁106、113、114。

93 「不過,在此仍有一個疑問無法解決,因為《偽經考》卷三下那一大段文字跟〈分辨篇〉重複的文字中,提到隸書之名,是劉歆欲黜今學,故以「以徒隸之說比之,以重辱之。」《偽經考》中注名此說為門人陳千秋說。可是《廣藝舟雙楫》這一段重複的文字,並無門人陳千秋說的小注,陳氏在此時,亦尚未就學南海。這個疑問,究當如何解釋呢?」龔鵬程:《書藝叢談》,頁157。

94 龔鵬程:《書藝叢談》,頁152、156。

95 「主人所著《毛詩偽證》、《古文尚書偽證》、《古文禮偽證》、《周官偽證》、《明堂月令偽證》、《費氏易偽證》、《左氏傳偽證》、《國語偽證》、《古文論語偽證》、《古文孝經偽證》、《爾雅偽證》、《小爾雅偽證》、《說文偽證》,既遍攻群經,何不合作一書,滄海之觀既極,犁軒之幻自袪,發蒙曉然,絕其根株?離而貳之,鄙猶惑諸」。康有為著,朱維錚、廖梅校:《新學偽經考》,頁3-4。

稿所有，試問，此時康不過只完成部分文稿，且亦未有將辨偽文章集
結成書的計畫，又怎麼會取名「新學偽經考」？「新學偽經考」這個
書名，此時（1888-1889）根本尚未存於康有為腦海，因此就更不會
說出「余有《新學偽經考》辨之已詳」這樣的話了。

因此，這些話應是後來所增，畢竟《廣》與《教學通議》一樣，
皆非原文，而是出版後來又經增添修改、又或者是一八九一初刻時康
有為已有改訂，因此現存《廣》非一八八八至一八八九年完成之初
稿，是可以肯定的。但《廣》所不同者，是經過修改之後的增訂版，
使得本來已頗完整的觀點更加完備，就「後出轉精」的角度來看，論
點的完善性當然不能與《新》相比，但不管如此，《廣》的一些觀點
延續至《新》是沒有問題的。

依據這樣的思路，我們可以合理地推測「門人陳千秋說」，事實
上為「蓋皆劉歆偽撰古文，欲黜今學，故以徒隸之書比之，以重辱
之」此句，因為就前言「《志》乃謂秦時始建隸書，起於官獄多事，
苟趨省易，施之於徒隸」、「許慎又謂程邈所作」來講，史書皆有明
載，[96]不待陳千秋再說也，而「重辱之」說法於《廣》未見，因此很
有可能是後來康有為接受陳千秋意見後所加。

總之在光緒十七年（1891），不管《廣》刻本或早或晚於《新》，
康有為都有添加的可能，但不管如何，事實上對於本文的論述，影響
皆不大。而本文目的在於證明現存的《廣》即使非原稿，但思路未
變，且影響《新》的重要觀點。

對於本章的論證說明，主要可分為四點：

---

96 如《漢書・藝文志》：「是時始造隸書矣，起於官獄多事，苟趨省易，施之於徒隸
也」，顏師古注曰：「隸書亦程邈所獻，主於徒隸，從簡易也」。〔東漢〕班固：《漢
書》（臺北市：宏業書局，1996年），頁1721-1722。

一：《廣》書關於「通變」的觀點，全書幾乎俯拾即是，而且首尾貫通、前後呼應，此非事後修改所能致。而「通變」正是劉歆偽古文的關鍵點，例如文字繁簡的變化、古文並非最早文字等等。

二、康有為在一八八八至一八八九年寫的自敘中曾列出篇目，明說本書共有二十七篇，二十七篇篇名與現存版本對照，完全一致。所以即便康事後修改，也可能只是修改文句或段落而已，並非刪減篇章。

三、我們經由《廣·分變第五》與《新學偽經考·漢書藝文志辨偽第三下》的對照與辨證，發覺前者早於後者，此就本文所要論述的主題而言，最為重要。

四、就因為有這樣的基礎，所以康有為自言：「既不談政事，復事經說，發古文經之偽，明今學之正，既大收漢碑，合之急就章，輯周漢文字記，以還蒼頡篇之舊焉」的語句才有著落。[97]

劉歆之變，乃刻意偽造，所以要明今文之真，證古文之假，即便康在《廣》未提及《周禮》、《左傳》等書，但《左傳》、《周禮》皆為劉歆所奏，「及歆親近，欲建立《左氏春秋》及《毛詩》、《逸禮》、《古文尚書》皆列於學官」，[98]《左氏春秋》等為劉歆所主張之古文經，此為經學史之常識。而康有為從劉歆偽作出發，一步步開始論述古文經之偽，一環接著一環，從點到線到最後全面揚棄，自有其理路相承。梁啟超說其師早年酷愛《周禮》，其言有理，但他說康見廖盡棄其舊學，此未免忽略了康有為思想的內緣脈絡，畢竟康有為在寫《廣》時，也開始有了懷疑《周禮》、《左傳》的「內緣理路」，其間又經發展，非但已不再「酷愛」，之後更完成了《周官偽證》、《左氏傳偽證》、甚至所有古文皆偽之說，這樣的證據不必特地從康有的自

---

97 康有為：《康南海自編年譜》，收入《止叟年譜。康南海自編年譜。沈敬裕公年譜》，頁19。

98 〔東漢〕班固：《漢書。劉歆傳》，頁1967。

述中找，根據「原告」廖平在〈致某人書〉的說法，[99]昔日庚寅羊城之會，當時廖《左傳經說》雖尚未成書，但宗旨已定，不料康有為卻將左學視為全偽，並將左學列入新莽，此與廖平觀點相左，因此不能說是康繼廖學。

關於羊城之會的情況，將在下一節論述。

四　勿以攻新莽為好名──羊城之會

在第二節的考證裡，可能還會產生一個疑問：即便康有為在《廣》中已有劉歆偽造古文之說，但也不能完全否定廖影響康的可能，因為有可能在二人見面後，康有為同時也吸收了廖的觀點納為己用，並表現在日後出版的《新》中。

但這樣的疑問是不能成立的，因為據廖平所言，康有為當時只見過《知聖篇》，根本未見《闢劉篇》，既然未見，又如何說《新》受《闢劉篇》影響呢？再進一步講，就因為康見過《知聖篇》，所以康有為受影響的是《孔》，至於《新》則完全是康有為自己的創解。

光緒十五年（1889）二月，廖平赴京參家會試，六月，接到老師張之洞電報而赴廣州，廖又至天津拜會王闓運，七月在蘇州見俞樾，年底到廣州，先與張之洞、康有為見面，隔年二月又返回北京參加殿試。[100]在康有為方面，一八八九年從北京回廣東，一八九〇年住廣州安徽會館，以此推測，康廖二人會面，即一八八九年底到一八九〇年

---

99 「鄙人《左傳經說》雖未成書，然大端已定，足下以左學列入新莽，則殊與鄙意相左」。廖平：〈致某人書〉，收入舒大剛編：《廖平全集》（上海市：上海古籍出版社，2005年），頁436-437。

100 崔泰勳：《論康有為思想與廖平的關係》，頁37。

初。廖平日後回憶會面情況，在《經話甲編》裡寫道：[101]

> 廣州康長素奇才博識，精力絕人，平生專以制度說經。戊、己
> （1888-1889）間從沈君子豐處得《學攷》，謬引為知己。及還
> 羊城，同黃季度過廣雅書局相訪，余以《知聖篇》示之，馳書
> 相戒，近萬餘言，斥為好名驚外，輕變前說，急當焚毀。當時
> 答以面談，後訪之城南安徽會館，黃季度病未至，兩心相協，
> 談論移晷。明年聞江叔海得俞蔭老書，而《新學偽經考》成
> 矣。甲午（1895）晤龍濟齊大令，聞《孔子會典》成，用孔子
> 卒紀年，亦學西法耶穌生紀年之意，然則《王制義證》可以不
> 作矣。（生）公說法，求之頑石；得此大國，益信不孤。長素
> 刊《長興學記》，大有行教泰西之意，更欲於外洋建立孔廟。

許多學者如錢穆、黃開國等人，以此論斷，都認為康有為在此會面中
接受了廖平《闢劉篇》、《知聖篇》的觀點，其後《新》、《孔》二書更
是承繼廖說，黃開國便提出八點證據以證己說。[102]可是我們如果細看
這段話，原來廖平此處只是提及《知聖篇》，根本未提《闢劉篇》，此
為黃開國未嘗留心之處。陳文豪注意到了這點，他認為當時廖並未將
《闢劉篇》稿本帶至廣州，僅在與康第一次見面（廣雅書局）談及闢
古抑劉的主張，陳文豪又引《知聖篇》的話：「再撰《古學考》，外間
不知辛苦，以為詭激求名。嘗有人持書數千言，力詆改作之非，並要
挾以改則削稿，否則入集。一似真有實見，堅不可破者。乃杯酒之
間，頓釋前疑，改從新法」，陳文豪認為指的就是康有為，康有為起
初反對廖平抑古的主張，因此寫了近萬言書相戒，廖當時答以面談，

---

101 李耀仙編：《廖平選集》上冊，頁447-448。
102 黃開國：《廖平評傳》，頁239-242。

於是在第二次見面時（安徽會館），二人大談特談，康也接受了廖的
觀點。[103]

可是這樣的說法仍有問題，正如第二節所論，康在《廣》中已有
劉歆偽古之說，又何必反對廖平抑古的主張？

廖平在一八九四年曾有〈致某人書〉，根據眾多學者的考察，確
定所指之人便是康有為。基本上這封信對康廖問題至為重要，因為這
直接牽涉康廖二人當時的會談內容。以下我們將以這封書信為主，深
入辨析，並參酌其它史料論證。〈致某人書〉：[104]

> 龍濟之大令來蜀，奉讀大著《偽經考》、《長興學記》，並云
> 《孔子會典》已將成書，彈指之間，遂成數萬寶塔，何其盛
> 哉！二千大魔煬竈，醫蔽聖道，經籍名存而實亡，得吾子大聲
> 疾呼，一振聾瞶，雖毀譽不一，然其入人心者深矣！後之人不
> 治經則已，治經則無論從違，《偽經考》不能不一問殊途，與
> 鄙人《今古學考》，永為治經之門徑，欣忭何極！惟庚寅羊城
> 安徽會館之會，鄙人《左傳經說》尚未成書，然大端已定，足
> 下以左學入新莽，則殊與鄙意相左。

《左傳經說》，即為《左氏春秋古經說》，後改名為《春秋左傳古經說
疏證》。經學二變時的廖平，已改一變時的看法，將《左傳》列為今
文經學，此與康有為同。但二人又有所異，因為廖平並沒有將《左
傳》也歸為劉歆偽造，廖平從《漢書藝文志》中的《左氏微》得到啟
發，把《左傳春秋》分為義例與記事，義例為「說」，記事為「傳」，

---

103 陳文豪：《廖平經學思想研究》，頁252。
104 廖平：〈致某人書〉，《廖平全集》，頁436-437。

《左氏傳》不傳《春秋》,《左氏說》則為解經之作、是傳《春秋》的。潘祖蔭為此書作序,說:[105]

> 案博士謂《左氏》不傳《春秋》,《左》與《史記》文同者,凡解經之文《史》皆無,《史》、《漢》皆以《左氏春秋》為《國語》,則解經為後人所增無疑。然《魯世家》「魯人共息姑攝位」,不言「即位」,正用隱元年《傳》文;《陳世家》「桓公病而亂作,國人分散,故再赴」,正用桓五年《傳》文,如此者數十條,則史公所見《左氏》已有解經語,疑不能明也。門下士廖李平進士精敏賅洽。據《漢書・五行志》於《左氏經傳》後引「說曰」有釋經明文,在劉氏說前,又《藝文志》有《左氏微》,謂左氏事業具於《傳》,義例出於《說》。今《傳》事、說雜陳,乃先秦左氏弟(子)於依《經》編年。

《左傳》內含解經之說,於是廖平將《左傳》一分為二,把記事與義例分開,專取《左傳》中解經、設例之處與經對讀,此為《春秋左傳古經說疏證》的核心宗旨。[106]廖平這樣的觀點與康有為將《左傳》視為劉歆偽造,又將左學列入新莽,二人大有不同。如果如陳文豪所言,康有為寫萬言信給廖平是因反對其抑古主張,那何以第二次會面時廖平又會說「足下以左學入新莽,殊與鄙意相左」之語?畢竟康有為早在羊城之會前早就有了劉歆偽經的想法,又何必再寫信反對廖平抑古?最後,既然意見相左,又豈能如廖平所言,是「兩心相協,談論移晷」?「談論移晷」或許是真,「兩心相協」就大概未必。

---

105 李耀仙編:《廖平選集》下冊,頁186。
106 趙沛:《廖平春秋學研究》(成都市:巴蜀書店,2007年),頁206-212。

　　因此，廖平這些說法，實有重新考察的必要。承續第二節的考證，康有為早在《廣》中已有劉歆偽古之說，但此時他並未有孔子為改制之王等後來在《孔》書中的觀念，事實上一直到一八九一年《長興學記》仍持「孔子早而從周，晚道莫不行，思告後王，於是改制」，[107] 此說與廖平《今古學攷》暗合，[108] 康有為也贊同這樣的觀點，廖平所謂康有為稱其「《今古學攷》為至善」亦是指此。因此當康廖第一次會面，而廖出示《知聖篇》，《知聖篇》專論孔子託古改制，[109] 不再有孔子初年從周、晚年改制之說，康有為不能接受這樣的講法，兩人意見不一，所以廖平才會說：「余以《知聖篇》示之，馳書相戒，近萬餘言，斥為好名驚外，輕變前說，急當焚毀」，其中「輕變前說」云云，即是指廖平改變其《今古學攷》裡對於孔子改制的說法。[110]

　　正因康有為有著從《廣》到《新》，一致且延續的觀點，且他根本未見《闢劉篇》，所以《新》自然不會受廖平影響，康有為對此是很清楚的，他在《新》自序說：[111]

　　　竊怪兩千年來，通如大儒，肩背相望，而咸為瞽惑，無一人焉發奸露覆雪先聖之沉冤，出諸儒於雲霧者，豈聖制嚇闇有所待

107　康有為著，陳漢才校注：《長興學記》，頁56。

108　此為廖平經學一變時的觀點，可參陳文豪：《廖平經學思想研究》，頁128-139。

109　黃開國：《廖平評傳》，頁162-168。

110　廖平說康有為在戊、己（1888-1889）間從沈君子豐處得《學攷》，引廖為知己，我發現此時亦是康撰《廣》的期間，那麼，康有為有些觀點雖與廖偶合，如孔子初年從周制，晚年哀道不行，於是而有改制之作之類，但二人最大不同處，在於康在《廣》中專以文字書法論今、古文，但廖平正好反對這樣的說法，認為今古文之分，不可專就文字異同而言。見廖平《今古學攷》，收於李耀仙編：《廖平選集》上冊，頁89-90。

111　康有為著，朱維錚、廖梅校：《新學偽經考》，頁108。

> 耶？不量綿薄，摧廓偽說，犁庭掃穴，魑魅奔逸⋯⋯，其與孔
> 氏之道，庶幾禦侮云爾。」

〈重刻偽經考後序〉亦言：[112]

> 然自劉申受、魏默深、龔定庵以來，疑攻劉歆之作偽者多矣，
> 吾蓄疑於心久矣。

錢穆認為康有為前後說法矛盾，根本是自打嘴巴，[113]其實若放棄「康
繼廖說」的預設立場，那麼這兩段話未必就如錢穆所理解的意思。畢
竟前頭雖有劉逢祿、魏源、龔自珍等人已先言之，但就完整性、系統
性，乃至於辨偽今古諸書的「廣度」而言，康遠在前人之上，因此康
有為說自己摧廓偽說、發前人未見，就這點看來，亦不能說錯。否則
前述諸說皆在，公羊學亦為當時學術史普遍風潮，[114]康有為明知如
此，卻自大到說自己獨發未有之新說，對他人說法故意視而不見，豈
不太愚？

廖平〈致某人書〉又再續言：[115]

> 今觀《偽經考》、外貌雖極炳烺，足以聳一時之耳目，而內無
> 底蘊，不出史學目錄二派之巢臼，尚未足以洽鄙懷也。當時以

---

112 康有為著，朱維錚、廖梅校：《新學偽經考》，頁400。
113 錢穆說：「無情者不得盡其辭」，此文有之。其回翔瞻顧，誠如季平所謂「進退未
    能自安者」。謂自劉、魏、龔以來疑攻劉歆者多矣，此特徵見彼之所為不必出於季
    平，抑不悟其與《偽經考》初成書時所言異也」。錢穆：《中國近三百年學術史》
    下冊，頁719-720。
114 陳其泰：《清代公羊學》。
115 廖平：〈致某人書〉，《廖平全集》，頁436-437。

為速於成書，未能深考，出書已後，學問日進，必有改異。乃俟之五、六年，而仍持故說，則殊乖雅望，昔年在廣雅，足下投書相戒，謂《今古學攷》為至善，以攻新莽為好名，名已大立當潛修，不可騖於驅逐。純為儒者之言，深佩之。今足下大名震動天下，從者眾盛百倍鄙人以子之矛，攻子之盾，久宜收斂，固不可私立名字，動引聖人自況。

由於康有為反對廖平《知聖篇》的觀點，並認同廖平《今古學攷》孔子早年從周、晚年改制之說，故廖平有「足下投書相戒，謂《今古學攷》為至善」之語。但這其中還有一個問題，此時廖平思路已至經學二變，且《闢劉篇》、《知聖篇》皆已成稿，[116]康廖會面時雖未將《闢劉篇》示康，但言談中或會透露一二，這樣的推測是有可能的。[117]可是我們也可以用同樣的邏輯來講，因為康有為並未親見《闢劉篇》，只聽廖平陳述，再加上二人本對某些經典真偽的見解不同，康有為不一定可以理解廖平原意，或許更有誤解之處。若然如此，從何可認定康有為一定受廖平口說《闢劉篇》影響呢？反過來講，我們是不是也可以說，就因為廖平只是口說，所以康有為勢必不能理解廖平完整的論證呢？更進一步細思，康不但不能理解，甚至還不認同，既然不認同，又怎能說康接受廖的看法？

因此，若沒有直接證據可證康有為確實認同並理解《闢劉篇》，那麼只憑廖平口述、言說云云，便要證明康受廖影響，這樣的論證未免薄弱。

---

116 陳文豪辨錢穆之說，認為《闢劉篇》、《知聖篇》二書成書時間確如廖平所言，是光緒十四年（1888）。陳文豪：《廖平經學研究》，頁248-252。

117 陳文豪：《廖平經學思想研究》，頁252。崔泰勳：《論康有為思想發展與廖平的關係》，頁48-48。

　　前已言之，康有為反對廖平一改孔子早晚年之論，所以康有為才要廖平「勿以攻新莽為好名」，這句話並不能理解成康有為反對廖平抑古之說。畢竟事實剛好相反，康有為早在《廣》已有抑古的思維，此時又何必多此一舉寫信勸戒？這樣的理解根本無法解釋廖平前後文意。其實康有為本意是要廖專心著述，不要急於求成以致於譁眾取寵，當時廖平答以日後再談，於是二人在羊城會館再度會面，可是雙方意見仍不一致，爭執點便在《左傳》一書真偽上。畢竟康有為認為廖平所見未全、論證未深，在康有為的觀念裡，《左傳》是新學、是劉歆偽造，根本不可能有傳《春秋》之意，但是廖平意見卻明顯與康有為不同。以此回看「勿以攻新莽為好名」之語，便可理解康有為是要廖平沉潛思考，不要因好名而急於速成之意，並非是反對廖平攻新莽，更何況康有為自己就是攻莽的大將，又有什麼好反對的？

　　也是康有為有這樣的意思，所以廖平在〈致某人書〉反將一軍，說康有為《偽經考》一書，雖足以聳一時之耳目，但內無底蘊，不出史學、目錄二派，「當時以為速於成書，未能深考，出書已後，學問日進，必有改異。乃俟之五、六年，而仍持故說，則殊乖雅望」，此亦犯下當年康有為告戒之語，廖平信中反諷之意，躍然紙上。接下來廖平更是直接反問康有為，今日你攻新莽之說，名氣更大於昔日之我，若昔日之我以攻新莽為好名，則今日閣下所為為何？故勸其「以子之矛，攻子之盾，久宜收斂」。[118]

　　在〈致某人書〉裡，廖平接下來又說：[119]

---

118 當時《偽經考》之風行情況，我們可從康有為的自述中看得很清楚，〈重刻偽經考後序〉：「當《偽經考》初出時，海內風行，上海及各省翻印五版。徐研編修仁鑄督湖南學，以之試士。時湘士莫不誦讀，或攜入場屋，又有以分贈英、美、日本書藏，吾亦以之進呈覽矣。然篤守許、鄭之徒則怒而相攻，甚至朝野譁然。……」康有為著，朱維錚、廖梅校：《新學偽經考》，頁402。

119 廖平：〈致某人書〉，《廖平全集》，頁436-437。

又吾二人交涉之事，天下所共聞知，余不願貪天功以為己力，足下之學自有之可也。然足下深自諱避，致使人有向秀之謗。每大庭廣眾中，一聞鄙名，足下進退未能自安，淺見者又或以作俑馳書歸咎，鄙人難於酬答，是吾二人皆失也，天下之為是說，惟我二人，聲氣相求，不宜隔絕，以招讒間。其中位置，一聽尊命。謂昔年之會，如邵、程也可，如朱、陸也可，如白虎、石渠亦可，稱引必及，使命必道，得失相聞，患難與共。且吾之學詳於內，吾子之學詳於外，彼此一時，未能相兼，則通力合作，秦、越一家，乃今日之急務，不可不深思而熟計之也。方今報館林立，聲氣相通，南北二宗，不自隔絕，其得失之效，知者自能知之。

廖平此信寫於光緒二十年（1894），此時《孔子改制考》尚未出版，故廖平只云：「《孔子會典》已將成書」，所以自然不會有《孔》出自《知聖篇》的說法。

正如錢穆所言，廖平此信謙恭多遜辭。但我認為還可以再進一步探討。首先，廖平讀過《新》，明白《新》與《闢劉篇》多有相似，可是康有為根本未見《闢劉篇》，最多不過是二人會面時經廖平談起，而且二人所論各有異同，頗有爭論。廖平自己也明白這一點，既然不能肯定康祖述於他，於是廖平只好「書辭亦遜」，不如後來那般肯定康有為接受他的觀點。另外，值得注意的是廖平「然足下深自諱避，致使人有向秀之謗」之語，錢穆以為此說是廖平筆誤，「向秀」應為「郭象」才對。[120] 本文不認為這是廖平筆誤，郭象抄襲向秀莊注一案，出自《晉書》。[121] 廖平此處用向、郭注莊疑案，

---

120 錢穆：《中國近三百年學術史》下冊，頁717。

121 《晉書・郭象傳》：「（郭）象為人行薄，以（向）秀義不傳於世，遂竊以為己注，

不止是要說康可能抄襲他而已，也是因為當時有廖平散播康有為抄襲的謠言，而向秀就是指廖平自己，因為康有為不願意說清楚，所以竟有人反過來指責廖平散播謠言，於是廖平才說：「每大庭廣眾中，一聞鄙名，足下進退未能自安，淺見者又或以作俑馳書歸咎，鄙人難於酬答，是吾二人皆失也」，其中「淺見者又或以作俑馳書歸咎」便是指此。

　　只是廖平對康有為著作多有懷疑，但一方面二人當初對於《左傳》爭執的過程歷歷在目，二人不同，顯然可見；另一方面康有為自己卻又似乎作賊心虛、深自諱避，廖平對此感到不滿與不解，「淺見者又以或以作俑馳書歸咎，鄙人難於酬答」，「難於酬答」是皮裡陽秋的客氣話，替雙方都留有餘地，同時也是暗示康有為。可是廖平並無確切證據證明康有為是祖述於他，何況當時康有為名滿天下，影響力亦大，廖平根本不能與之相比。在這樣的情況下，廖平也只能「辭亦遜」，甚至講明「足下之學自有之可也」，只是要求當時名氣極大的康有為承認他的學術成果。[122]

　　那麼，廖平為何又在光緒三十二年（1906）的〈四益館經學四變記〉中，說出：「外今所（祖述）之《改制考》，即祖述《知聖篇》，《偽經考》即祖述《闢劉篇》」這樣的話？[123]為什麼之前的廖平不敢肯定，現在卻這樣確定了呢？

　　那是因為康有為在光緒二十三（1897）刻成的《孔》，明顯地受

　　乃自注〈秋水〉、〈至樂〉二篇，又易〈馬蹄〉一篇，其餘眾篇或點校文句而已」（北京市：中華書局，2003年），頁1397。向、郭注莊疑案，已有學者辨之，可參韋政通：《中國思想史》上冊（臺北市：水牛出版社，2001年），頁674-678。

122 「《偽經考》既享大名，季平欲藉其引，自顯姓字，故為《古學考》先兩引長素《偽經考》云云，我以此施，亦期彼以此報」、「蓋長素驟得盛名，宜季平健羨不能置，而長素則深諱不願自白，然季平欲亦震於盛名，故書辭亦遜」。錢穆：《中國近三百年學術史》下冊，頁718。

123 李耀仙主編：《廖平選集》上冊，頁549。

廖平《知聖篇》影響，不同於《新》與《闢劉篇》的關係，廖平非常明白康有為《孔》之說來自何處，這個「何處」就是他的《知聖篇》。在有了這個明顯的證據之後，廖平一改之前不甚確定的態度，或者是說，因為《孔》這個鐵證，使得廖平之前的疑惑一掃而空，於是大刀一畫，肯定斷言康有為《新》、《孔》全部皆是出自於他。

　　《孔》與《知聖篇》的關係，我們將在下節探討。

五　託新王以改制──《孔子改制考》與《知聖篇》

　　廖平在《知聖篇》一改其《今古學攷》的觀點，認為孔子並非從周法古，而是參用四代，斟酌損益以改制。他在《今古學攷》說：[124]

> 孔子初年問禮，有「從周」之言，是尊王命、畏大人之意也。至於晚年，哀道不行，不得假手自行其意以挽弊補偏……。

又說：

> 《論語》：「周監於二代，郁郁乎文哉！吾從周」。此孔子初年之言，古學所祖也。「行夏之時，乘殷之輅，服周之冕，樂則韶、舞」。此孔子晚年之言，今學所祖也。

廖平辨孔子早晚年之異，以致於出現了不同的傾向：早年尊王從周，晚年託古改制，今古學之分亦由此開展。

　　循此脈絡而觀，康有為贊同廖平、並說其《今古學攷》為至善，倒也不是什麼今學古學所祖、更非廖平經學初變時對《周禮》的看

---

124 李耀仙主編：《廖平選集》上冊，頁68-69。

法，[125]畢竟這些論點廖平在經學二變時早已捨棄，羊城之會時的康有為也不可能接受這些論點，而康有為欣賞廖平著作的地方，其實是在「孔子尊王從周」這個點上。[126]但這些說法到了《知聖篇》中，廖平已改為：[127]

> 說者不能不進一解，以為孔子繼二帝三王之統，斟酌損益，以為一王之法，達則獻之王者，窮則傳之後世而已。續修六經，實是參用四代，有損益於其間，非但鈔襲舊文而已。執是說也，是答顏子兼采四代，《中庸》之「祖述」「憲章」，《孟子》之「有王者起，必來取法也」。然先師改制之說。正謂是矣。如謂孔子尊王從周，則必實得文武之會典，周公之則例，謹守而奉行之。凡唐、虞、夏、殷先代之事，既隻字不敢闌入，則成、康以下明君賢相變通補救之成案，亦一概刪棄，如是可謂之尊王、可謂之不改。今既明明參用四代，祖述堯舜，集羣聖之大成，垂萬世之定制，而猶僅以守府錄舊目之，豈有合乎？

這樣的說法在羊城之會時引起康有為近萬言書的批評，詳見第二節。康有為所持之說，可見其《長興學記》：[128]

---

125 廖平經學初變時對《周禮》的看法，可參陳文豪：《廖平經學思想研究》，頁137-139。

126 孔子從周尊周的態度，蕭公權已有言之：「孔子政治思想之出發點為從周，其實行之具體主張則為「正名」。以今語釋之，正名者按盛周封建天下之制度，而調整君臣上下之權利與義務之謂。蓋孔子生當周衰之後，封建政治與宗法社會均已崩壞，目睹天下秩序紊亂，推究其因，不得不歸咎於周禮之廢棄。故一生言行每致意於尊周室，敬主君，折貴族之奢僭，抑臣下之竄竊」。蕭公權：《中國政治思想史》上冊（臺北市：聯經出版事業公司，1982年），頁60。

127 李耀仙編：《廖平選集》上冊，頁177-178。

128 康有為著，陳漢才校注：《長興學記》，頁56。

> 孔子為萬世師，在於制作六經。其改制之意，著於《春秋》。孔子早而從周，晚道莫不行，思告後王，於是改制。與顏子論四代、子張言十世是也。

「孔子為萬世師，在於制作六經」一語，《新》、《孔》皆可見，但問題就出在後半句「孔子早而從周，晚道莫不行，思告後王，於是改制」，孔子早而從周云云，這是康有為在羊城之會時堅持的看法。

《長興學記》刻於一八九一年七月之前，康有為年譜光緒十六年條記：[129]

> 春居徽州會館，有池石之勝，既而移家羊之雲衢書屋，先曾祖之老屋也。三月陳千秋來見，六月來及吾門。八月梁啟超來學。陳通甫又字禮吉，時讀書甚多，能攷據，以客禮來見，凡三與論詩禮泛及諸經，吾乃告之以孔子改制之意，仁道合羣之原，破棄舊學之無用，禮吉恍然悟，首來受學。

隔年，光緒十七年（1891）條下記：[130]

> 始開堂於長興里講學，著《長興學記》，以為學規。……。七月，《新學偽經攷》刻成，陳千秋、梁啟超助焉。

由此可推，至遲在《新》刻成前，康有為仍持孔子早年從周晚年改制

---

129 康有為：《康南海自編年譜》，收入《止叟年譜。康南海自編年譜。沈敬裕公年譜》，頁22。

130 康有為：《康南海自編年譜》，收入《止叟年譜。康南海自編年譜。沈敬裕公年譜》，頁23。

之說。為什麼這麼說呢？因為《新》裡已根本不見此說。當然我們也可以反過來講，在《新學偽經考》中，康有為雖言孔子改制，但都只是略略提及，未見論述後來在《孔》的一些說法，如〈漢書藝文志辨偽第三上〉：[131]

> 且所謂微言大義，即孔子改制之學也。申公、轅固生、韓嬰、伏生、高堂生、田何、胡母生、董仲舒，四百年傳之不絕。

> ……知孔子制作之學首在《春秋》……

> 孔子改制之學，既為非常異義，……。

《新》論及孔子改制者，皆屬此類，看不到康有為之前的說法。同理，也看不到康受廖影響後的論點，因此我們從《新》中是無法找出康有為是否已改變舊說的證據。

另外，按年譜自述，《長興學記》應早於同年七月刻成的《新學偽經考》，但現存《長興學記》版本，明顯可以看出後來又有添增，如：[132]

> 三代之禮不同，以春秋為繼周之一代，先秦、西漢之說，皆如此。余有《孔子改制考》。

又如：[133]

---

131 康有為著，朱維錚、廖梅校：《新學偽經考》，頁49、87。

132 康有為著，陳漢才校注：《長興學記》，頁57。

133 康有為著，陳漢才校注：《長興學記》，頁58。

今掃除劉歆之偽學，余有《新學偽經考》。

前已言之，《新》刊於一八九一年七月，前所著成《長興學記》卻有這些上述語句，由此可知此等句子為日後所添，現存《長興學記》亦非初稿。[134]

但不知何故，孔子早而從周等句，竟未經康有為改動。也因如此，我們才可以看出康有為思想變化的痕跡——因為在康日後的觀念裡，孔子早年從周之類的觀點已不復存在，事實上也不能存在，因為周、乃至堯舜或是三代云云，同是孔子為改制所託之古而已，[135]既為所託，則孔子就不可能再行法古從周之事，兩者亦不能並存，而孔子

---

[134] 小野川秀美認為：「但是康有為《長興學記》其中對於改制及大同的主張，並不徹底」、「除此而外，可能尚有矛盾的地方，但是他的方向顯然已經決定。無可否認的，他的改制及大同的主張正在形成之中」。小野川秀美分析《長興學記》的說法，值得參考，但他似乎忽略了現存《長興學記》並非初稿。可見小野川秀美著，林明德、黃福慶譯：《晚清政治思想研究》（臺北市：時報文化出版企業公司，1982年），頁112。

[135] 將《春秋》視為一個完整的寓意系統，表面是講齊桓、晉文與魯國諸公之事，其實都只是象徵而已，另有其它蘊含所在，此即孔子之微言，換句話說，藉位於魯，以託新王，此乃公羊家通義，只是康有為又擴大了這樣的說法，延及於三代或是其它經書而已。公羊家之說，例如《春秋公羊傳》開頭第一句：「元年，春，王正月，元年者何？君之始年也」，徐彥的解釋是：「若《左傳》之義，不問天子諸侯，皆得稱元年。若《公羊》之義，唯天子乃得稱元年，諸侯不得稱元年。使魯隱公，諸侯也，而得稱元年者《春秋》託王於魯，以隱公為受命之王，故得稱元年矣」、「不言公，言君之始年者，王者諸侯皆稱君，所以通其義於王者，惟王者然後改元立號，《左傳》託新王受命於魯，故因以錄即位，明王者當繼天奉元，養成萬物。」〔漢〕何休解詁、〔唐〕徐疏：《春秋公羊注疏》（北京市：北大出版社，1999年），頁6。

文中所謂「受命之王」的魯隱公，並非真指歷史上魯隱公其人其事，而是指受天命的王者，此王者或稱繼周而興、或稱存三統、或稱一科三旨。可參劉芝慶：《修身與治國——從先秦諸子到西漢前期身體政治論的嬗變》（新北市：花木蘭文化出版社，2014年），頁188-190、200-204。

為制法之王，也與昔日早晚年之分別不同。《孔子改制考》引《公
羊》桓三年何注：「明《春秋》之道亦通於三王，非主假周，以為漢
制而已」，康有為有這樣解釋：[136]

> 夏、殷、周三統，皆孔子所託，故曰「非主假周」也。

又說：[137]

> 孔子之作《春秋》，託新王以改制，而其於世事，則欲人之法
> 先王，豈不自相刺謬？不知改制者，孔子之隱志；法先王者，
> 《春秋》之託詞。在當時莫知其故。自知後世口說微言流布天
> 下，改制之義既彰，僻者乃有「先王之道何莫相因」之說，蓋
> 猶未明託之義，反以為口實而相難也。

就康有為看來，「聖人但求有濟於天下，則言不必信，惟義所在」，[138]
三代皆為是孔子所託，內涵尊王與改制之意。[139]而所謂的三代云云，
不必真有其事，故又曰：「孔子改制，專託堯、舜、文、武」。[140]託古

---

136 姜義華等編：《康有為全集》第三冊，頁315。
137 姜義華等編：《康有為全集》第三冊，頁316。
138 姜義華等編：《康有為全集》第三冊，頁314。
139 此即公羊學經權常變、相反相成之意。尊王與改制，事實上兩者並不衝突，阮芝
　　生認為：「公羊家說春秋，暢發革命之意，以春秋當新主，託隱公以為始受命
　　王……此皆見革命之義」、「然公羊家之說春秋，又大發尊王之意，春秋大一統
　　尊王即所以達此大一統之目的者也」、「然則公羊家既倡言革命，又言尊王，豈不
　　相矛盾？曰非也，革命者一時之權，尊王者長久之經，王者以德服人，為天下所
　　歸往，故王者有可尊之道而後尊，若無可尊之道則是獨夫，衡以王義，則獨夫非
　　王矣，故又貴乎革命」。阮芝生：《從公羊學論春秋的性質》（臺北市：國立臺灣大
　　學文學院，1969年），頁152。
140 姜義華等編：《康有為全集》第三冊，頁334。

的的原因，一來是因為「無徵不信，不信民不從」，二來是因為孔子有德無位，「布衣改制，事大駭人，故不如與之先王，既不驚人，自可避禍」。[141]在此時，康有為已不再分別孔子早晚年之不同，相反的，孔子則是制法之王、新王、素王、文王、聖王、先王、後王與王者。[142]

關於康有為改變前說的證據，還可再舉一例，〈孔子創儒顯證〉引《孔子集語》：「孔子修成、康之道，述周公之訓，以教七十子」條：[143]

> 或者惑於修成、康，述周公，以為孔子之道皆本諸此，不知此即劉歆所據作偽經以奪孔子者。然改制託古，當時諸子皆然。《韓非》謂「儒、墨皆稱先王」《五蠹》。又謂儒、墨「俱道堯舜，而取舍不同」《顯學》。夫稱先王而不同，非託而何？

劉歆偽經，故後世誤以為集大成者為周公，而非孔子，此說在《新》中已發，如「自劉歆布行偽經……。於是奪孔子之經以與周公，而抑孔子為傳」[144]、「自歆偽經出，託之周公，而後孔子之微言大義乃乖絕」[145]之類，可是《新》一書裡隻字未提孔子從周等觀念。到了《孔》卻明確否定孔子從周（歷史上的周）之意。且如同前面所分析，康有為認為堯、舜、周公、成、康等所謂先王，皆是所託之古。

---

141 姜義華等編：《康有為全集》第三冊，頁314。

142 康有為《孔子改制考》卷八專論此，計有〈孔子為改制之王〉、〈孔子為新王〉、〈孔子為素王〉、〈孔子為文王〉、〈孔子為聖王〉、〈孔子為先王〉、〈孔子為後王〉、〈孔子為王者〉。可見姜義華等編：《康有為全集》第三集，頁5。

143 姜義華等編：《康有為全集》第三冊，頁192。

144 康有為著，朱維錚、廖梅校：《新學偽經考》，頁2。

145 康有為著，朱維錚、廖梅校：《新學偽經考》，頁49。

諸子改制，為當時風氣，[146]而孔子為諸子之卓、為制法之王，更亦如是。由此觀之，孔子若還有從周之意，就不可能再是《長興學記》時那歷史上確然存在的周朝，而只能是《孔》中的「託古」的其中一環而已，[147]況且其所託之古亦不限於周，因此所謂孔子早年從周云云，就會顯得矛盾了。

但這裡又出現另個問題，孔子早年從周，晚年著《春秋》意在改制，這不過是說明孔子的生命歷程而已，晚年改制與早年從周，又為何不能並存？這又可以再從文獻上來說，證明孔子早年從周的證據，如《論語》：「文王既沒，文不在茲？」「郁郁乎文哉，吾從周」之類，皆是指歷史上的周朝，但康有為卻認為所謂文王或是周朝等等其實都是孔子所託、都是為了託古而改制而已，因此如《論語》或其它經書上所謂的「周」，就不可能是指歷史上三代的周（即孔子早年從周之周），而是孔子託古的「符號」，其中蘊涵了孔子改制的微言大義。[148]在這樣的情況下，孔子早年從周之說就不能存在，因為所有文獻裡與孔子有關的周都不過是託古而已、都是微言而已，既然如此，早年從周之類的「歷史事實」自然就無文獻可徵──事實上也毋須再

---

146 周末諸子並起改制，皆託古以言事，例如康有為引《淮南子》「世俗之人，多尊古而賤今，故為道者，必託之於神農、黃帝，而後能入說」為證，說：「《淮南子》尚知諸子託古之風俗，此條最為明確。蓋當時諸子紛紛創教，競標宗旨，非託之古，無以說人」，可參姜義華等編：《康有為全集》第二冊，頁60。

147 康有為引《春秋繁露》「有非之力所能致而自至者，西狩獲麟受命之符是也。然後託乎《春秋》正不正之間，而明改制之義，一統乎天子，而加憂於天下之憂也。務除天下之所患，而欲上通五帝，下極三王，以通百王之道」為證，說：「孔子受天命，改亂制，通三統，法後王。託古改制之義，此條最為顯礭，可無疑矣」，可參姜義華等編：《康有為全集》第二冊，頁315。

148 《論語》裡含有孔子改制微言大義，例如〈孔子與弟子商定改制大義〉，康有為引《論語·衛靈公》：「行夏之時，乘殷之輅，服周之冕，……」，之後下此按語：「此條為改制之證據」；又引《論語·子路》：「必也正名乎」此段，說：「此條為《論語》微言，孔子改制名義也。」

徵，因為康有為早就拋棄這個說法了。

這樣的轉變倒也非始自《孔》，康有為在一八九一年與朱一新的通信中已隱約透露一二訊息：[149]

> ……。故僕之急急以強國為事者，亦以衛教也。沮格而歸，屏絕雜書，日夜窮孔子之學，乃得非常異議，而後知孔子為創教之聖、立人倫、創井田、發三統、明文質、道堯舜、演陰陽，精微深博。僕今發明之，使孔子之道有不藉國力而可傳者，但能發敷教之義，宣揚布護，可以混一地球。

若將信中與前面康有為《新》論及的孔子改制互觀，我們可以知道當時康有為對於孔子改制之說遲未確立，一方面似乎仍對己說有所堅持，一方面卻又漸漸認同廖平《知聖篇》的講法，這樣的不一致到了《孔》已消失，因為他已認同了廖平的觀點，然後在此基礎上增添己意。其後康有為在一八九三年左右成書的《春秋董氏學》裡說：[150]

> 「緣魯以言王義」，孔子之意，專明王者之義，不過言託於魯，以立文字。即如隱、桓，不過託為王者之遠祖，定、哀為王者之考妣，齊、宋，但為大國之譬，邾婁、滕侯亦不過為小國先朝之影，所謂「其義則丘取之」也。自偽《左》出，後人乃以事說經，於是周、魯、隱、桓、定、哀、邾、滕，皆用考據求之，癡人說夢，轉增疑惑，知有事而不知有義。於是，孔子之微言沒，而《春秋》不可通矣。

---

149 姜義華等編：《康有為全集》第一冊，頁1041-1042。
150 姜義華等編：《康有為全集》第二冊，頁670。

此意與《孔》近似。顯然地,康有為已轉變了他在羊城之會時的看法。

而黎祖健在光緒丙申年（1896）所錄《康南海先生口說》,康有為亦言:[151]

> 《公羊》:「王者孰謂?謂文王也。」《詩》之四始,皆本文王。蓋三分有二,以服事殷。文王大讓,孔子以之,故孔子託文王。此系孔子直以文治自承,當絕不謙讓,與《公羊》符合。《論語》微言,至為明確。

> 三統互用,而托周為多,所謂子所古周也,非夏也。知孔子從周為多,墨子從夏為多,《墨子》記禹夏、殷、周三統,皆孔子所託。

此已明言,孔子從周之「周」,亦是其所託之「周」,「此系孔子直以文治自承」。此時康的觀點已與《孔》非常接近了。

據目前學者研究顯示,廖平《知聖篇》的宗旨是素王改制說,要點有三:素王受命改制;二、孔子託古改制;三、六經是孔子一人所作,而康廖所同者有三:[152]一、孔子素王說,二、孔子託古改制說,三、孔子改制六經。[153]但就本文的脈絡來看,其實這三點並不能完全

---

151 吳熙釗、鄧中好校:《康南海先生口說》（廣州市:中山大學出版社,1985年）,頁19。

152 康有為《孔》要點則有六:一、六經以前,史跡茫昧,三代文教之盛,皆孔子所託;二、周末諸子並起創教;三、諸子皆託古改制;四、孔子為諸子之卓;五、六經皆孔子改作;六、孔子託古改制。崔泰勳:《論康有為思想與廖平的關係》,頁137-138。

153 陳文豪:《廖平經學思想研究》,頁156-161。崔泰勳:《論康有為思想與廖平的關係》,頁121-140。

證明康受廖影響，[154]因為孔子託古改制、孔子制作六經等等，康在《新》皆有言之，[155]不必然全是受廖平影響。至於以孔子為改制素王，此為公羊家語，[156]雖不能認定一定與廖平無關，但光靠此證明康受廖影響論證未免薄弱。

因此，除了比較兩書異同之外，還必須再從其它方面下手，我認為有三點證據可明確說明康有為《孔》確受廖《知聖篇》影響，並以此作為此章小結：

一、羊城之會時廖平出示《知聖篇》，康有為不贊同裡頭的一些論點，作近萬言書戒之。

二、錢穆提及顧頡剛曾在康有為處見《知聖篇》原本，[157]此可見廖平所言非虛。

三、日後《孔》刊行，內容論點居然就是當年康反駁廖的內容，其受廖平影響，顯然可知。

六 結論

在中國近代學術思想史上，梁啟超、錢穆等人認為康有為的重要著作大都襲自廖平，再加上《孔子改制考》、《新學偽經考》自己的話

---

154 崔泰勳認為：「康、廖的說明方法與深度有差別，不過康有為大部分襲用廖平的意旨。康氏的孔子改制說，在形式上襲用廖著《知聖篇》的題意和思想」，崔泰勳：《論康有為思想與廖平的關係》，頁139-140。崔先生此論與本文類似，但論證方向頗有不同，崔先生基本上是以兩書異同作比較，這當然很重要，但除此之外，亦應溯源康有為從《廣》、《新》到《孔》之間的思想轉變。

155 孔子作六經，如「六經皆孔子所作」、「不知六經皆孔子所作……」等等，康有為已在《新》已言之。康有為著，朱維錚、廖梅校：《新學偽經考》，頁75、210。

156 王汎森：《古史辨運動的興起》，頁112-122。彭明輝：《晚清的經世史學》，頁104。

157 錢穆說：「今刻《知聖篇》，非廖氏原著；原書稿本，今藏康家，則頗多孔子改制說。顧頡剛親見之」。可見錢穆：《中國近三百年學術史》下冊，頁723。

多、古人的話少，[158]故就學術開創性而言，康有為在學術思想史地位
究竟如何，學者對此看法或有不同，評價亦異。[159]可是歷史弔詭地方
也正在於此：據王汎森的研究，後來疑古風氣的興起，康有為竟也因
此佔了關鍵地位，康有為的「尊孔」與後來顧頡剛等人的「疑古」竟
是一脈相承。「本意尊經，乃至疑經」，因此就學術史的內緣觀察來
看，古史辨運動的興起，上承清代今文家的解經、崔述《考信錄》，
經廖平、康有為，最後到胡適、顧頡剛，從尊孔－疑經－疑古，到
「層累造成的古史」、「神話分化說」，康有為正是其中一個重要關
鍵。[160]所以康有為看似舊學的「後衛」，實乃新學的「發端」，[161]他對
於學術史變遷的影響力，由此可見。

　　但是這樣一個人物，他的兩本重要著作卻與同時代的廖平有著牽
扯不斷的關係，因為廖平在日後回憶兩人的交往情況，堅定康有為的
《新》與《孔》是祖述其《闢劉篇》、《知聖篇》而來，康有為初對此
指控並未反駁，始後方在一九一七年〈重刻偽經考後序〉提出辯解。
康有為與廖平學術上的關係，各說各話，至此懸而未定，後世學者循
此而下，陸續對此公案亦有進一步論述。

158　此為汪榮祖語，〈賸有文章供笑罵——敬答余英時先生〉：「康有為微言夫子大義，
　　結果是康有為的「心境」多，孔子夫的「心境少」。」可參氏著：《史家陳寅恪傳
　　（增訂版）》（臺北市：聯經出版事業公司，1997年），頁290。

159　例如錢穆便與蕭公權看法不同。兩人看法之異，可見第一節。另可參汪榮祖：〈評
　　價康章的若干障礙〉，收入氏著：《康章合論》（臺北市：聯經出版事業公司，1988
　　年）。

160　王汎森：《古史辨運動的興起》。

161　汪榮祖認為：「康有為也是中國近代學術史開拓者之一。說他是舊學的殿軍，不如
　　說他是新學的先驅。他的名著，諸如《新學偽經考》以及《孔子改制考》，雖可算
　　作政治之書，然亦為現代疑古之風，發了先聲。疑古大將顧頡剛自稱讀了康氏兩
　　考之後，『產生了上古史靠不住的觀念』。豈不是震撼民國史壇的疑古派師承康有
　　為？康氏未必以此為榮，然而他所扮演的角色及其影響，卻成為不能湮沒的事
　　實」。汪榮祖：《康有為》，頁152。

　　根據前面各節的討論，本文認為康有為《新學偽經考》並未抄襲廖平，因為他根本沒見過《闢劉篇》，況且早在羊城之會前康有為早有了抑古的思路，這樣的觀點正展現在《廣藝舟雙楫》裡，康廖之同，只能說是學術史上的巧合。但康在一八九七年出版的《孔子改制考》，受廖平影響則顯然可證。就因為有了這層關係，所以康有為對廖平指控的事後辯駁甚為隱約，或言其一不言其二，始終未肯言明。

廖平的經學與道教

一 三變到六變──道教影響下的儒家經學

　　回顧廖平的學思歷程，而有經學六變之說。由一、二變的平分今古與尊今抑古，到三變以後的皇帝王伯、小統大統、天學人學等等，其論愈見恢奇怪誕。且經學三變以後的內涵，不再是今古文經義的解釋而已，而是道通多方，牽引釋道醫方技等範疇，廖平的弟子蒙文通就說：「廖師大小統以後之說，多推於方技術數，援緯候、醫學、陰陽家以立義。」章太炎也說：「君之學凡六變，其後三變雜梵書及醫經刑法諸家，往往出儒術外。」[1]

　　順著這樣的線索，許多學者探究三變以後的經學發展，因而不限於經學本身，而更旁涉其它，並予以更細化的分析。其中龔鵬程〈道教影響下的儒家經學〉，別出新解，指出廖平自經學三變以後，[2]開始

1　蒙文通：〈井研廖師與漢代今古文學〉，收入廖幼平編：《廖季平先生年譜》（成都市：巴蜀書社，1982年），頁153。章太炎：〈清故龍安府學教授廖君墓誌銘〉，收入廖幼平編：《廖季平先生年譜》，頁94。

2　關於廖平經學三、四、五變的起迄時間，學界尚有分歧。但不管如何，經學三變顯然是一個關鍵期，此時廖平一改以今古解經的說法，不再單以〈王制〉通說群經，而是與《周禮》互補共說，其後漸進發展，於經書中分小學大學，由人企天再到人天小大，又於天學人學中再各分大小，其間雖陸續各有變化，但顯然可將經學三變到六變視為一個整體。因此本文的研究，並不在考證分期時限，而是在說明廖平經學三變以後的思想內涵。可參龔鵬程：〈道教影響下的儒家經學〉，收入氏著：《道教新論》（北京市：北京大學出版社，2009年），頁287。各學者對於廖平經學三變以後的時限界定，可參考林淑貞的整理：

鑽研並著述老、莊、尸、命理地理與醫學。特別是晚年熱衷醫理，並
非如蒙文通等人所言，是為了醫病治療所致，因為廖平既不行醫又不
執業，所以他論醫乃基於理論興趣，故許多著述重在闡述醫理，而非
實際治病。[3]更進一步來講，這些醫論之作，當可與廖平論老莊堪輿
命理等書並觀，皆可視為廖平論道術之一環，而醫術正是道術之一，
此乃中國「道醫」傳統流衍。[4]因此不管是以《老》《莊》《楚辭》釋
經，建構天學，還是以《素問》《靈樞》為修身之最高等，又或是以
《黃帝內經》五運六氣解《詩》《易》……等等，從三變到六變，廖
平都企圖將道家道教之學收攝到經學中。此時所謂的經學，就廖平來
講，其目的仍在於通經致用，不將經書視為客觀研究對象，而是生活
世界意義的來源，考古是為了用今。[5]但實際上卻是將孔子與六經道
教化與道家化，論六合之外、講白日飛昇、說長生服氣，此等道術之

	經學三變 小統大統	經學四變 天人之學	經學五變 人天小大	經學六變 五運六氣
自序	一八九八戊戌	一九〇二壬寅		
柏毓東	一八九八	一九〇二	一九一二壬子	一九一九
李耀仙	一八九八迄一九〇七	一九〇五	一九一二迄一九一八	一九一九迄一九三二
向楚	一八九八	一九〇二	一九一八	一九二一
黃開國	一八九七至一九〇六	一九〇六至一九一八	一九一八至一九二一	一九二一至一九三二
陳文豪	一八九七迄一九〇一	一九〇二迄一九〇四	一九〇六迄一九一八	一九一九

林淑貞：〈廖平經學變所建構的歷史圖像〉，《中國學術年刊》第十八期（1997年3月），頁51-52。

3　龔鵬程：〈道教影響下的儒家經學〉，收入氏著：《道教新論》，頁286。

4　關於道教與醫學的關係，可參龔鵬程：〈道醫論〉，收入氏著：《道教新論》，頁304-318。蓋建民：《道教醫學》（北京市：宗教文化出版社，2001年），第四、五章。

5　丁亞傑：《晚清經學史論集》（臺北市：文津出版社，2008年），頁138。

說，顯然深刻影響廖平經學三變以後的論點。[6]

本文的研究，即是順著龔先生開創出來的脈絡前進，企圖更進一步分析，廖平談醫術，究竟如何連結到他的人學天學？經學的道教化，事實上是有選擇式的詮解經書，並非將道教全盤地移用於經學，因此對於道教之說，廖平本身亦有捨取，這又與他本身的理論架構有關。更有甚者，廖平屢援道術，事實上是為了尊孔，經學的道術化，又曲折地反映了廖平藉經以言道，以經學經世的理想。

我們先從他的醫術與道術談起。

二　以經學經世——廖平的醫術、道術與學術

廖平從第三變起始，就已漸擺脫一、二變注重今古經的做法，開始分列皇帝、王伯之學，[7]〈王制〉詳解中國，專說《春秋》，乃王霸小一統，而《周禮》為全球治法，專說《尚書》，是為皇帝大一統。且大統小統盡歸於孔子，[8]小統是孔子為中國立法，大統是孔子為全球立法，其中又可細分，《詩》、《易》為大學，〈王制〉、《春秋》為小

6　龔鵬程：〈道教影響下的儒家經學〉，收入氏著：《道教新論》，頁282-292。

7　所謂的皇帝、王伯，並非實指古代的歷史人物，只是作為一種象徵性的符號而已。廖平在《孔經哲學發微》就說：「所有帝、王、伯、君四名詞，不過如優等、上等、次等、下等之符號（為代名詞）」「高者為皇、帝，其次為王，其次為伯，又其次為君。」廖平：《孔經哲學發微》，收入李耀仙編：《廖平選集》上冊（成都市：巴蜀書社，1998年），頁344。亦可參黃開國：《廖平評傳》（南昌市：百花文藝出版社，2010年），頁134。

8　廖平認為，大統與小統都是孔子的規畫。其中有些經書，便同時具有兩者，他說：「小康王道主〈王制〉，大同帝德主〈帝德〉。兩篇同在《戴記》，一「小」一「大」，即小大共球之所以分。」《周禮》也是如此，〈大行人〉、〈小行人〉、〈職方〉、〈量人〉等等，同樣也有大小之分。因此廖平在經學三變以後雖屢言《周禮》為皇帝之學，便是專究於大統著眼。廖平：《知聖續篇》，收入李耀仙編：《廖平選集》上冊，頁226、229-230。

學。[9]至於《老》、《莊》、《列》等道家學說，亦屬大統，不但可與
《詩》、《易》、《周禮》互通，[10]道家又集孔門四科之大成，專詳大同
之說，又兼論瀛海治法，[11]其後釋又出於道，更源起於老子化胡，故
「孔子為老子之統帥，佛教為聖門之前鋒。」[12]不止如此，再加上
《山海經》、《淮南子・天文》、《淮南子・精神》，或講天之宣夜、大
地浮沉、三萬里中、四游成四季、五大州疆宇、大九州等名目，皆由
「孔子於二千前以前，預知百世以後世運，而為之制作。」[13]

　　從第四變開始，廖平說法又有變化，主要是將《詩》、《易》分屬
天學，為周遊六漠，魂夢飛身，遨於六合之外，皇帝、王霸則全屬人
學。原本以皇帝、王霸配《詩》、《易》、《尚書》、《春秋》，如今只配
《尚書》、《春秋》，[14]至於《老》、《莊》等書，亦隨著《詩》、《易》而
「升級」，〈四變記〉就說：[15]

> 今故以經傳為主，詳考「至人」、「神人」、「化人」、「真人」、
> 「神人」、「大德」、「至誠」、「大人」，以為皇天名號，而以
> 〈靈樞〉、〈素問〉、道家之說輔之，以見聖人人帝之外，尚有
> 天皇，此「天人學」之所分也。

> 周遊六漠，魂夢飛身，以今日時勢言之，誠為力所不至。然以

9　廖平：《知聖續篇》、《四益館經學四變記》，收入李耀仙編：《廖平選集》上冊，頁
　　224、550。

10　廖平：《知聖續篇》，收入李耀仙編：《廖平選集》上冊，頁231-233、247。

11　廖平：《知聖續篇》，收入李耀仙編：《廖平選集》上冊，頁227。

12　廖平：《知聖續篇》，收入李耀仙編：《廖平選集》上冊，頁271。

13　廖平：《知聖續篇》，收入李耀仙編：《廖平選集》上冊，頁237。

14　陳文豪：《廖平經學思想研究》（臺北市：文津出版社，1995年），頁191、194。

15　廖平：《四益館經學四變記》，收入李耀仙編：《廖平選集》上冊，頁553-554。

今日之民，視草昧之初，不過數千萬年，道德風俗，靈魂體
魄，已非昔比。若再加數千年，精進改良，各科學繼以昌明，
所謂長壽服氣，不衣不食，其進步固可按程而計也。近人據佛
理言人民進化，將來必可至輕身飛舉，眾生皆佛。

廖平怎麼以「〈靈樞〉、〈素問〉、道家之說輔之」呢？他認為〈靈樞〉、
〈素問〉裡的「黃帝」當為「皇帝」，「岐伯」當為「二伯」，為治「皇
帝學」之專書。其中又可分為天學人學、治天下、治病三門，治天下
者為「帝學」；言天道人身應天地者，則為「皇學」；醫學專書則是入
「藝術」。而醫書中屢屢言及「道」，廖平認為這就是求道，亦即孔子
之道，是以身比天地，因修身以存道，相較於《容經》為普通修身、
《洪範五行傳》為仕宦修身，〈靈樞〉、〈素問〉可謂最高等的修身，為
《中庸》（屬天學）「至誠」的基礎，其後漸序進展，再加上科學發
達，「近人據佛理言人民進化，將來必可至輕身飛舉，眾生皆佛。」
此外，《楚辭》、《山海經》、《老》、《莊》、《列》、《穆天子傳》等書，
或言地理，以地球為齊州，或言形神俱融，辟穀飛昇之事，又或是佛
教說世界進化，眾生皆佛，而佛又出於道，諸書皆盡屬天學之列。[16]

　　到了經學五變，廖平先是延承前說，認為真人神人至人之類，皆
為天學。但有所不同者，是天學又分大小，《詩》為神游，《易》為形
游，神遊是「如遷家之嬰兒鍊魂，神去形留，不能白日飛昇，脫此軀
殼」；[17]形游則是更高一級，是「所謂履虛若實，入石不礙，無待風雲
而行」。[18]其中神游又每借夢境以立，即便身形仍在，但神游範圍仍可

---

16 廖平：《四益館經學四變記》，收入李耀仙編：《廖平選集》上冊，頁554-557。
17 黃鎔箋述：〈五變記箋述〉，收入李耀仙編：《廖平選集》上冊，頁607-608。
18 廖平：《莊子敘意》，收入嚴靈峯編：《無求備齋莊子集成初編》（臺北市：藝文印書
　　館，1972年），頁4。

是六合天外，上窮碧落下黃泉，無所不至，「其《詩》全為思想學，全為夢境思夢，全為靈魂學」，而《楚辭》的周游六虛，《莊》的夢為魚而潛淵，《周》《列》的掌六夢，全屬此說。[19]

此外，廖平更進一步探究道教之說，企圖更具體地貼近經學，他在《莊子經說敘意》中，明確反對道教的鉛汞煉丹，認為此派出自魏伯陽，不可以列入神游之說。因為神游形游等天學，皆出於自然程度的發展：[20]

> 世人學仙喜以莊子附會鉛汞家言……，所有神游亦出自然程度，初非黃婆姹女嬰兒結胎。莊子本為神仙之學，特為經術化世，初非自私自利，厓穴枯稿（芝慶按：應為「槁」），妄求飛昇者比。

神仙之學，是為經術化世，與經學相通，但鉛汞煉丹等道術，就非廖平所能接受。換句話說，他雖然屢言「辟穀飛昇」、「長壽服氣」，並附會於他的經學世界，說這是人類自然進化，[21]再加上科學進步的普

---

19 陳文豪：《廖平經學思想研究》，頁222。

20 廖平：《莊子敘意》，收入嚴靈峯編：《無求備齋莊子集成初編》，頁4。

21 在近代中國思潮中，許多學者常常把歷史發展視為是進步的，是有意志的，這種導向某一個目標的「線性歷史觀」，正是晚清以來的普遍思潮。可參王汎森：〈近代中國的線性歷史觀〉，收入氏著：《近代中國的史家與史學》（香港：三聯書店：2008年），頁50-108。但是這種歷史進程又非突然而變，而是一種漸進式改良主義，康有為便是持此觀點的代表之一，可參黃俊傑：〈康有為對中西思想的調融：以《孟子微》為中心〉，收入氏著：《孟學思想史論（卷二）》（臺北市：中央研究院文哲研究所，2006年），頁391-402。劉芝慶：〈論康有為與廖平二人學術思想的關係——從《廣藝舟雙楫》談起〉，《中國歷史學會史學集刊》，第41期（2009年10月），頁301-303，收入本書。
廖平談及進化次數亦多，主張以漸不以驟，其觀點亦多有類似，從此可看出近代中國思潮對於當時學者的影響。

遍成果:「若再加數千年,精進改良,科學繼以昌明,所謂長壽服氣,不衣不食,其進步固可按程而計也。」[22]這種理想世界,當非鉛汞煉丹之術可比。再者,道教的金丹或是佛教的禪寂,乃至於俗儒只求自己成聖成賢,專重本身利益,自私自利,不重世人萬民福祉,此皆不足以取法,故為廖平所不取,他在《孔經哲學發微》就說:「萬部金丹,徒勞妄想,清淨無象,於世何益?俗儒每以自了為聖賢,須知戶戶道學,家家禪寂,天下正自彌亂耳。」[23]徒勞妄想,無益於世,以自了為滿足,正是廖平所反對的。

最後,廖平更是總合天學人學,將《大學》、《中庸》、《黃帝內經》視為由人企天的關鍵。此三書中都包含天人之學,《中庸》為人天合發,《大學》以修身為本,八德目中以「修身」為人學基礎,「格物」、「致知」為進學等級,「誠意」是由人到天,為天人之交,其後定靜安慮得則為天學。[24]而二書屢引《書》、《詩》,《書》為人學,《詩》為天學,[25]即為人天學的標目,是從人學到天學的階梯。至於〈黃帝內經〉其中亦有天學人學,例如〈病能篇〉末有上下經,上經言氣之通天,為天學;下經言病理變化,屬人學。又例如〈天元紀大論〉、〈五運行大論〉、〈六微旨大論〉……等七篇,發明五運六氣、六甲五子,當可為《詩》之本,自是天學,而論疾病諸篇,乃為醫學專書,當為人學,因此《黃帝內經》同樣也可視為人天合發,包括六合內外之作。[26]

---

22 廖平:《四益館經學四變記》,收入李耀仙編:《廖平選集》上冊,頁554。
23 廖平:《孔經哲學發微》,收入李耀仙編:《廖平選集》上冊,頁300。
24 廖平:《孔經哲學發微》,收入李耀仙編:《廖平選集》上冊,頁332-334。
25 黃鎔箋述:〈五變記箋述〉,收入李耀仙編:《廖平選集》上冊,頁598。
26 黃鎔箋述:〈五變記箋述〉,收入李耀仙編:《廖平選集》上冊,頁603。黃鎔在《靈解五解篇序》(廖宗澤輯)裡,闡述其師廖平之意:「〈靈樞〉、〈素問〉分政治、醫診二大派,天道人事,異轍殊途,厘定部局,剖析涇渭。庶政學收功於大統,醫術不

　　從這個角度來看，廖平從民國元年（1912）著成《人寸診比類篇》《古今診皮篇》開始（此時約屬經學三、四變之間），便開始致力著述醫學，不但有治病的考量，同樣也有闡釋自身理論，建構大統或天學的需要。因為前者屬人事，後者則是天道，然後再搭配《大學》、《中庸》等書，綰合了他由人學到天學的理路進程。因此廖平〈古今診皮名詞序〉指出「尺」，應當作「皮」，「尺之為文與皮字之形相似」，[27] 診尺即是診皮，尺膚就是皮膚，於是集匯診皮者為一門，並進而提倡「五診法」：「《診皮》末附以〈五診法〉，《經》每以皮（腠理）、絡（一作肉分）、經（三部九候診經脈）、筋（有經筋篇）、骨（筋骨亦作臟腑）以淺深層次，分屬臟腑，及邪風傳移，最關緊要，今別匯為一門，名曰〈五診法〉」，[28] 這些都是就實際的人體治療來講的；《診絡篇補證》則是解釋經脈與絡脈之異，及其相關主病治法，例如廖平解釋《靈樞・血絡篇》的題旨，就說「絡為輕病，其絡有瘀血，可以目見，以瓷針或針刺出惡血，則病自愈，故以血絡名篇」，[29] 又說《內經》結脈，乃指絡脈，而非經脈。[30] 辨別經絡脈，重在闡述辨析，但以針刺出惡血，就是在講具體醫法；《診骨篇補證》則是注述骨節大小、長短與廣窄，然後定其脈度，「故曰骨為幹，脈為營，如藤蔓之營附於木幹也」，[31] 並以圖文並列方式，附錄〈周身名位骨〉以證之；[32]《藥治通義輯要》，更說病有新舊，故療法亦有不

　　遁於虛玄……」，〈靈樞〉、〈素問〉分政治、醫診二派，政學又收於大統，其意亦是如此。廖平：《廖平醫書合輯》（天津市：天津科學技術出版社，2010年），頁1357。

27　廖平：〈古今診皮名詞序〉，收入氏著：《廖平醫書合輯》，頁95。

28　廖平：〈古今診皮名詞序〉，收入氏著：《廖平醫書合輯》，頁96。

29　廖平：《診絡篇補證》，收入氏著：《廖平醫書合輯》，頁190。

30　廖平：《診絡篇補證》，收入氏著：《廖平醫書合輯》，頁199。

31　廖平：《診絡篇補證》，收入氏著：《廖平醫書合輯》，頁417。

32　廖平：〈周身名位骨〉，收入氏著：《廖平醫書合輯》，頁426-442。

同,用膏、藥酒、湯、煎、丸等等,各有特性,「邪在毫毛,宜服膏及以摩之,不療,廿日入於孫脈,宜服藥酒……不療,六十日傳入經脈,宜服散……」,[33]如此種種,都可視為是「人學」的一環,是專為闡述醫理與治疾病理而作,既是醫學專書,當然就注重人體,闡述醫理更是為了要治病,而要探究人體疾患,就更必須分析醫理,兩者是不可分的。

但是反過來講,廖平也屢言《黃帝內經》〈靈樞〉等醫書的天學精義,顯然都是就「六合以外」的角度而言,[34]再加上未付刊行的《五運六氣說例》、《五運六氣即詩易緯候之徵》、《內經三才學說》,其書雖今皆未見,只存書目,[35]但很可能也是就醫書的天學部分來講的。為什麼這麼說呢?前面已經講到,《黃帝內經》中講的五氣六運、六甲五子之類,皆可為《詩》所本,因此屬天學,廖平著書的目的,可能就在於闡釋這層關係。[36]到了經學六變,廖平更是直接以五

---

33 廖平:《藥治通義輯要》,收入氏著:《廖平醫書合輯》,頁1002。
34 在〈五變記箋述〉中就列有《《內經》天人四等名詞表》,其中「天學」部分,廖平就引〈素問·上古天真論〉為證。可見黃鎔箋述:〈五變記箋述〉,收入李耀仙編:《廖平選集》上冊,頁600。
35 陳文豪:《廖平經學思想研究》,頁89、90、95
36 其中《內經三才學說》,其內容雖也不可知,但廖平在〈天學神游說〉裡曾有〈《詩》、《易》上中下三才圖〉,是以三才的概念來解釋天學神游,而《黃帝內經》與《老》、《莊》既同屬天學,又與《詩》、《易》互通,我們或許可從此圖中窺知《內經三才學說》的一些宗旨:

上為三才中的「天」,即取《莊》「夢為鳥而戾天」之意;中為地球,就是三才中的「人」;下則為「地」,亦取《莊》「夢為魚而潛淵」之意。神游既然為夢境學、為靈魂學,則上(天)與下(地),自然皆以夢為說。廖平:《孔經哲學發微》,收入李耀仙編:《廖平選集》上冊,頁379。

氣六運解《易》，柏毓東記述廖平：「悟六經之師說存於《內經》。訂「四風」、「五運」、「六氣」、「小天地」、「大天地」、「二十八宿」為六門，以應《樂記》」「因訂《周南》十一篇，起「五運六氣」例；〈召南〉十四篇，起二十八宿例；《檜詩》、《曹詩》各四篇，以起八風例……」[37]。至於在《易》方面，則是分為上經三朋與下經五朋，上經三朋先以乾、坤、屯、蒙、需、頌、師、比、小畜、履十卦，但乾、坤為雙卦，所以共十二卦，以此相對六氣與三陰三陽、地支，上知天人。其次以泰、否、同人、大有、謙、豫、隨、蠱、臨、觀十卦，與五運天干十支相應，下知地理。最後則是離、坎、大過、頤、大畜、無妄、復、剝、賁、噬嗑十卦，而大畜、無妄只作一卦，故為九卦，此卦在天與地之中，呼應其它二朋，故為知人事；而下經五朋三十四卦，以咸、恒、遯、大壯、晉、明夷、家人、睽、蹇、解等陰陽五卦，共十卦為一朋，以表氣運太過與不及；損、益、夬、姤、渙、節六卦，為治化而人應之，是以《周禮》六官相對應；巽、震、升、萃、革、鼎六卦，追司上局，以表天者；兌、艮、漸、歸妹、困、井六卦，專司下局，以表地；既濟、未濟、中孚、小過、豐、旅六卦，則是專司中局，以表人事。[38]

對於這種以醫書解經的作法，我們不妨可以借用蒙文通的話：「先生以醫治之故而移以說經」。[39]若不論蒙文通原意為何，用本文的脈絡來講，則可解釋為廖平研究醫學，不單只是為了醫治自己，更是要醫治天下人，因為「醫治」正是修身的一種，醫書（〈靈樞〉、〈素問〉）是修身的最高等，也是由人企天的準備。更進一步來講，醫書包含天學人學，醫書固然有專門治病的部分，但亦多處論及神仙之

---

37 柏毓東述：〈六變記〉，收入李耀仙編：《廖平選集》上冊，頁618。

38 黃開國：《廖平評傳》，頁182-187。

39 蒙文通：〈廖季平先生傳〉，收入廖幼平編：《廖季平先生年譜》，頁103。

道，此正是與《楚辭》相通處，所以廖平才說：「其中惟論疾諸篇，乃為醫學專書」「《上古天真論》，真人、至人為《楚辭》之師說，專為道家神仙去世離俗之所本，讀《內經》而後《楚辭》之本旨（明）。」[40]因此由病理而言，醫書包括人學，屬六合之內；從神仙之學來講，醫書又可為天學，屬六合之外，所以真人至人等神仙之學即屬後者，故曰：「凡言皇帝學派者，每以疾病為標目，如《月令》、《繁露》，皆有民病之說，不必皆為醫書也。」[41]因此就廖平看來，諸如《內經》等醫書，正是天學人學的展現，分別觀之，當可知其進路，依序開發，則近道矣。

由上述可知，廖平經學三變之後，其說之所以愈見恢奇怪誕，並非全從經學一、二變中的解經衍繹而出，[42]而是他在藉由接觸道術，乃至於佛教的過程中，漸受影響所致。但他又屢言佛出於道，為老子化胡，因此道術之說，正是他思想轉變的主因之一。可是他顯然有所選擇，因此對於道教煉丹之術，又為他所棄，但是《老》、《莊》、《列》等「道家與道教」[43]「道術與道教」[44]的神仙之說、道教的辟穀飛昇之道，又為他所取，而取捨之間，正反映了廖平以道術詮解經學的立場。至於他致力於醫學，固然如龔鵬程所言，是受道教影響，因為「道醫」本為道術之一，廖平既鑽研命理堪輿地理等術，自然也

---

40 廖平：《孔經哲學發微》，收入李耀仙編：《廖平選集》上冊，頁368。

41 廖平：《孔經哲學發微》，收入李耀仙編：《廖平選集》上冊，頁368。

42 當然廖平經學六變仍有一些不變的因素貫穿其中，例如他以經典安排整個世界秩序，其尊孔與通經致用的精神，始終未改。可參魏怡昱：〈孔子、經典與諸子〉，《經學研究集刊》第三期（2007年），頁137-138。

43 《老》、《莊》、《列》和神仙修煉思想，其與道教的關係，乃至於兩相結合之原由，可參蕭登福：《周秦兩漢早期道教》（臺北市：文津出版社，1998年），頁37、73-74。蕭登福：《先秦兩漢冥界及神仙思想探原》（臺北市：文津出版社，2001年），頁225-227。

44 龔鵬程：〈道·道家·道教·道教史〉，收入氏著：《道教新論》，頁51-65。

很有可能對醫術產生興趣。[45]但除此之外，廖平研究醫術，同時也是因為他漸漸意識到，不管是由人企天，還是人學為天學、為世界進化之本，人的「身」（形）都是基礎，「是以血氣精神，奉於一形之生，周於形體所儀之性」，[46]形體，是血氣精神之所聚，也唯有先立此基礎，求之於身，才可能從人學發展到天學，從神游到脫殼飛昇的形游。如此發展，既不可躐等，更不會一蹴可幾。

而這些思想觀點，最後都被廖平投射到經書裡，以此解經釋經。如章太炎所言，就是「雜梵書及醫經刑法諸家」；如蒙文通之語，則是「多推於方技術數，援緯候、醫學、陰陽家以立義」。由經學進而梵書醫經方技術數，通涉多方，然後再回過頭來詮釋經書，塑造了廖平經學三變以後的內容，形成了廖平獨特的經學學術，並企圖以經學重整世界，規畫未來藍圖，建構他的理想世界與人間秩序——經學，始終是致用與經世的關鍵，是廖平感受時代的資源，也是廖平學術生命的意義所在。

---

45 龔鵬程：〈道教影響下的儒家經學〉，收入氏著：《道教新論》，頁286。

46 廖平在《《內經》平脈考》注曰：「太初之无，謂之道也；太極未形，物得以生，謂之德也；未形德者有分，旦然无間，謂之命也；此命流動物，物成生理，謂之形也；形體保神，各有所儀，謂之性也。是以血氣精神，奉於一形之生，周於形體所儀之性，亦周有分無間之命，故命分流動成形體，保神為性，形性久居為生者，皆血氣之所奉也。」這段話與《莊子·天地》「泰初有无，无有无名，一之所起，有一而為形。物得以生，謂之德；未形者有分，且然無間，謂之命；雷流而生物，物成生理，謂之形；形體保神，各有儀則，謂之性。性脩反德，德至同於初」，頗為類似，廖平顯然是有所本。此處廖平基本上是融用莊子文句與一部分的文意來注解《內經》，但重點又有不同，莊子主要在說明人必須性修返德的復初工夫，然後與天地為合，同乎大順；廖平此處卻強調血氣精神與形性的關係，以呼應注解《內經》文句：「人之血氣精神者，所以奉於生而周於性命者也」，就廖平看來，重「生」重「性命」，就不能不重視其所居存的「形」，如此才能進一步談脈象變化。廖平：《《內經》平脈考》，收入氏著：《廖平醫書合輯》，頁1462。郭慶藩：《莊子集釋》（北京市：中華書局，2004），頁424。

三　求道者之路——中西會通，以孔子為宗

可是，廖平講佛出於道、說神游形游、論醫學病理，乃至於通融西方學說等等，他的目的都是為了尊孔，而且一以貫之，終身不改。與經學一、二變相比，經學三變以後，廖平更是深化孔子「素王改制」的意涵，因為他認為孔子不但為中國萬世立法，更是為全球進化所宗。例如在經學二變時，廖平將《周禮》視為劉歆偽造，但經學三變以後，《周禮》已成為孔子寄託的「周公」所作，當然「周公」只是一個符號，廖平只是借用歷史上的周公，作為孔子託古改制而寓居的理想人物。《周禮》之「周」，亦非歷史上的「周代」，而是「周遍」之意，《周禮》的內容，也不是周代的典章制度，而是孔子為後世制作，是規畫世界的藍圖。[47]《周禮》既為全球治法，又專說《尚書》，《尚書》同樣也是孔子所作，也存有孔子為世界立法的意義，至於《尚書》所談到的周公，當然也是孔子所託。由此可知，可以看出廖平心目中的孔子，不但是中國的孔子，同時還走進世界，是世界的孔子。[48]

既然如此，孔子制作六經，六經又無所不包，既講天學人學，又與釋道醫術數互通。[49]因此廖平就要在經典中尋求孔子之道，按圖索驥，明孔子之意，立孔子之法，以與道通，這就是廖平心目理想的世界，《知聖續篇》：「孔子為生民未有之聖，世界中一人已足」「此世界中，盡用孔子之教以歸大同」。[50]而在人學部分，這個大同世界，在六

---

47 黃鎔箋述：〈五變記箋述〉，收入李耀仙編：《廖平選集》上冊，頁570。

48 魏怡昱：〈孔子、經典與諸子〉，《經學研究集刊》，頁126-127。

49 在經廖五變時，廖平更認為六書亦是孔子所作。陳文豪：《廖平經學思想研究》，頁215-216。

50 廖平：《知聖續篇》，收入李耀仙編：《廖平選集》上冊，頁273。

合之內，是書同文，是齊風俗，是純樸與文明至極的進化社會：[51]

> 孔子之教，始創於春秋，推行於唐宋。今當百世之運，施及蠻
> 貊，方始推行海外。數千百年後，合全球而道一風同。

> 由小康以臻大同，是由春秋以返古之皇帝，疆域最大，風俗最
> 純……，文明與純樸，皆盡其長，乃為盡善盡美。經傳古說兼
> 存二義，相反相成，各有妙理。……不知即純樸一事，古來猶
> 雜滿野，必後世之皇帝一統大同，文明與純樸皆盡，乃真所謂
> 純樸。則亦未嘗不後人勝於前人。

當孔子之教推行於海外，由小康以臻大同，如此循序漸近，數千百年
後，道同風俗亦同，必成文明與純樸兼具的世界。但廖平並不止於
此，他更要由人企天，從人學到天學，天學又以人道為基礎，其後神
游形游，遨於六合之外，眾生成佛，辟穀飛昇，人人皆為至人：[52]

> 天學以人道為基礎，世界進化資格以禽獸、野人、庶人、士大
> 夫、君子、諸侯、天子，分八等。今日中國孔教開化二千年，
> 可謂由庶人以進士。海外其高者，則常在庶人之域。以時局
> 言，又為一大戰國，所謂處士橫議，諸侯放恣之世界。必數千
> 百年地球共推數大國為主，然後為帝局，全球人民略有人士之
> 程度。又數百年而後地球大一統，如秦始之并合而後為皇局，
> 人民程度由士大夫以進天子，則更非數萬年不能。然此為人皇

51 廖平：《知聖續篇》，收入李耀仙編：《廖平選集》上冊，頁268-269。
52 廖平：《莊子敘意》，收入嚴靈峯編：《無求備齋莊子集成初編》，頁8-9。

> 尚書之學，至此始滿其量，乃由人而企天，至其歸極，人人有
> 至人資格，釋氏所謂眾生皆佛……，人人可以上天入地，同行
> 同歸……。

禽獸、野人、庶人、士大夫、君子、諸侯、天子不過七等，[53]至人為
最後一種，故有八等。而地球大一統，人民程度由士大夫進步到天
子，但尚非至善，只是「人皇尚書之學，至此始滿其量」，要到了人
人有至人資格，至其歸極，人人可以上天入地，同行同歸才算是圓滿
境界。

只是欲明孔子之道，除中國原有學術之外，亦該加進西方學理與
科學，像是天文學、進化論、科學技術等等。[54]但西方學說實又可歸
宗於經學，直溯孔子：

> 西人重公，公理、公法，皆不主一偏，原本於經。《詩》以九
> 州比井田，京為公，八州為私，……，四隅顛倒，皆折中於
> 公。公者不偏不倚，皇極居中，一貫之道，忠恕之訓，即
> 《詩》中心。[55]

> 泰西學制，統以六藝統之，歸入孔前，倫禮立坊為撥亂反正之
> 成法。[56]

---

53 在〈倫理約編敘例〉中，廖平正是以此七等來談進化資格。廖平：《孔經哲學發
　微》，收入李耀仙編：《廖平選集》上冊，頁325-327。

54 廖平：《四益館經學四變記》，收入李耀仙編：《廖平選集》上冊，頁554。關於廖平
　取用進化論與天文學等西方學理，可參黃開國：《廖平評傳》，頁161-163。

55 廖平：《知聖續篇》，收入李耀仙編：《廖平選集》上冊，頁270-271。

56 廖平：《孔經哲學發微》，收入李耀仙編：《廖平選集》上冊，頁300。

西人的公理公法，正合與中國經籍提到的「一貫」「中行」「公」等等。[57]至於射、御、書、數、禮、樂等六藝，經過孔子的修訂之後，當可比為六經，禮、樂與六經中的《禮》、《樂》同名；「書」是文字語言，定為名學，可比《尚書》；「數」則是古法，以數合道，就可比於《詩》；「射」是天道，仰之彌高，則比於《易》。[58]但是六藝本為古制技藝，為何可比於六經？那是因為六經是孔子所作，六藝則是孔子所述，是由孔子刪修序訂所成，故六藝六經當可互通。泰西學制，以六藝統之，雖可歸入孔子以前，但這是因為孔子未生以前，中國所無，反而為今日西方所有，如器械工藝之類，六藝科目亦是如此。但反過來講，中國所獨有，則是今日西方所無，這就是六經，而古人每以六藝包含六經，是針對孔子述而不作來講的，因此以六藝六經互文互證，所以六藝就不止是單純器械工藝而已，更包括了六經的深意。[59]換句話說，孔子刪訂六藝，配以六經，是為創革文明，實屬大功，乃至六經六藝相互推衍，立倫理，撥亂反正，用微言以彰大義，以改制而為萬世法，這就是「經學派」的託古精神。明為託古，實則致用，故曰：「世界初未有此文明，數千年後改良精進，乃有此等事實。孔子之大，真為生民未有，不惟吾國所當崇拜，凡有血氣，莫不尊親者也。」[60]孔子之道，其真義正當於此求焉。

由前面一系列的分析可知，就廖平來講，明道為體，經世為用，體用必然是合一的，而體用的取資對象，正是他的經學，欲明之道，自然是孔子之道，且所用之法，自然也是出自孔子。只是孔子之意，其微言在後世不顯，為彰明孔子改制學說，求作萬世法，於是廖平深

57　廖平：《知聖續篇》，收入李耀仙編：《廖平選集》上冊，頁271。

58　廖平：《孔經哲學發微》，收入李耀仙編：《廖平選集》上冊，頁329。

59　廖平：《孔經哲學發微》，收入李耀仙編：《廖平選集》上冊，頁328-329。

60　廖平：《孔經哲學發微》，收入李耀仙編：《廖平選集》上冊，頁325-326。

考經籍,旁涉釋道,亦不時牽引西方學說,正是欲求中西共通共融,以得孔學宗旨,以證萬世之理,最後則是以孔子包容諸說,為天下所趨。從明道到經世,由尊孔而致用,體用一源,顯微無間,「(廖)平畢生學說,專以尊經尊孔為主」,[61]故在求道之路上,廖平建構了他的經學,可以說廖平學術生命中的經學世界,與他尊孔的理想精神是分不開的。

最後,我們不妨以龔鵬程的一段話作為結束:[62]

> 故吸收西學,非以能將西學奉為中心尊崇之地位為貴,貴在能消化之,且能藉而開展之。或藉西學以開展傳統之視境,或藉傳統以開展西方的學術論戰,不是隨著學術行情地追逐,而是切應於時代,從我們自處的文化脈絡與存在境遇中,依我生命主體之期盼與需求,真誠地展開的。

西學雖非廖平學術的重心,但若再加上道術、醫學等等,就學術生命與時代境遇的感受而言,則略有相通。畢竟廖平不論是藉由傳統的一部分再重述傳統,又或是以半生不熟的西學來開展傳統的視域,廖平顯然呼應了他的時代,且重在明道與用世。然後在他自處的文化脈絡與存在境遇中,去努力、去追求、去尋找,真誠地思考他的問題,為傳統尋求解答,為孔子量身定位,為儒學繼往開來。其說雖愈見恢奇附會,但怪誕的另一面,其實就是他的救世之心,這當又是源自於他的時代感受。從一個人到一個時代,從個人學說到晚清思潮,尊孔與求道,道術與經世,交織而成了廖平的思想世界。他的經學六變,出

---

61 廖平:《孔經哲學發微》,收入李耀仙編:《廖平選集》上冊,頁303。
62 龔鵬程:《春夏秋冬》(臺北市:新自然主義公司,2000年),頁213-214。

之於生命境遇，回應於文化危機，於是就在夕陽西下，國勢已衰的晚清中，我們彷彿看到了具體實在的生命主體，時而沉思，時而浮躁，踽踽獨行在這三千年未有之變局。

附錄一
重探歐陽建「言盡意論」

　　歐陽建（269-300），字堅石，渤海南皮人。歷任山陽令、尚書郎、馮翊太守，期間甚得稱譽，政績不俗，後因政治傾軋，為趙王司馬倫所殺，時為晉惠帝永康元年，僅三十餘歲。在魏晉哲學史上，歐陽建最為後人所重者，當是其《言盡意論》。本文的研究，即是針對《言盡意論》所環繞之問題，作出解讀分析，重在詳人所略，略人所詳，因此也與當前學界之觀點角度，頗有不同。對現有之研究，或引用承繼，或批駁彈正，兼亦有之，故名為「重探」。冀能對魏晉思想之相關研究，略盡綿薄之力，有所貢獻，也期待大方之家，不吝指正。

一　從言不盡意到言盡意

　　首先，錄出短短百餘字的《言盡意論》全文：

> 有雷同君子問于違眾先生曰：「世之論者，以為言不盡意，由來尚矣。至乎通才達識，咸以為然。若夫蔣公之論眸子，鍾傳之言才性，莫不引此為談證。而先生以為不然，何哉？」先生曰：「『夫天不言，而四時行焉；聖人不言，而鑒識存焉。形不待名，而方圓已著；色不俟稱，而黑白以彰。然則名之於物，無施者也；言之于理，無為者也。』而古今務于正名，聖賢不能去言，其故何也？誠以理得於心，非言不暢；物定於彼，非名不辯。言不暢志，則無以相接；名不辯物，則鑒識不顯。鑒

識顯而名品殊，言稱接而情志暢。原其所以，本其所由，非物有自然之名，理有必定之稱也。欲辯其實，則殊其名；欲宣其志，則立其稱。名逐物而遷，言因理而變。此猶聲發回應，形存影附，不得相與為二矣。苟其不二，則言無不盡矣。吾故以為盡矣。」[1]

《周易‧繫辭上》：已有「書不盡言，言不盡意」的說法。關於名言與意之辨，先秦諸子如儒、道、名、黃老等家已有討論，或談得意忘言，又或是談循名責實，皆是就此問題發揮。至於魏晉時期論言不盡意，從荀粲以來，主張理之微者，非言所能盡，荀粲又用《莊子》六籍乃聖人糠秕為證，以明己說。[2]

而王弼更提出「得意忘象」，同樣是繼承道家的主張。在王弼這些人的看法裡，言似乎是不得已而發，是「有」的流韻，只能是表相俗見，不可能上升到「無」或者是「意」的層次。《世說新語》記王弼與裴徽的對話：「王輔嗣弱冠詣裴徽，徽問曰：『夫無者，誠萬物之所資，聖人莫肯致言，而老子申之無已，何邪？』弼曰：『聖人體無，無又不可以訓，故言必及有；老、莊未免於有，恒訓其所不足』。」[3] 體無，卻難以為訓，於是只好言有，這也是名言的必要性，但重點在於無，而不是有，正如他在《周易略例‧明象》中說：「故言者所以明象，得象而忘言；象者所以存意，得意而忘象。猶蹄者所以在兔，得兔而忘蹄；筌者所以在魚，得魚而忘筌也。」[4] 得象忘言，得意忘象，正是王弼強調的。言既然難以盡意，也難怪會出現

1　嚴可均：《全晉文》（北京市：商務印書館，1999年），頁1151-1152。

2　陳壽：《三國志》（北京市：中華書局，2006年），頁319-320。

3　劉義慶撰，劉孝標注：《世說新語》（北京市：中華書局，2001年），頁107。

4　王弼著，樓宇烈校注：《王弼集》（北京市：中華書局，1980年），頁609。

樂廣的行為：「客問樂令『旨不至』者，樂亦不復剖析文句，直以塵尾柄確几，曰：『至不？』客曰：『至。』樂因又舉塵尾曰：『若至者，那得去？』於是客乃悟服。樂辭約而旨達。皆此類。」[5] 旨不至，語出《莊子・天下》：「指不至，至不絕」。此類舉止，雖不為禪法，卻頗有禪機意味，「辭約而旨達」，是以最精簡精煉的語文表達最大空間的涵蘊，更實指言難以盡意的層次，故言不必多，重點在於當事者之悟。當事者能悟，辭約足已，當事者不能悟，就算是皓首窮經、萬語千言亦無用。當然，這也跟樂廣個人說話的方式有關，如《世說新語・賞譽》記王夷甫自歎：「我與樂令談，未嘗不覺我言為煩。」注引孫盛《晉陽秋》：「樂廣善以約言厭人心，其所不知，默如也。」[6] 皆屬此類。

　　到了歐陽建的時代，「言不盡意」已成了當時最流行的看法，所以他才說以言不盡意為論，由來已久，通人才子者，皆以為然。蔣濟論觀眸知人，鍾會、傅嘏等言才性四本，皆以為談證。《三國志・鍾會傳》就說：「中護軍蔣濟著論，謂觀其眸子足以知人。」劉孝標注引《魏志》云：「會論才性異同，傳於世。四本者，言才性同，才性異，才性合，才性離也。尚書傅嘏論同，中書令李豐論異，侍郎鍾會論合，屯騎校尉王廣論離。文多不仔。」[7] 學者對這段話多有解釋，湯用彤便說蔣濟等人：「均引言不盡意以為談證，尤可見此說源於名理之研求，而且始于魏世也。」[8] 蜂屋邦夫更認為漢末以來，士人品行相離，如「舉秀才不知書，察孝廉父別居」「其浮華不務道本者，皆罷退之」之類，人物評價失去標準，需重新設立訂定，鑒識論與才性論，於是因運而生，其中便有言不盡意的主張。因為人皆有

5　劉義慶撰，劉孝標注：《世說新語》，頁111。

6　劉義慶撰，劉孝標注：《世說新語》，頁386。

7　陳壽：《三國志》，頁345。

8　湯用彤：《魏晉玄學論稿》（上海市：上海古籍出版社，2001年），頁25。

「意」，卻又是做難捕捉與言說的，所以要重新找方法來論人析事[9]；牟宗三亦曾撰文論及，他認為言意之辨實起于漢魏間之名理，又與當時臧否人物之風有關，即所謂識鑒人倫之事：「但在才性名理，則既是品鑒人品、才性，則在原則上，名與實即不能一一相對應，此即含：名言不是指謂的名言，而是品鑒的名言，欣趣的名言，而『實』亦不是外在的形物、一定的物件，而是生命之姿態。如是，此種品鑒名言即無一定之形物為其對應之實。雖足以指點而透露出生命姿態之內容，然此內容是永不能為那名言所盡的。如此，由品鑒才性，必然有『言不盡意』之觀念之出現。此為『言不盡意』興起之直接理由。」[10] 牟宗三之說，要言不煩，敏銳地指出言意之辯與識鑒品評之關聯。所以歐陽建才以觀眸知人、才性四本論文為說。由此可見，言意之是當時的重要問題之一，所以王導過江，才會以聲無哀樂、養生、言盡意為三個最重要的談資[11]。

二　言如何盡意？

但細看歐陽建《言盡意論》的前幾句話，卻充滿許多問題。前引牟宗三所說，生命姿態難為名言所盡，需以眸鑒識知人。但蔣濟著論，雖謂觀眸足以知人，與孟子所言：「存乎人者，莫良於眸子。眸子不能掩其惡。胸中正，則眸子眊焉；胸中不正，則眸子眊焉。聽其言也，觀其眸子，人焉廋哉？」[12] 可謂同轍，孟子相眸一事，在後世廣為人知，影響頗大，所以王充才說：「且孟子相人以眸子焉，心清

---

9 〔日〕蜂屋邦夫：《言盡意論と言不盡意論》，收入《東洋文化研究所紀要》（東京大學東洋文化研究所，第86冊），頁105-151。

10 牟宗三：《才性與玄理》（桂林市：廣西師範大學出版社，2006年），頁208。

11 劉義慶撰，劉孝標注：《世說新語》，頁114。

12 朱熹：《四書章句集注》（北京市：中華書局，1983年），頁283。

而眸子了，心濁而眸子眊。」[13] 但孟子聽言與觀眸是並行的，且按常理來說，「聽言」者，自然不會只以時人為主，也包括了歷史人物，最好的例子就是司馬遷寫項羽，說他是「重瞳」，其相非常，此為觀眸；司馬遷又引項羽死前語：「天亡我，非用兵之罪也」，評其謬哉，可見性格優劣，此為「聽言」。觀眸當然不會自孟子才開始。應該這麼說，聽言與觀眸，甚至是整個言行舉止，其實也是歷來相人術的一環[14]。「聽言」一事，蔣濟自然也不陌生，他也常就這個角度觀古今人，例如他談莊周婦死而歌、項羽不能聽範增言等等，定其人之得失優劣。魏文帝曾有詔書給夏侯尚：「卿腹心重將，特當任使。恩施足死，惠愛可懷。作威作福，殺人活人。」蔣濟覺得用辭不當，發言應謹慎小心才是：「夫『作威作福』，書之明誡。『天子無戲言』，古人所慎。惟陛下察之！」[15] 甚至認為文帝的詔書，文語失據，是亡國之言，故天子無戲言，應該字斟句酌，細察注意，這顯然不是「言不盡意」的思維與心態。

　　再者，若不就識鑒人倫，而只就言意來看，蔣濟談「土」與「地」之本義、論「娣姒」為兄弟之妻相名，有此名故有此意，內容與形式相符，不正是言盡意嗎？[16] 說他主張言不盡，恐怕有再商榷的必要。更進一步來說，蔣濟又何止觀眸知人而已？他是以整個形象外在來觀人的：

　　　　許子將褒貶不平，以拔樊子昭而抑許文休。劉曄難曰：「子
　　　　昭拔自賈豎，年至耳順，退能守靜，進不苟競。」濟答曰：「子

13　王充著，黃暉校釋：《論衡校釋》（北京市：中華書局，1983年），頁135。

14　祝平一：《漢代相人術》（臺北市：臺灣學生書局，1990年），頁4-7。

15　陳壽：《三國志》，頁451。

16　嚴可均：《全三國文》，頁343-344。

昭誠自幼主至長，容貌完潔，然觀其舌齒牙，樹頰胲，吐唇吻，自非文休之敵也」。[17]

不過以眸觀人，也未必全為當時人同意，嵇中散語趙景真：「卿瞳子白黑分明，有白起之風，恨量小狹。」趙云：「尺表能審璣衡之度，寸管能測往復之氣。何必在大，但問識如何耳。」[18] 此可見，光以「觀眸」來看蔣濟，是不夠全面的。

另外，傅嘏、李豐、鍾會、王廣等說，文雖已不存。但才性同、異、離、合，本來就是不同的概念，又該如何皆以言不盡意為證？如果說品鑒名言即無一定之形物為對應之實，則才性離與異已難相符，又何必再多此一舉，以言不盡意為據？若生命姿態之內容，永不能為名言所盡，則所言之「才」與「性」又該如何能盡？才性同與合，又怎麼可能？

因此，歐陽建文章開頭的話，恐非全如牟宗三等人所言，是因為言語難盡，故從才性、觀眸等處論之。剛好相反，蔣濟等人未必都是贊同言不盡意的，他們也可能主張言盡意，只是今文皆已不存，難已明確論斷。他們之所以「莫不引此為談證」，很可能只是作為一種論述的談資材料，而所謂「證」，既可以證明「言不盡意」為是，自然也可能證明為非，只是現存資料不足，殊難論定。倒是「言不盡意」是當時流行的學理，故皆引以為談說罷了。

對於「言不盡意」，不管他們是贊成也好，反對也罷，恐怕都不是歐陽建所能同意的，故曰：「而先生以為不然」。那麼，歐陽建到底是怎麼看待言盡意的呢？他引了言不盡意者的話：「夫天不言，而四時行焉；聖人不言，而鑒識存焉。形不待名，而方圓已著；色不俟

---

17 嚴可均：《全三國文》，頁345。
18 嚴可均：《全三國文》，頁342。

稱，而黑白以彰。然則名之於物，無施者也；言之于理，無為者也。」一般多以為此段乃歐陽建之論點，實非。湯用彤與樓宇烈早已指出，這段是歐陽建引「言不盡意」的話，是歐陽建作為批駁反對之用，因為諸如張韓、王弼等人，多以孔子「余亦無言」「天何言哉」為據，證明「言不盡意」的合理性。歐陽建卻認為，言如果不能盡意，則聖賢不但不能去言，反而多有言說著墨，那也未免太奇怪了，所以他說「而古今務于正名，聖賢不能去言，其故何也？」如此文脈才能暢通連貫[19]。

　　只是，究竟怎樣才能言盡意呢？正如加西亞・馬爾克斯在《一百年的孤寂》所說：「世界太新，很多東西還沒有名字，要陳述必須用手去指。」[20]凡物必定需要名，否則難以指認，更難以溝通訊息，正如歐陽建所講的「無以相接」。所以要正名，更不能廢言，歐陽建說聖賢不能去言，亦因此故。但正名也好、辯物也罷，必定是名實相符的，有實有名，反之亦然。用索緒爾的語言來講，能指與所指（或意符與意旨）是相合的，雖然索緒爾認為兩者相合常是武斷的，而雅克・拉岡更進一步指出意符底下的意旨是不斷滑動，難有永恆不變的結合[21]。

　　歐陽建卻非如此，他認為心有所見，得其理，終究還是要以名言表達，而所見之理，亦需要藉由言來定名，故曰：「誠以理得於心，非言不暢；物定於彼，非名不辯」，此處雖標出「理」，但歐陽建只是作為一種常識性的敘述，並未特別深究。

---

19 北京大學哲學系中國哲學研究室：《中國哲學史》（北京市：北京大學出版社，2003年），頁165。

20 〔哥〕加西亞・馬爾克斯著，宋碧雲譯：《一百年的孤寂》（臺北市：遠景出版社，1993年），頁221。

21 〔英〕狄倫・伊凡斯著，劉紀蕙等譯：《拉岡精神分析辭彙》（臺北市：巨流出版社，2009年），頁319。

他又指出，也唯有辯物正名，才可能理解與溝通，而品評人物生命姿態之「鑒識」，雖各有種類高低不同，彼此間仍有標準可言，「鑒識」之所以得以成立，都是因為「言稱接而情志暢」的緣故。如果說王弼、何晏標榜以無為本的思想，以貴無為重，言不盡意進而要得象忘言、得意忘象。歐陽建則是反過來。指出言與意之間，是一種相輔相成的關係，缺一不可，畢竟，若我們細思，意要靠什麼表現？不仍是言嗎？故所謂意，同時即是言，形式即是內容，言意不必離為二，也不可能畫分為二，這是歐陽建的立場：「此猶聲發回應，形存影附，不得相與為二矣」。原因所在，不是「物有自然之名，理有必定之稱」，而是「非言不暢」「非名不辯」的緣故，言與名是不能捨棄，也不可能得了意就要忘言忘象的。就歐陽建看來，如果說「意」是重要的，是這個世界的存有實在之層次，那麼用來認識這個實有的方法與手段：名言，重要性顯然不遑多讓，甚或猶有勝之。更進一步來講，凡事物皆有名言指涉之，物有其形其意，命其形者定其意者則為名言，也就指此物之實與意，是講究具體事實與命物之名的相符合，「言」或「名」即是指具體名稱，事物都是由名言而組成，而一事物皆有其具體稱呼，兩者相成，即是「欲宣其志，則立其稱」。再從語意學來看，言意已定，就是使用的詞語已具有指謂定義，因此只要符合這個「言」或「名」的事物皆可為此所稱。除此之外，更可以反過來，用「言」來認識此具體事物，依言而探究其物其理，層層開拓言中之意。也就是說，名言之所以為名言，就是此物之所為此物之意，因此名與意是一體、密不可分的。

再者，因為歐陽建之所以認為言之所以可以「盡」意，是因為「言」非固定不變的，可以逐物而遷、可以因理而變，我們不妨以《荀子》為例，以期更能深入探討這個問題《荀子‧正名》：「單足以喻則單，單不足以喻則兼；單于兼無所相避則共；雖共，不為害矣。

知異實者之異名也，故使異實者莫不異名也，不可亂也，猶使同實者莫不同名也。」「名無固宜，約之以命，約定俗成謂之宜，異於約則謂之不宜。名無固實，約之以命實，約定俗成謂之實名。名有固善，徑易而不拂，謂之善名。」[22]名實之所以有約定成俗的可能與實踐，用歐陽建自己的話說，正是因為「以理得於心」、「言稱接而情志暢」的緣故，但名言是可以因物因理而變化的，正如荀子所謂單名、兼名、共名之類。因此，對治言不盡意的的方法，就是以更多更豐富的語言去「盡」，來描繪形容那難以言說之理之物，想辦法促成「約定俗成」的「實名」。言可盡意，其關鍵在此，「盡」的先決條件當然是「以理得於心」、「言稱接而情志暢」，也才能以名說物、以言盡意。換句話說，聖人之所以不去言，便是擔心造成「失語」，認為其禍更甚，而要突破「不盡」的困境，最好的回應就是以更多的名言語文投入其中，名言立，鑒識才能顯，品類方能殊，人文世界才能正常運轉、得已彼以相接。故名言不是造成「失語」的罪魁禍首，剛好相反，名言才是正路，以名言拯救名言，除此之外，別無他法。

最後，正如孔子所說，言之無文，行之不遠，歐陽建所謂之「言」，恐怕也是要加上文的。言可盡意，亦非自然質樸的語文所能盡，重點在於如何體物暢理，《晉書》稱他：「雅有理思，才藻美贍」[23]，他曾作《登櫓賦》，寫登船所見，或見天際渺邈，或見平原曠蕩，或欣賞暮春時節，或心悅微風拂面：「登茲櫓以遐眺，辟曾軒以高眄。仰天塗之綿邈，俯平原之曠衍。嘉蒼春之令節，悅和風之微扇，傍觀八隅，周覽四垂，面孤立之峻峙，曲岸之條崖。植榆楸以成列，插垂柳之差差。寓目忽以終日，情罿罿而忘疲。」[24]可見歐陽建

---

22 北大哲學系注釋：《荀子‧正名》（臺北市：里仁書局，1983年），頁444-445。

23 房玄齡、褚遂良等：《晉書》（北京市：中華書局出版社，2012年），頁1009。

24 嚴可均：《全晉文》，頁1151。

富有文彩，不但言可盡意，更是言之有文的。他又有《臨終詩》，深刻描寫自身心境與經歷：

> 伯陽適西戎，孔子欲居蠻。苟懷四方志，所在可遊盤。況乃遭
> 屯塞，顛沛遇災患。古人達機兆，策馬游近關。諸餘沖且暗，
> 抱責守微官。潛圖密已構，成此禍福端。恢恢六合間，四海一
> 何寬。天網布紘綱，投足不獲安。松柏隆冬悴，然後知歲寒。
> 不涉太行險，誰知斯路難。真偽因事顯，人情難豫觀。窮達有
> 定分，慷慨複何歎。上負慈母恩，痛酷摧心肝。下顧所憐女，
> 惻惻心中酸。二子棄若遺，念皆遘凶殘。不惜一身死，惟此如
> 回圈。執紙五情塞，揮筆涕汍瀾。[25]

詩中從孔老談起，古人遭逢災難乖塞，該如何自處；又談到自己生平，不料亦逢困阨，古人今人同命不同時，皆因世情險惡，人情難豫觀。只是上有母親，下有兒女，恐難以照料，不免憂心忡忡，臨紙涕泗。本傳說他「年三十餘。臨命作詩，文甚哀楚」[26]，其詩文情辭相達，哀楚感人，言之以文，言能盡意，或皆類此，顯然都是從言與文、言盡意的方面著手的。

三　正在有意無意之間

如果說言不盡意論者，認為名言只是筌伐，名言永遠難以盡意；歐陽建則反之，提倡名言的必要性，名言之於物，未必是永久固定的，也可能是變動的，重點在於言意之間，能否達成「言稱接而情志

25　蕭統編，李善注：《昭明文選》（上海市：上海古籍出版社，1986年），頁1079。
26　房玄齡、褚遂良等：《晉書》，頁1009。

暢」的理想狀態。如果說言不盡意的影響是得意而忘言，卻不免有
「失語」的危險；歐陽建則認為這是因噎廢食，言意的問題不在於名
言的浮動與不穩定，而是在於我們能否意識到名言作為「相接」與
「鑒識」的必要性。如果說連聖賢也不能去言、如果說名言絕不可能
廢，那我們應該要考慮的就是如何言盡意的問題，而不是轉向去談得
象忘言、得意忘象、得魚而忘筌，這就是他強調理得於心，言稱志暢
的原因。

　　至於心如何得理？情如何暢達？言要如何文？短短數百字的《言
盡意論》裡，實難看出究竟，在歐陽建現存的其它文章中，也看不太
出端倪。可能是歐陽建並未意識到這個問題，他只是有意無意間提出
了這層思考，也可能在佚失的資料中，有所解答，因為《隋書經籍
志》著錄他的文集二卷，但今可見者，不過《言盡意論》、《臨終
詩》、《登櫓賦》等寥寥數文而已。甚至也可以這麼想，此問題不應該
由歐陽建回答，而是要放到整個魏晉思潮中來看，諸如《文心雕龍》
談「體物為妙功在密附」、「巧言切狀」、「曲寫毫芥」、「巧構形似」，
像是詩人雕琢刻畫，縷金錯采，如窺情風景，鑽貌草木的山水詩；又
或是歌詠女性，主寫女人之宮體，舉凡眼見、耳聞、鼻嗅、體態、妝
扮、皮膚等身體感官之經驗，體察細膩，聲色大開，雖未必皆與鑒識
人物有關，但在某種程度上來講，都是在回應言意之類的問題。

　　當然，歐陽建雖提出言可盡意，但這個問題終究未得到解決，阮
裕與謝安談白馬論，阮裕就感歎：「非但能言人不可得，正索解人亦
不可得。」[27] 便可見一斑。約略與歐陽建同時的庾敳，更有名言：

　　　　庾子嵩作《意賦》成，從子文康見，問曰：「若有意邪？非賦

---

27 劉義慶撰，劉孝標注：《世說新語》，頁117。

之所盡；若無意邪，複何所賦？」答曰：「正在有意無意之間。」[28]

究竟言可盡意為是？還是言不可盡意才是對的？中外古今者論之多矣，言人人殊，此亦一是非，彼亦一是非，是名不正言不順？還是六經為先王之陳跡、聖人之糟粕？終未能有明確的定論。而言與盡之關係，或許都可以籠統地說「正在有意無意之間」吧？

---

28 劉義慶撰，劉孝標注：《世說新語》，頁140。

附錄二
林希逸莊子學發微

一　林希逸的莊子學

目前學界對林希逸《莊子鬳齋口義》（以下簡稱《莊子口義》）的研究，許多學人都已看出林希逸「以禪解莊」的傾向，包括荒木見悟在內的學者都認為《莊子口義》屢屢引用佛典，且由於林希逸受大慧宗杲「看話禪」的影響，強調機鋒，參究話頭，以掃蕩偏執與色相，並反對默照禪。[1]稍不同於荒木見悟認為《莊子口義》是以《金剛經》、《圓覺經》、《楞嚴經》的引用為主，根據王迪的統計，《莊子口義》引用佛語固然極多，但僅數處有《金剛經》、《圓覺經》、《楞嚴經》等樣，大多數都是以禪家、禪宗所謂、釋氏、佛家、佛書、佛經等語示之。[2]而所謂以禪解莊，即是援引大量的禪語或是觀念與《莊

1　（日）荒木見悟：〈林希逸の立場〉，《中國哲學論集》第7期（日本九州大學中國哲學研究會，1981），頁53-54。關於大慧宗杲帶給林希逸的影響，很多學者已就林希逸的生平、與禪宗之因緣，乃至於宋代禪學發展等方面進行考察。可參邱敏捷：〈林希逸《莊子口義》「以禪解莊」析論〉，《玄奘佛學研究》第4期（2006年1月），頁4-10。陳怡燕：《林希逸《莊子口義》思想研究》（臺北市：國立臺灣師範大學國文研究所碩士論文，2009年），頁96-101。

2　王迪：〈從書誌考察日本的老莊研究狀況──以鐮倉、室町時代為主〉，《漢學研究》第18卷第1期（2000年6月），頁52-53。周啟成也指出《莊子口義》引用佛家的概念與命題，約有八十餘處之多。〔宋〕林希逸：《莊子鬳齋口義》（北京市：中華書局，2009年），〈周啟成前言〉，頁16。值得注意的是，在《莊子口義》中，林希逸並未明確區辨「禪」與「佛」「釋」的定義，而是混用不分。陳怡燕：《林希逸《莊子口義》思想研究》，頁100-101。

子》互相詮解，或說《莊子》文意同於佛禪，又或是說佛禪字句可與
《莊子》互通，禪莊同流。再加上林希逸又是以簡潔、易懂的語言梳
理《莊子》文脈，[3]使得《莊子》禪語化、口語化，此即《莊子口
義》的顯著特色。[4]

除此之外，《莊子口義》同時也有其它思想成分，不止於釋禪而
已。因為林希逸也以儒、以老子、以道教、以文章的角度來注莊解
莊，例如簡光明就曾分別用「以儒解莊」、「以道解莊」、「以文評莊」
來分析《莊子口義》。[5]根據許多研究顯示，林希逸作為艾軒學派的傳
承者，而艾軒學派既為當時儒學的一支，自是以儒學為宗，但也不排
斥佛道兩家，並且肯定文學的價值，重在以文明道。林希逸既有此師
承學脈，於是或援引「十六字心傳」、「無極」、「太極」之說，又或是
以「天理」釋「自然」、以儒家心性論解「成心」，以儒解莊，林希逸
之思想淵源，其來有自。[6]至於以文章論莊，論者則是分析林希逸重

3　《四庫全書總目》就說「《莊子口義》十卷……，以其循文衍義，不務為艱深之
　　語，剖析尚為明暢……」，〔清〕紀昀總纂：《四庫全書總目提要》（石家庄市：河北
　　人民出版社，2000年），頁3751。關於《四庫全書總目》與《四庫全書總目提要》
　　之間的關係，可參曾守正：《權力、知識與批評史圖像——《四庫全書總目》「詩文
　　評類」的文學思想》（臺北市：臺灣學生書局，2008年），頁4。

4　這種特徵也使得《莊子口義》在日本室町中期以後廣泛流傳，平安時期不承認老莊
　　學，亦無老莊課程，但是到了室町時期，許多禪僧、博士家清原家都已開始研究老
　　莊學，其中又以《莊子口義》最受重視。王迪：〈從書誌考察日本的老莊研究狀
　　況——以鐮倉、室町時代為主〉，頁33-53。池田知久也指出作為日本學術中心的
　　「五山」，正是老莊學、同時也是《莊子口義》流傳的中心地，其後林羅三高度評
　　價此書，這些都是《莊子口義》風行的原因。（日）池田知久著，周一良譯：〈林希
　　逸《莊子鬳齋口義》在日本〉，收入〔宋〕林希逸：〈附錄〉，《莊子鬳齋口義》，頁
　　521-524。

5　簡光明：《林希逸莊子口義研究》（臺中市：逢甲大學中文研究所碩士論文，1991
　　年）。

6　熊鐵基等著：《中國莊學史（上）》（福州市：福建人民出版社，2009年），頁431-
　　438。陳怡燕：《林希逸《莊子口義》思想研究》，頁20-28、76-93。

視《莊子》文章的原因，不論是《莊子口義》所說的「鼓舞處」、「戲劇處」、「奇文」，又或是談遣辭造句、設對喻譬等文法，這些面向都指出林希逸談《莊子》，不但講思想義理，同時也看重文章法度。[7]

在上述回顧中，我們已可看出《莊子口義》的豐富與多元性。林希逸解《莊子》，或儒或釋或文，都可以是他引經據典的資源，並以口說而疏解之，強調簡易明白。相較之下，道教這部分較受學者忽略，事實上林希逸引用道教之說，亦復不少。此外尚有其它諸如枚乘〈七發〉、《史記》、《漢書》、東方朔、韓愈等等，無法歸為儒釋道之處，所在多有，但同樣也在援用之列。值得注意的是，這些引證，是否純粹只是舉例詮解？有無其它用意？再者，《莊子口義》的儒釋道特色，是否只能就林希逸既師承儒門，但也不諱禪道這點來解釋？林希逸運用這些思想義理來解《莊》，目的究竟是為了什麼？《莊子》一書，受其重視原因又為何？《莊子》之文，固然是奇是妙，但林希逸一方面轉引諸書，廣涉多方，一方面又不斷提醒讀者《莊子》的文章關鍵處，又代表了什麼樣的訊息？本文的研究，即是希望在前人的研究基礎上，探討林希逸與《莊子》的關係，並試圖解答上述的問題。

二　此書不可不讀，亦最難讀——如何解《莊子》

前已言之，林希逸注解《莊子口義》所取用的思想，多元而豐富，不管是以禪解莊，還是以儒釋莊、以文評莊，就學者們切入的角度來看，都是持之有故言之成理。若然如此，為什麼林希逸要利用這些思想解莊呢？他究竟是怎麼看待《莊子》？《莊子》這部書，又帶給他什麼樣的意義？

7　可參〔宋〕林希逸：〈周啟成前言〉，《莊子鬳齋口義》，頁9-10、17。方勇：《莊子學史》第二冊（北京市：中華書局，2009年），頁130-137。

　　林希逸在一開頭就指出《莊子》此書不可不讀，卻也最難讀，難
處有五：[8]

> 況此書所言仁義性命之類，字義皆與吾書不同，一難也；其意
> 欲與吾夫子爭衡，故其言多過當，二難也；鄙暨中下之人，如
> 佛書所謂為最上乘者說，故其言每每過高，三難也；又其筆端
> 鼓舞變化，皆不可以尋常文字蹊徑求之，四難也；況語脈機
> 鋒，多如禪家頓宗，所謂劍刃上事，吾儒書中未嘗有此，五
> 難也。

吾書，即儒書，《莊子》所言仁義性命之類，既不可與儒書同等視
之，故文意應就《莊子》原文脈絡來解。再者，莊子意欲孔子爭衡，
言語難免有過度之虞，再加上文字變化多端，這都是在解讀時必須注
意之處。而其中頗有類似佛家上乘語，講機鋒、參話頭，語言只是筌
筏，重在自悟，所以總是點到為止，並不說破，是以難讀。
　　既然如此難讀，林希逸就要指點讀者要怎麼讀、該從何讀起，所
以他屢屢提醒讀者注意《莊子》文章之奇：[9]

> 《莊子》之文好處極多，如此一段，又妙中之妙者。一部書
> 中，此為第一文字。（〈齊物論〉）

> 最者，尊之也，不曰尊而曰最，此《莊子》之文所以奇也。
> （〈德充符〉）

8　〔宋〕林希逸：《莊子鬳齋口義》，〈發題〉，頁1。
9　〔宋〕林希逸：《莊子鬳齋口義》，頁15、85、151。

此一段又是把前頭許多說話，翻做數行，中間添得幾句，愈是
奇特。〈馬蹄〉

類似之語，諸如「正是《莊子》之奇處，精論文者，方知之」[10]、「段
段是撰出，愈出而愈奇」[11]、「《莊子》一書，譬喻處件件奇特」
[12]……等等，充斥整部《莊子口義》，內外雜篇無不如此。[13]而《莊
子》既是奇文，其文脈意蘊處，讀者就該細究解讀，不可忽忽帶過，
於是林希逸才不厭其煩地對讀者一一點出：[14]

筆勢如此起伏，讀得透徹，自有無窮之味。(〈齊物論〉)

此兩句，文亦奇，理亦正，讀《莊子》之書，於此等句，又當
子細玩味。(〈在宥〉)

四句以虛靜無為字相生成文，此《莊子》筆法也。(〈天道〉)

得志，猶快意也。以此二字，生下一段文法也。……。此篇亦
是一片文字，最要看他結上生下，起下接上處。(〈繕性〉)

10　〔宋〕林希逸：《莊子鬳齋口義》，頁132。
11　〔宋〕林希逸：《莊子鬳齋口義》，頁190。
12　〔宋〕林希逸：《莊子鬳齋口義》，頁236。
13　林希逸認為內外雜篇皆為莊子所作，〈讓王〉、〈盜跖〉、〈說劍〉、〈漁父〉則不似莊
　　子手筆。〔宋〕林希逸：《莊子鬳齋口義》，頁452。即便如此，林希逸依然肯定四篇
　　中某些文句亦有可觀，未可一概而論。相關討論可見陳怡燕：《林希逸《莊子口
　　義》思想研究》，頁58-59。
14　〔宋〕林希逸：《莊子鬳齋口義》，頁45、164-165、210、257。

既談《莊子》文章之奇，又注重筆勢起伏；既要讀者仔細玩味，探究其理，又極重《莊子》文法。因此進入《莊子》的文字世界，正是讀懂《莊子》的重要步驟。例如林希逸解〈養生主〉「砉然嚮然，奏刀騞然，莫不中音」一句，就說：「砉然、嚮然、騞然，皆是其用刀之聲，卻以奏刀二字安在中間，文法也」[15]，在連續三個狀聲詞中間，安插一個動詞（奏刀），這正是莊文變化之處。又例如〈達生〉：「凡有貌象聲色者，皆物也，物與物何以相遠？夫奚足以至乎先？是色而已」，林希逸便針對最後一句指出：「貌象聲色，上面本有四字，到此即舉其一，文法也」[16]，以一（色）概括其它（貌象聲），此即《莊子》文法。除此之外，即便是《莊子》書內的字句，前後文脈絡不同，意義也會不同，如林希逸就說〈在宥〉「心養……解心釋神……」等句是：「解心之心與心養之心自異，解神之神與抱神以靜之神自異，此等字又當子細體認。」[17]對於〈達生〉「形精不虧，是謂能移，精而又精，反以相天」也有辨別，他認為後兩個精字，與形精不同，形精則是形神，重在形神不虧以求變化，移就是變化，故曰能移；精而又精則是指體道後的結果，目的在於參贊造化，自不可一概而論。[18]解〈田子方〉「吾」字也說：「故曰雖忘乎故吾，而吾有不忘者存。此兩箇吾字，就顏子身上自說，又與上面吾服汝，汝服吾吾字不同。」[19]段落文意不同，文字解法自然也會有差異。

文法筆法如此重要，又該要如何看出這些端倪？這又要再回到前面所提的五難，原來就林希逸自身體驗看來，要懂得這些段落文句，就必須要先廣讀群書，其中又以儒釋最為重要。畢竟就他看來，讀得

---

15 〔宋〕林希逸：《莊子鬳齋口義》，頁49-50。
16 〔宋〕林希逸：《莊子鬳齋口義》，頁287。
17 〔宋〕林希逸：《莊子鬳齋口義》，頁174-175。
18 〔宋〕林希逸：《莊子鬳齋口義》，頁286。
19 〔宋〕林希逸：《莊子鬳齋口義》，頁319。

諸書義理，知其文脈，才能見識《莊子》，也才能就《莊子》用辭遣
句歸究細看。林希逸說他師從陳藻（樂軒），陳藻之師是林亦之，林
亦之又為林光朝（艾軒）再傳弟子，他從理學師門中略知《莊子》文
字血脈梗概，再加上涉獵佛書，「而後悟其縱橫變化之機，自謂於此
書稍有所得，實前人所未盡究者……」，其後比對呂吉甫、王元澤諸
家解莊之說，益信自己的解釋比他人更為合理，「使莊子復生，謂之
千載而下子雲可也」[20]，他回顧自己解《莊》的學思歷程，說：[21]

> 是必精於《語》、《孟》、《中庸》、《大學》等書，見理素定，識
> 文字血脉，知禪宗解數，具此眼目，而後知其言意一一有所歸
> 着，未嘗不跌蕩，未嘗不戲劇，而大綱領、大宗旨未嘗與聖人
> 異也。

既要精於儒書，又要懂得禪宗路數，當眼界已有一定水準之後，自然
就能明白《莊子》言意所屬。而《莊子》筆端文字之跌蕩戲劇變化，
亦可一一疏解釋義。

　　因此不論是以禪以儒解莊，基本上都是為了要釐清《莊子》的寓
意文法。就釋而言，林希逸曾大量引用佛門經典與禪宗語錄，出處散
見《景德傳燈錄》、《古尊宿語錄》、《五燈會元》、《大慧普覺禪師宗門
武庫》、《信心銘》、《法華經》、《碧巖錄》、《圓覺經》等，諸如〈庚桑
楚〉南榮趎與老子的問答，林希逸就解以「趎方獨見，而老子以為與
眾人偕來，正釋氏所謂『汝胸中正鬧』也」，所引禪語，出自《五燈
會元》卷三馬祖道一語：「大德正鬧在，且去，明時來」[22]；〈徐無鬼〉

20　〔宋〕林希逸：〈發題〉，《莊子鬳齋口義》，頁2。
21　〔宋〕林希逸：〈發題〉，《莊子鬳齋口義》，頁1-2。
22　〔宋〕林希逸：《莊子鬳齋口義》，頁354。

「其問之也，不可以有厓，而不可以無厓……，以不惑解惑，復於不惑，是尚大不惑」，林希逸注曰：「以此不疑之理而解天下之疑，而又復歸於不疑之地，則庶幾乎至於大不疑矣。趙州問南泉不疑之道，便是此數語之意。」趙州問南泉，當是《景德傳燈錄》卷十所載：「異日（趙州從諗）問南泉不疑：『如何是道？』南泉曰：『平常心是道』……。」[23]而就儒來說，林希逸也廣泛引用《詩》、《書》、《易》、《春秋》、《論語》、《孟子》、《中庸》、《禮記》等書，例如〈德充符〉「府萬物」一句，林希逸就以《孟子》「萬物皆備於我」解之，認為兩者同義，只是《莊》《孟》語脈不同而已；[24]〈大宗師〉：「𪚢萬物而不為義，澤及萬世而不為仁，長於上古而不為老，覆載天地刻彫眾形而不為巧」，林希逸也以《易》「鼓萬物而不與聖人同憂」詮解，以言無為而為，自然而然之意；[25]〈天地〉：「而所不能聞與而所不能言」，也通於《論語》「性與天道，不可得聞」；[26]〈在宥〉解「吾若是何哉」，亦引《詩》、《書》為證：「吾若是何哉，言汝輩如此，果何為哉！吾非自言，指他人而言也，猶《詩》曰：『我姑酌金罍』，婦稱其夫也，《書》曰：『我用沉酗于酒』，微子稱紂也，此是文法」[27]，「吾」並非指自己，而是指他人，這種用法在《詩》、《書》皆可見到，其中特別是「此是文法」一句，直接證實了前面所言：廣以諸書

---

23 〔宋〕林希逸：《莊子鬳齋口義》，頁396。關於林希逸引用禪語解莊的出處與分析，周啟成在《莊子鬳齋口義》已有詳盡的查核校注。邱敏捷對於林希逸以禪解莊的現象也有許多分析，限於主旨與篇幅，本文無法完全遍舉，只能枚舉一些例證。邱敏捷：〈林希逸《莊子口義》「以禪解莊」析論〉，頁11-28。亦可參孫紅：〈以禪解莊——林希逸《莊子口義》對《莊子》的闡釋〉，《河南師範大學學報（哲學社會科學版）》第30卷第4期（2003年），頁14-17。

24 〔宋〕林希逸：《莊子鬳齋口義》，頁86。

25 〔宋〕林希逸：《莊子鬳齋口義》，頁122。

26 〔宋〕林希逸：《莊子鬳齋口義》，頁196。

27 〔宋〕林希逸：《莊子鬳齋口義》，頁164。

解莊，在於要釐清《莊子》寓意文法，[28]故林希逸〈發題〉所言，正該由此切入。[29]

　　但是非止儒釋而已，林希逸同時也就道教修煉來講《莊子》，諸如在〈大宗師〉說：「合陰陽之氣而在我也，此又是修煉家之所祖」[30]、〈應帝王〉：「猶今修養家以舌間為天津，以頂上為泥丸之類，此是生意萌動而上之意」[31]、〈在宥〉：「神守其形，則可以長生，此神字，今修養家所謂嬰兒是也」[32]、〈刻意〉：「形勞則弊，精用則勞，此養生家切實之語，即前篇不搖其精，乃可長生是也」、「養神便是養生，提起一箇神字便親切了，此便是道家[33]之學。」[34]這裡講的修煉家、修養家、養生家云云，或指道教丹法，又或是指道教煉氣養生的

---

28 林希逸在〈應帝王〉結尾處，刻意說明內篇整體文法結構，並說：「看他如此機軸，豈不奇特」，又引《中庸》輔助說明，認為《中庸》一篇，起以「天命之謂性」三句，結以「上天無載」云云，此亦是文字機軸，是極大關鍵處，只是他人看不出來而已。〔宋〕林希逸：《莊子鬳齋口義》，頁136-137。

29 每個注解者，在企圖貼進原典時，往往也帶有自身的時代感與特殊性，不同的歷史背景、社會網路、學識才性，對於經典也會有或異或同的解讀，因此解釋者當下的「歷史性」常常是他們進入經典世界的關鍵。由此而觀，林希逸之注莊，常常也將禪儒道文等思想傾向帶向了《莊子》，逸出了《莊子》原文的可能脈絡。這方面研究者甚多，已有許多豐富成果，前引荒木見悟、簡光明、方勇、邱敏捷、熊鐵基、陳怡燕等人著作皆可參考。而本文目的在於處理林希逸怎麼看待《莊子》、以及為什麼要這麼解釋《莊子》等幾個問題，是故只能詳人所略，略人所詳。關於解釋者的歷史性問題，可參黃俊傑：《東亞儒學史的新視野》（臺北市：臺大出版中心，2006年），頁46-48。

30 〔宋〕林希逸：《莊子鬳齋口義》，頁110。

31 〔宋〕林希逸：《莊子鬳齋口義》，頁132。

32 〔宋〕林希逸：《莊子鬳齋口義》，頁170。

33 此謂所言「道家」，即是道教，後世道教徒利用《老》、《莊》等道家經典，或煉丹長生，或吐納養息，此皆可見道教與道家的關係，後世沿用其說，也常可見「道家」「道教」不分的情況。可參劉芝慶：〈廖平的經學與道教──從龔鵬程〈道教影響下的儒家經學〉談起〉，收入本書。

34 〔宋〕林希逸：《莊子鬳齋口義》，頁248-249。

工夫。除了道教之外，林希逸亦引用他書，不管是《離騷》、〈七發〉，又或者《史記》、《漢書》，乃至於東方朔、揚雄、韓愈等等，都在引用之列，〈田子方〉：「被髮而乾，即《離騷》所謂晞髮也」[35]、〈達生〉：「以畏塗喻袵席，即『峨眉伐性之斧』（芝慶按：語出枚乘〈七發〉）之意，此示人窒慾之戒」[36]、〈應帝王〉：「使物自喜」，林希逸解曰：「言我雖無功可名，而物自得其樂，猶韓（愈）文所謂人自得於江湖之外也」[37]、〈德充符〉：「恤焉若有亡，即漢王『失左右手』之意」，失左右手，出自《史記·淮陰侯列傳》[38]、〈人間世〉：「求高名之麗者斬之」，注釋：「高名，大家也，『高明之家，鬼瞰其室』，二字本同，但明字音同而字異耳」，「高明之家，鬼瞰其室」，揚雄語，源於《漢書·揚雄傳》[39]，能解此句，方能明白莊子之意原為「凡此二段，皆言處世之難，若求以自見於世，必招禍患，故以此譬之」[40]，不通句義文脈，是無法見得《莊子》譬喻深意的。

　　從上述可知，不管是道教修煉之術通解《莊子》，還是以《史記》《漢書》等書來考證《莊子》文意，又或是前面提到的以禪釋解莊，這些書目在林希逸看來，都是為了要明《莊子》文意。諸書是竹筏，《莊子》是彼岸，乘船而渡，明白船筏的特性，自然就能順風而駛，成功抵達《莊子》的思想世界，例如林希逸在〈天運〉「然而不可者，無他也，中無主而不止，外無正而不行……」這段話中，不但援用禪家印證、「從門而入者，不是家珍」之說，又引證《論語》「吾與回言終日，不違」「二三子以我為隱乎，吾無隱乎爾」等句，依序來

35　〔宋〕林希逸：《莊子鬳齋口義》，頁319。

36　〔宋〕林希逸：《莊子鬳齋口義》，頁291。

37　〔宋〕林希逸：《莊子鬳齋口義》，頁129。

38　〔宋〕林希逸：《莊子鬳齋口義》，頁90。

39　〔宋〕林希逸：《莊子鬳齋口義》，頁76-78。

40　〔宋〕林希逸：《莊子鬳齋口義》，頁77。

解釋《莊子》原文。在透過這些書籍明白莊子文法之後（林希逸常用的論證語言是「即所謂」「今……也」「便是此意」），最後則歸結為「此四句儘自精微，須子細參究。道之不可傳，無他故也，其病在此四句而已，故先曰然而不可者，無他也。」[41]因此，由諸書而通《莊子》文法筆勢，仔細參究，互相印證，知其言，得其意，此乃理解《莊子》的重要步驟。

當然，即便是泛引諸書，但林希逸仍明確分辨《莊子》與他書的不同，其中又以儒釋為重心所在。所以林希逸並非毫不限制，將其任意比附《莊子》，剛好相反的是，他很清楚彼此間異同之處何在，特別是《莊子》與儒釋的關係，像他在〈在宥〉解「聖」字，就認為與《論》、《孟》不同：「此皆字義不同處，讀者當自分別，不可與《語》《孟》中字義相紊亂」[42]；〈庚桑楚〉談及「道者，德之欽也；生者，德之光也；性者，生之質也……」，此處雖談生談性談德，但《莊子》自有脈絡，不可與《論》、《孟》混淆：「此處字義，與《語》、《孟》不同，以《莊子》讀《莊子》可也，不可自拘泥」[43]；〈繕性〉：「知與恬交相養」，林希逸就說：「恬養知，知養恬，此六字最妙，釋氏有曰『戒生定，定生慧』，卻未說慧能生定也！如此等處，當子細讀」[44]，莊子講知恬相養相生，佛教卻只能說定生慧，此即二者不同處；在〈刻意〉中更是以「鬱閉而不流」批評禪家的「默照禪」，甚至稱為「默照邪禪」；[45]關於儒釋與《莊子》的異同，林希逸

---

41 〔宋〕林希逸：《莊子鬳齋口義》，頁237。

42 〔宋〕林希逸：《莊子鬳齋口義》，頁164。

43 〔宋〕林希逸：《莊子鬳齋口義》，頁368-369。

44 〔宋〕林希逸：《莊子鬳齋口義》，頁252-253。

45 〔宋〕林希逸：《莊子鬳齋口義》，頁249。荒木見悟早就指出，由於受大慧宗杲看話禪的影響，導致林希逸對默照禪有相當多的批評。（日）荒木見悟：〈林希逸の立場〉，頁54。

在〈天運〉「夫白鶂之相視，眸子不運而風化；蟲，雄鳴於上風，雌
應於下風而風化；類自為雌雄，故風化。性不可易，命不可變，時不
可止，道不可壅……」的注解中說得頗為明白，他先稱讚此段乃文之
極奇者，又說「有弟而兄啼」這一句：「此句下得尤奇絕」，然後他引
用《詩·小宛》：「螟蛉有子，蜾蠃負之」解釋文意，又認為佛經多有
此說，懂《詩》懂釋，才能懂《莊子》，是以「要盡文章之妙，此類
皆不可不知」，知曉此類說法，方能明白《莊子》文章奇在何處、意
寓為何，此與儒釋皆大有不同：[46]

> 此章以造化生生之理喻自然之道，蓋謂儒者所學皆有為之為，
> 而非無為之為。無為之為，則與造化同功也。佛經所言胎生、
> 卵生、化生、濕生，其原必出於此。其意卻欲人知此身自無而
> 有，與萬務皆同，所以破世俗自私自戀之心，又與此不同也。

儒者所學，是有為之為，與《莊子》強調的無為之為不同，而無為之
為才能與天地逍遙，造化同功；佛家四生，出自《增一阿含經》、《俱
舍論》，[47]雖源於《莊子》，但基本上佛教是認為人生本無常，世間種
種現象，乃因緣業力而生，所以佛家才要破除世俗自私之見，這與
《莊子》講的無為依然不同。

　　由此得見，林希逸即便大量引用書籍證解《莊子》，但他並非隨
意詮解，而是有明確自覺其異同。就異來看，更能顯出《莊子》之特
殊，非尋常書可比；就同來看，則是表現《莊子》之殊勝，不與群書
同列。是以，正如本文一再提到的，他這種做法只是為了更能理解
《莊子》，識《莊》之文，得窺《莊》意。因此，識得文勢筆法，當

---

46 〔宋〕林希逸：《莊子鬳齋口義》，頁244-245。
47 〔宋〕林希逸：《莊子鬳齋口義》，頁245。

可加深對《莊子》義理的理解。兩者是相輔相成，缺一不可，如鳥之
雙翼，車之兩輪，合則雙美，離則兩傷，但要明白文法，就該廣讀諸
書。唯有博學，才能明白《莊子》的重要性：[48]

> 然此書不可不讀，亦最難讀。東坡文字一生只從此悟入，《大
> 藏經》五百四十函皆自此中紬繹出，左丘明、司馬子長諸人筆
> 力未易敵此，是豈可不讀！

林經德替《莊子口義》作序，也說林希逸是：[49]

> 竹溪既盡其師之傳，又蒐獵釋老諸書於六經子史之外，故能究
> 此老（芝慶按：指莊子）之隱微，盡此老之機解。

廣博是必須的，但由林希逸〈發題〉所提的五難亦可知，其中又以精
讀儒釋諸書最為重要。[50]可是既然以諸書詮解《莊子》，是為了更進一
步理解《莊子》；細究《莊子》文字波瀾，也是為了要梳理《莊子》
文意，畢竟《莊子》乃奇書，又最為難懂，所以才要廣引諸書詮釋互
證，仔細閱讀，並以簡潔口義疏解。若是如此，我們也可以反過來
問，為什麼林希逸要強調《莊子》之奇，點出《莊子》關鍵處？說明
這些，他究竟要傳達給讀者的是什麼？

　　原因在於，林希逸認為藉由讀懂《莊子》，便可得道，而求道正
是為了脫離人生的困境，因此此整部《莊子》所談，常常就是要解決
這個問題。

48　〔宋〕林希逸：〈發題〉，《莊子鬳齋口義》，頁1。
49　〔宋〕林希逸：《莊子鬳齋口義》，頁514。
50　〔宋〕林希逸：〈發題〉，《莊子鬳齋口義》，頁1-2。

三　人生困境，處世實難——文與道俱的《莊子》

　　林希逸幼年喪父，隨母投靠戚舅，但是生活貧困，母親甚至要賣
衣籌錢供孩子讀書。其後入朝仕宦，又外任饒州太守，最後辭官回
鄉，其後事跡不詳，只知道在咸淳七年因疾終於家。[51]這種生平，雖
不能說非常困頓，但幼年喪父，生活清苦，入朝為官，或進或出，想
必是不太順利了。他在〈報暉堂記〉中曾有此自述：[52]

> 少為癡兒，粗知力學，求以盡為子之責而已，未有以養也。長
> 落江湖，以侍親之歡，不若養親之志。滯留兩學，何止百戰，
> 髮已半白，而後苟竊升斗之養，而又與世寡諧，屢進屢斥，每
> 意動吾親之憂。……而身亦老矣，修名不立，為世棄人……。

既說「與世寡諧，屢進屢斥」，又說「修名不立，為世棄人」，心中之
悲鬱，由此可見。限於傳世資料的不足，現今我們已無法探求林希逸
遇到的具體人事，但若說上述這些話是他處世的感想，想必不會有什
麼大問題。若然如此，當他帶著這樣的生命際遇閱讀《莊子》，他又
會看出《莊子》什麼樣的意義？又或是反過來講，他在《莊子》一書
中，看到了什麼樣的人生感受？這種感受，與他上述所言是否有類似
之處？換句話說，他的安身立命與生命實感，是否是他進入《莊子》
的重要因素？他在注解《莊子》的同時，又透露了什麼樣的心靈觸
發？《莊子》對他的生命問題，又給予哪些啟示？

　　就林希逸看來，《莊子》其實是一部憂患之書，曲盡人情，反映

---

51 陳怡燕：《林希逸《莊子口義》思想研究》，頁13-14。
52 〔宋〕林希逸：《竹溪鬳齋十一藳續集》，收入《景印文淵閣四庫全書》第1185冊
　　（臺北市：臺灣商務印書館，1983年），頁665。

了許多層面的人生困境。這種困境，起於世事，生於處世，緊緊纏繞生命自處與社會人際關係，「人世如在樊籠之中」[53]。林希逸說：[54]

> 人之相處，有終身從遊而一語至於為仇者，此言處世之難也。（〈人間世〉）

> 凡此二段，皆言處世之難，若求以自見於世，必招禍患，故以此譬之。（〈人間世〉）

> 若有此等人，必指之以為賊，謂其機心太重，不循乎自然，處世能招禍也。（〈天道〉）

> 處乎世間，事不由人……。悲夫者，嘆世俗之不美，人事之無常，危機之可畏也。此語切於人身，故囑其弟子識之勿忘。（〈山木〉）

處世之難，或嘆機心太重，或感招禍不斷，而人事無常，危機可畏，於是處世常常招禍，憂傷更是馬不停蹄。這種困境，從個人到群體，彼此牽引纏擾，紛紜不斷，畢竟人很難真正地離群索居，而是不可避免地會與他人接觸，當個體一旦進入了群體，往往也是利害產生的開始，故曰：「處乎世間，事不由人」、「人之相處……」，此皆可見《莊子》不離人間之處。[55]對於這點，林希逸是深有所感的：[56]

53　〔宋〕林希逸：《莊子鬳齋口義》，頁63。

54　〔宋〕林希逸：《莊子鬳齋口義》，頁74、77、222、301。

55　林希逸刻意強調的面向，事實上也是從《莊子》中得到啟發，這從《莊子》身處的時代背景，以及他思想的現實面便能看出。可參徐復觀：《中國人性論史（先秦篇）》（上海市：三聯書店，2001年），頁346-347。顏崑陽：《莊子的寓言世界》（臺

《莊子》之言若迂闊，若能如此體認，則皆是切身受用之事。
（〈齊物論〉）

既說了傳言，卻又引喻世間此類之事，句句皆是世情，此皆
《莊子》妙處……。自此以上，皆言世情或因好成惡，故牽引
說至此爾。（〈人間世〉）

《莊子》看事情最精，此等處當子細玩味。（〈大宗師〉）

此一段模寫人心，最為奇妙，非《莊子》之筆，亦未易能也。
（〈在宥〉）

觀此一段，《莊子》依舊是理會事底人，非止談說虛無而已。
（〈在宥〉）

前言《莊子》為人生憂患之書，其因在此。不論是說《莊子》句句
是世情，又或是說其摹寫人心，看事最精，甚至說「莊子依舊是理
會事底人」，基本上林希逸都不認為《莊子》是抽離人事空論，說虛
談無而已：「蓋謂既有此身，而處此世，豈能盡絕人事？但要人處得
好耳。看這般意思，莊子何嘗迂闊？何嘗不理會事？」[57]以《莊子》
來看人事，燭照幽微，發蒙顯露，良有以也。
　　可是，《莊子》之所以「非特言理微妙，而其文獨精絕，所以度

　　北市：漢藝色研文化事業公司，2005年），頁8-13、33-63。顏崑陽：《人生因夢而真
　　實》（臺北市：漢藝色研文化事業公司，1992年），頁193-197。
56　〔宋〕林希逸：《莊子鬳齋口義》，頁28、69-70、98、166、179。
57　〔宋〕林希逸：《莊子鬳齋口義》，頁56。

越諸子」[58]，就在於他不是一味地否定世間價值，而是在否定中有積極正面的力量，這種積極力量在於「超越」、在於「不偏執」。而若要明白這些道理，就得在《莊子》裡尋找，因此林希逸才說《莊子》「但要人處得好耳」。換言之，林希逸認為《莊子》之高奇，就在於《莊子》先說明人生的悲感層面，提醒我們該如何正視這些問題，思考生命存在的意義，並由此開展轉化，轉識成智，因困窘而豁然，在〈齊物論〉結尾中，林希逸就說：「此篇立名，主於齊物論，末後卻撰出兩箇譬喻，如此其文絕奇，其意又奧妙」，兩個譬喻，即是罔兩與景的對話、以及莊周夢蝶之物化，他認為兩個譬喻都不說破，「此一句似結不結，卻不說破，正要人就此參究，便是禪家做話頭相似」[59]，用意在指出一種齊物的境界，看透世界種種殊相，畢竟天地萬物，材與不材，無用之用，各有其長處，不必強人所難，這是齊物的境界，齊是萬物呈現吹萬的豐盈多元，所以齊物便是在萬物中體證豐盈的流行，[60]是故林希逸才說：「此之謂物化者，言此謂萬物變化之理也。」不止如此，藉由齊物也可消除人對於世間俗見與偏執紛爭。[61]諸事叢脞，焦頭爛額，與人爭怨，身心不諧，在齊物的眼光看來，這些是可以藉由超越而獲得妥善處理的，林希逸的看法是：[62]

　　如此其文絕奇，其意又奧妙，人能悟此，則又何是非之可爭？

58　〔宋〕林希逸：《莊子鬳齋口義》，頁83-84。

59　〔宋〕林希逸：《莊子鬳齋口義》，頁44-45。

60　此為賴錫三語，可參賴錫三：《莊子靈光的當代詮釋》（新竹市：清大出版社，2008年），頁25-26。

61　林希逸在〈人間世〉中就一再明言此理：「彼方如此無知，如此妄為，我且順之，故曰亦與之。到其有可覺悟處，就加點化，使之躍然醒悟，或可以入無疵之地。」〔宋〕林希逸：《莊子鬳齋口義》，頁73。

62　〔宋〕林希逸：《莊子鬳齋口義》，頁45。

即所謂死生無變於己，而況利害之端之意。首尾照應，若斷而
復聯，若相因而不相續，全是一片文字，筆勢如此起伏，讀得
透徹，自有無窮之味。

萬物有同有異，此乃必然，處世之難，亦因此而生，人事之紛亂，亦
由是而來。但若能齊物而觀，吹萬不同，而使其自己，則事事物物皆
有其物化之理、變化之端，更一進步來講，死生既然都無變於己，只
是不同形相罷了，若然如此，又有何利害可爭？由不齊而齊，由爭而
不爭，並不是說從此所有事物從此就「齊」了，不再有不公不義，剛
好相反，「不齊」是一種必然，就好像有正常人、有支離疏一樣，不
會有絕對的平等，因此齊物論也好、天籟也罷，都是一種心靈境界的
提升，所以他特別標出「振於無竟」的「振」字，說：「此振字，便
是逍遙之意，既逍遙於無物之境，則終身皆寄寓於無物之境矣」[63]，
無物之境，其實也就是齊物、天籟等境界，若能逍遙其內，自然就無
入而不自得了；又或者是說，這些不平等，以「道」的觀點來看，皆
可通於一：「梁橫而柱直，厲惡而施美，恢大之與褊狹，詭變之與循
常，譎詐之與平直，妖怪之與祥瑞，皆不同者也。以道觀之，則橫直
者各當其用，美惡者各全其質，皆可通而為一矣，言皆歸之造物
也。」[64]林希逸這種講法，用意在於讓我們不再為世俗順逆、生死聚
散而糾纏不清，並且從塵世擾攘中挺拔出來，調適上遂，讓我們更認
識自己、更瞭解世界，從道之分來理解不平等的必然性，又從道通為
一的層面去除分殊之偏執：「人能悟此，則又何是非之可爭」，這就是
從人生困頓處一轉而為積極正向的例子。

63　〔宋〕林希逸：《莊子鬳齋口義》，頁43。

64　〔宋〕林希逸：《莊子鬳齋口義》，頁26。

　　林希逸這種類似的做法，所在多有。〈逍遙遊〉一開頭就說「北
冥有魚，其名為鯤……」，大鵬鳥與小鳩小蜩之差異，牽涉到歷來解
莊「適性說」與「明心說」的問題。適性，即大鵬鳥與鳩蜩各有所
適，能得其性，盡本份，則快然足矣；明心說則顯有高下之分，大鵬
鳥之高遠曠達，自非淺量自矜者可比。[65]林希逸的解釋顯然較為偏向
後者，但他是就人事方面來講的。畢竟就他看來，人生在世，充滿了
種種危機與利害，稍一不慎，禍患立至，但這種世俗紛爭，其實眼界
甚低，不足一哂，所以他主張要心胸廣大，以避免處世困境：[66]

　　　　此段只是形容胸中廣大之樂，卻設此譬喻，此意蓋謂人之所見
　　　　者小，故有世俗紛紛之爭，若知天地外有如許世界，自視其身
　　　　雖太倉一粒，不足以喻之……。

相較於譬喻的大鵬鳥，鳩與蜩則是「此意謂淺見之人局量狹小，不
知世界之大也。」[67]前已言之，處世之難實乃必然，但若能胸中擁有
廣大之樂，知世界之大，則人生當又是另一番局面。
　　林希逸把《莊子》當作是憂患之書，既說明人生困境，但也蘊含
解脫之道理。所謂的解脫，倒非放棄一切，將事物視為惡海深淵，而
是真正去理解人世的本質，進而明白人生起伏的種種規則與限制，由
認識到正視，因瞭解所以理解，而生死如此，人際如此，利害關係如
此，是非亦如是，然後超脫其上，豁然開朗，前引〈齊物論〉與〈逍
遙遊〉之注文，即應由此理解。因此，《莊子》不但說明了人情處世
之難，同時也指導人們該怎麼消解這種困難——這，就明白指出了

---

65 可見胡楚生：《老莊研究》（臺北市：臺灣學生書局，1992年），頁139-145。

66 〔宋〕林希逸：《莊子鬳齋口義》，頁2。

67 〔宋〕林希逸：《莊子鬳齋口義》，頁4。

《莊子》實乃藏道明理之書，道理就在文中、就在《莊子》這部奇書裡，欲明此道此理，就得先明《莊子》之文：[68]

> 死生之理，固非可以言語盡。且論其文，前面講理，到此卻把箇譬喻結末，豈非文字絕妙處？（〈養生主〉）

> 此段於學道者己分上，最為親切，推此則知《莊子》前後說天道人道之意。（〈達生〉）

> 此以人之常情而喻乎道，須自體究，便見得《莊子》盡物理處。（〈達生〉）

> 理到文又奇，所以度越諸子。（〈在宥〉）

在〈陳西軒集序〉中，林希逸說得更明白：[69]

> 士莫難於知道，文直寄焉，爾因其所寄而後知者存焉，然則文亦不可忽也。

文是道之所寄，[70]是以林希逸一方面講道理在文中，以人之常情而喻

---

68 〔宋〕林希逸：《莊子鬳齋口義》，頁55、291、298、165。

69 〔宋〕林希逸：《竹溪鬳齋十一藁續集》，頁673。

70 當然，林希逸也認為「道」具有形而上的意義，非全專指人事：「自本自根，推原其始也，推原此道之始，則自古未有天地之時，此道已存矣。」值得注意的是，林希逸下面又講：「是曰『無極而太極』也」，這就將宋明理學講的無極、太極帶入《莊子》。〔宋〕林希逸：《莊子鬳齋口義》，頁109。以無極太極解《莊子》，可參陳怡燕：《林希逸《莊子口義》思想研究》，頁77-80。學界對於《莊子》「道」的解

乎道，是故《莊子》於學道者最為親切，理到文又奇；一方面又指出
《莊子》文字絕妙，筆勢變化萬端，兼具高低揚伏首尾起結之法。[71]
況且兩者實乃密切相關，文字高奇，故常人不易看破，非可作一般言
語看，而《莊子》之文，句句又是世情，模寫人心，所以能曲盡人
事，使人切身受用。合而觀之，則「道理」就在《莊子》文章中，就
在《莊子》的文勢筆端裡。這又回到前一節所言，欲明《莊子》文章
法度，就得博觀細讀——廣讀群書與精讀儒釋。而以這種方式解莊，
同時也是作為一種體驗性的知識，重點在於「因知而行」。也就是
說，林希逸之所以看重諸多學問，並不是純粹為了知識而知識而已，
是為了能進入《莊子》的思想世界，得其道，知其理，行其言，他說
「看來莊子見道自是親切，特讀其書者看他不破」，[72]即是此意。若然
如此，要怎麼「看破」呢？這就要從〈發題〉所言「是必精於
《語》、《孟》、《中庸》、《大學》等書，見理素定，識文字血脈，知禪
宗解數，具此眼目……」下手，他解〈秋水〉「反要而語極」一段，
就說：「發明至此，道之至要也，理之至極也，故曰：『反要而語
極』，猶《孟子》『將以反說約』也」[73]，這不止是引《孟》解《莊》
如此簡單而已，重點在於相互發明，故曰「發明至此」。畢竟當精於
《孟子》文意後，自然就能理解《莊子》所言，因《孟》而明
《莊》，進而再得《莊子》之道，這才是「道之至要也，理之至極」，
能曉此道此理，便不容易落入世俗紛爭之中；又例如〈山木〉：「一龍
一蛇，與時俱化」，亦引東方朔「用之則為虎，不用則為鼠」一句，

　　釋，研究甚多，略見李澤厚：《中國古代思想史論》（臺北市：三民書局，2000
　　年），頁193-198。

71　〔宋〕林希逸：《莊子鬳齋口義》，頁304-305。

72　〔宋〕林希逸：《莊子鬳齋口義》，頁269。

73　〔宋〕林希逸：《莊子鬳齋口義》，頁269。

目地在於突顯「用舍隨時，我無容心，故無毀亦無譽」的意思，藉以說明材與不材之理，而若能明此義，當能脫離人生困境而順乎自然，是以下文才屢就「曲盡人情」、「此語切乎人身」來講。[74]換言之，知識與體驗是合一的，明白《莊子》，也是明白了人生困境，再轉而積極面向人生；又或是〈天運〉：「樂也者，始於懼……；卒之於惑，惑故愚，愚故道，道可載而與之俱也」，林希逸先說「前言懼怠惑，未見其意，到歸結處，方說愚而可以入道。這一轉尤妙，蓋言人之求道，須經歷如此境界，方有進步處」，「到歸結處」云云，即是《莊子》文法，明白文法，便能懂得「這一轉尤妙……」一句，人之求道，若能經歷此種境界，則生命自會有不一樣的體會。那麼又要如何知人求道之經歷？當然是要在《莊子》裡找了，接下來他又說「看此三節，便似禪家作用」，[75]若以原文與注解的貼進來看，我們大可以追問，禪家是何種禪？作用是何種作用？禪家是否可與《莊子》原文作類比？……，如此種種，可以一直追問下去。但林希逸在於提醒讀者此處文句，就體驗性（即林希逸所謂「作用」）來講，《莊子》實可與禪互通，以禪通《莊子》，著眼於心解體驗，而非思想哲學的比附，所以重在體知明理，經歷此境而發此作用。

相關的例證，所在多有，又例如他解釋〈大宗師〉「何謂真人？古之真人，不逆寡，不雄成……」一段，最能說明此義：[76]

> 其食不甘，即無求飽之意，禪家所謂「塞飢瘡」是也。其息深深，真人以踵，眾人以喉，道書修養之論其原在此。……內無真見，言語只在口頭，所以易屈服於人。此一句看參禪問話

---

74 〔宋〕林希逸：《莊子鬳齋口義》，頁300-301。

75 〔宋〕林希逸：《莊子鬳齋口義》，頁233。

76 〔宋〕林希逸：《莊子鬳齋口義》，頁99。

者，方見得《莊子》之言有味，如所謂「蝦蟆禪只跳得一
跳」……。此一段，一句是一條貫，道書佛書皆原於此，足見
此老自得處，不可草草讀過。惜不見大慧、張平叔與之論此。

根據周啟成的注解，「塞飢瘡」，禪家稱喫飯為療饑瘡（或稱補飢瘡、
塞飢瘡）；「蝦蟆禪只跳得一跳」，即一知半解不能活用之死禪，出自
《大慧普覺禪師宗門武庫》。道書修養論，即道家內外丹修煉之術，
故林希逸以張平叔（張伯端）為證。左一句「修養論」，右一句「蝦
蟆禪只跳得一跳」，道書佛書皆源出於此，又說言語不能只在口頭，
此皆可見林希逸強調知行相即的重要性。不過值得注意的是，前一節
已明言，林希逸並非隨意援引經典詮釋、任性攀附，他是有自覺地分
辨這些異同，對於《莊子》與他書的互解互證，有相通也有歧見，不
可一概視之。可是不管是同或是不同，藉由泛引諸書來理解體驗《莊
子》文意的作法，顯然正是林希逸的重要用意。[77]

　　最後仍有一個問題需要解決，林希逸解釋《莊子》，其實也贊同
《莊子》認為語文只是筌伐的看法，得魚忘筌，得意即可忘言，故
曰：「道所不載，言不能載道也，要求學問工夫，這般處當子細體
認。」[78]若然如此，則前言所謂文在道中，廣讀諸書以證《莊子》，
豈非都不成立？那又未必，其實林希逸並非不要語言文字，他只是
認為語文不可執著，重點在道在意，書中文字不過是載道的工具而
已：「書能載道，世所以貴之，然貴在道，而不在書也。以道為言，

77 整部《莊子口義》當然也有許多純粹疏解文意脈絡的部分，〈天運〉：「此頌四句，
　本無別意，添作一轉，便成節奏，此是作文之類」，便屬此類。但本文意在提醒讀
　者，不可忽視林希逸將《莊子》視為蘊道藏理之書，理解《莊子》，即是為了實踐
　《莊子》的一面。引文見〔宋〕林希逸：《莊子鬳齋口義》，頁232-233。
78 〔宋〕林希逸：《莊子鬳齋口義》，頁199。

故其言可貴，然所貴者意，而不在言也」⁷⁹。但這又可更一步申論，因為林希逸之所以認為不能拘泥《莊子》文句，尚不在於哲學上的言／意之辨，⁸⁰而是由於《莊子》文章特性所致。畢竟莊子常常以譬喻解說，有時為鼓舞戲劇，不免激動過當，像是〈胠篋〉：「故絕聖棄知，大盜乃止；擿玉毀珠，小盜不起；焚符破璽，而民朴鄙；掊斗折衡，而民不爭」，他就認為擿玉毀珠、焚符破璽、掊斗折衡，「皆是激說，以結絕聖棄智之意，非實論也……，此皆憤世之辭……，但說得過當耳。」⁸¹〈秋水〉也說《莊子》「此皆憤時之激論，中間多有此類，但觀其文勢可也」⁸²、〈駢拇〉：「看來莊子亦是憤世疾邪而後著此書，其見既高，其筆又奇，所以有過當處」⁸³，這都是就莊子鄙俗疾世這一面所言，故其言往往誇飾想像太過，不可完全視為真實。再者，莊子有時只是設喻虛說，藉譬言意，前後言語往往不相稱，甚至矛盾，林希逸就指出〈應帝王〉與〈天地〉所言不一致：「但〈應帝王〉曰未始出於非人，未能忘乎天也，未始入於非人，出乎造化之上也，與此入乎天之語又異。此皆其鼓舞處，不可執著，執著則難讀《莊子》矣」⁸⁴、〈天道〉與〈在宥〉也有不同：「如此說臣主，不可與〈在宥〉篇天道人道同說，若如此拘泥，便讀《莊子》不得」⁸⁵、可是即便是同樣的文句，諸如〈天道〉與〈大宗師〉亦各有脈絡：「此數句與〈大宗師〉篇同，卻又着《莊

79　〔宋〕林希逸：《莊子鬳齋口義》，頁223。

80　張隆溪著，陳川譯：《道與邏各斯》（成都市：四川人民出版社，1998年），頁95-106。

81　〔宋〕林希逸：《莊子鬳齋口義》，頁156-157。

82　〔宋〕林希逸：《莊子鬳齋口義》，頁267。

83　〔宋〕林希逸：《莊子鬳齋口義》，頁145。

84　〔宋〕林希逸：《莊子鬳齋口義》，頁197。

85　〔宋〕林希逸：《莊子鬳齋口義》，頁213。

子》曰三字，前曰許由之言，今以為自言，可見件件寓言，豈可把
作實話看！」[86]但這都是文法之一，所以這個時候就不能執著於表面
文字，而是要以類似佛教頓漸、《論語》「默而識之」、伊川《春秋
傳》「優遊涵泳，默識心通」等方法：「自得其得，自適其適，即自
見自悟也」[87]，以此來理解《莊子》文脈，方可讀得《莊子》。正如
林希逸自言：「看得他文字破，不被他鼓舞處籠照，方是讀得《莊
子》好，雖是《莊子》復生，亦必道還汝具一隻眼。」[88]看破文字，
而非執於文字，才能進入《莊子》的文字與思想。

　　總結上面的分析，林希逸認為道在文中，但由於《莊子》寫作的
種種特殊性使然，《莊子》隱含的許多寓意與憤世之言，往往不彰，
其書之難解，原因之一亦在於此。解決之法，既是要廣讀諸書以疏解
文意，但又不能過於執著字面意思，死在句下，於是文與道就變成一
種互即互離的關係，文乃道之所寄，但得因文而明道，是故文亦不可
廢，林希逸所謂「士莫難於知道，文直寄焉，爾因其所寄而後知者存
焉，然則文亦不可忽也」[89]，即是此意。與林希逸同時代的洪邁就看
得很清楚，他在《容齋隨筆》便論之甚明：[90]

　　　　「文章一小伎，於道未為尊。」雖杜子美有激而云，然要為失
　　　　言，不可以訓。⋯⋯，《老》《莊》絕滅禮學，忘言去為，而五

86　〔宋〕林希逸：《莊子鬳齋口義》，頁212。「件件寓言」只是專指此段原文，並不意
　　味說林希逸把所有《莊子》的話都視為寓言，畢竟他認為有些是《莊子》自有所
　　見，不能以寓言視之：「此一段，今觀佛書中有坐蟒岩、守虎穴者，亦只不懼之實
　　而已，《莊子》如此等處，皆有所見，非特寓言也。」〔宋〕林希逸：《莊子鬳齋口
　　義》，頁86。

87　〔宋〕林希逸：《莊子鬳齋口義》，頁144。

88　〔宋〕林希逸：《莊子鬳齋口義》，頁34。

89　〔宋〕林希逸：《竹溪鬳齋十一藁續集》，頁673。

90　〔宋〕洪邁：《容齋隨筆》（臺北市：大立出版社，1981年），頁203。

千言與《內》、《外篇》極其文藻。……然則詆為小伎，其理謬
矣！彼後世為詞章者，逐其末而忘其本，玩其華而落其實，流
宕自遠，非文章過也。

文章豈為小技哉？反過來講，正因為文章非常重要，是故文與道俱，
重文而明道，正在斯焉。

四　結論──《莊子》之文，句句生活

　　以儒、以禪、以道、以文解《莊》評《莊》，是目前學界對林希
逸《莊子口義》研究的路徑取向，這些研究，給予本文許多啟發。本
文之研究基礎，即是建立在這些成果之上。本文企圖追問的是，林希
逸究竟怎麼看《莊子》？他注解《莊子》，是要解決什麼樣的問題？
在他的生命感受中，《莊子》又帶給他什麼樣的意義？若用他自己的
話來講，就是「《莊子》之文，句句生活」[91]──句句生活，這就指出
了林希逸之於《莊子》的關係。因此我們看到林希逸是以一種生命式
的問題為核心，在《莊子》中尋求解答，至於他尋找的方式，則是藉
由群書來悟解《莊子》，三教諸書的文字義理都是他企圖解答的資
源，從表面來看，我們固然可以說他是互證義理，但是這樣的互證卻
直指一個更根本的價值──「《莊子》之文，句句生活」，生活的學
問，生命的自處，生存的難處，這才是他注《莊子》的意旨所在。[92]

91　〔宋〕林希逸：《莊子鬳齋口義》，頁320。

92　類似的做法，我們在明代的李贄身上也可以看到，李贄雖不是以注解某書的方式來
　　呈現他的生命問題，但是他參佛、學儒、論道，既要當真儒者，也可以作剃頭和尚，
　　更可以隨身攜帶如《化書》之類的道教書籍。表面上的三教同論，其實也是為了解
　　決他對於生死的困惑與思考。可參劉芝慶：〈李贄的生死之學〉，《新世紀宗教研究》
　　10-1期（臺北市：財團法人世界宗教博物館發展基金會附設出版社，2011年9月）。

　　由此而觀，林希逸藉由以儒釋為中心的群書，來理解《莊子》遣辭造句、伸縮離合之法，[93]乃出於林希逸之所以讀《莊子》，常常是為了解決實在而具體的處世問題，而這些問題，他在《莊子》中看到了生命的困境，也在《莊子》看到了解決之道。於是他帶著這些疑惑進入《莊子》的思想世界，以口義疏解的方式，常而引儒、援禪、用道，又不時引證他書，以解《莊子》文字血脈，觀其異同，析其筆法，並企圖落實《莊子》曲盡人情之理，安頓自身生命。畢竟在他看來，《莊子》一書雖然跌蕩戲劇，文章雖奇雖難讀，「而大綱領、大宗旨未嘗與聖人異也。」[94]只是後人不明此理，妄加意解，是以未見《莊子》真精神，他在〈天下〉篇的結尾說：[95]

　　　　諸家經解，言文法者，理或未通，精於理者，於文或略，所以
　　　　讀得不精神，解得無滋味。

言文法者不通理，精於理者又略於文。林希逸有鑑於此，既重文也重理，文理相解相通，才可得見《莊子》真精神、真滋味。
　　本文的研究，即是以上述所言為進路，探究林希逸與《莊子》的關係，期能對莊學思想史論之歷程內涵，有所裨益。

93　〔宋〕林希逸：《莊子鬳齋口義》，頁132。
94　〔宋〕林希逸：〈發題〉，《莊子鬳齋口義》，頁2。
95　〔宋〕林希逸：《莊子鬳齋口義》，頁512。

經學研究叢書・經學史研究叢刊 0501021

經世與安身：中國近世思想史論衡

作　　　者	劉芝慶	
責任編輯	吳家嘉	
特約校稿	林秋芬	
封面題字	張斯翔	

發 行 人　林慶彰

總 經 理　梁錦興

總 編 輯　張晏瑞

編 輯 所　萬卷樓圖書股份有限公司

　　臺北市羅斯福路二段 41 號 6 樓之 3

　　電話 (02)23216565

　　傳真 (02)23218698

發　　　行　萬卷樓圖書股份有限公司

　　臺北市羅斯福路二段 41 號 6 樓之 3

　　電話 (02)23216565

　　傳真 (02)23218698

　　電郵 SERVICE@WANJUAN.COM.TW

香港經銷　香港聯合書刊物流有限公司

　　電話 (852)21502100

　　傳真 (852)23560735

ISBN 978-986-478-066-2

2017 年 2 月初版

定價：新臺幣 500 元

國家圖書館出版品預行編目資料

經世與安身：中國近世思想史論衡 / 劉芝慶

著. -- 初版. -- 臺北市：萬卷樓, 2017.02

　　面；　公分. -- (經學研究叢書. 經學史研究

叢刊)

ISBN 978-986-478-066-2(平裝)

1.思想史 2.中國哲學史

112　　　　　　　　　　　　　　106002449